Folgen Sie uns!

Wir informieren Sie gerne und regelmäßig über Neuigkeiten aus der Welt des CONBOOK Verlags. Folgen Sie uns für News, Specials und Informationen zu unseren Büchern, Themen und Autoren.

 www.conbook-verlag.de/newsletter www.facebook.com/conbook

MIX
Papier aus verantwortungsvollen Quellen
FSC® C083411

2. Auflage

© Conbook Medien GmbH, Meerbusch, 2016, 2017
Alle Rechte vorbehalten.

www.conbook-verlag.de
www.fettnaepfchenfuehrer.de

Einbandgestaltung und Satz: David Janik, unter Verwendung
von Bildmaterial © shutterstock.de/Tata Chen
Druck und Verarbeitung: CPI books GmbH, Leck

Printed in Germany

ISBN 978-3-95889-111-1

FETTNÄPFCHENFÜHRER

TAIWAN

Wo Götter kuppeln und Ärzte gebrochene Herzen heilen

Deike Lautenschläger

»Made in Taiwan« ist jedem ein Begriff, doch die Wenigsten wissen, was es mit diesem Taiwan eigentlich auf sich hat. Zu Unrecht, denn was auf dieser kleinen Insel zusammengeschmolzen ist, ist ein ganz einzigartiges Völkchen: Ureinwohner, chinesische und südostasiatische Migranten und Menschen aus allen Ecken der Welt. Das alles gewürzt mit Einflüssen aus der japanischen Kolonialzeit und der heutigen koreanischen und japanischen Pop-Kultur. Aber auch uralte Traditionen, Religion und Aberglauben, die vom chinesischen Festland längst verschwunden sind, werden hier bis heute gepflegt – selbst von der jungen Generation und im modernen Alltag.

All das möchte Sophie mit eigenen Augen sehen und beschließt, sich auf den Weg zur anderen Seite der Welt zu machen, um dort ein Jahr lang Chinesisch zu lernen. Dank ihrer taiwanischen Freunde Mei-yin und Queenie lernt sie, den richtigen Ton zu treffen – nicht nur in der Sprache, sondern auch im alltäglichen Leben. Denn hier gilt es nicht nur in zwischenmenschlichen Beziehungen das Gesicht zu wahren, sondern auch bei Erdbeben und Taifunen ruhig zu bleiben. Und das alles unter Millionen von Menschen auf engstem Raum.

Begleiten Sie Sophie und erfahren Sie, warum man keine Birne mit seinem Schatz teilen sollte, wie man sich von Göttern verkuppeln lässt und was es noch alles zu beachten gilt, um die aufregende und einzigartige Kultur Taiwans fettnäpfchenfrei kennen und lieben zu lernen.

Deike Lautenschläger wurde 1977 in Grimma geboren. Sie studierte Medien an der Bauhaus-Universität in Weimar und am Art Institute of Pittsburgh und war danach fünf Jahre als TV-Journalistin in Leipzig für öffentlich-rechtliche und private Sender tätig. Anfang 2005 ging sie nach Taiwan, mit der Absicht, für ein Jahr Chinesisch zu lernen, blieb dann aber für ein Masterstudium der Internationalen Kommunikation mit Schwerpunkt Asien an der National Chengchi University. Nach mehr als zwölf Jahren in Asien, u. a. als Praktikantin in Singapur und Hongkong und als Deutschlehrkraft am Goethe-Institut in der vietnamesischen Hauptstadt Hanoi, ist Taiwan ihre Wahlheimat geworden. Jetzt lebt sie als freie Autorin, Deutschlehrerin und Doktorandin (Asian Pacific Studies) in Taipeh, wo sie noch heute bei schweren Entscheidungen die Götter im Tempel nebenan um Rat fragt und sich in jeder freien Minute vom Meer den Sand zwischen die Zehen spülen lässt.

Inhalt

Inhalt

Inhalt

Vorwort

Auf ins Unbekannte! Bei Taiwan stimmt das gleich in zweierlei Hinsicht – zum einen geht es in eine unbekannte Kultur, zum anderen in ein Land, von dem man relativ wenig hört, das klein ist und scheinbar neben seinem großen Nachbarn China verschwindet. Dabei ist Taiwan die Perle der chinesischen Kultur, reich an Traditionen, Religion und Aberglauben, die in China mit der Kulturrevolution teils verschwunden sind. Und trotzdem verschlägt die Meisten nur der Zufall nach Taiwan – sei es eine Bekanntschaft mit einem Taiwaner, der sein kleines Land anpries und voller Stolz von stinkendem Tofu und dem Wolkenkratzer Taipei 101 berichtete, sei es ein Stipendium von Taiwans Regierung, um so wissenschaftlichen und damit vielleicht gar diplomatischen Austausch zu fördern, sei es ein Zwischenstopp auf einer längeren Flugreise oder gar der Irrtum, man hätte ein Ticket nach Thailand gebucht. Eins aber haben fast alle Besucher gemeinsam: Sie bleiben länger als geplant – statt einiger Tage zwei Wochen, statt zweier Wochen die visafreien drei Monate, statt dreier Monate ein oder zwei Jahre zum Arbeiten oder Studieren, wenn nicht gar für immer. Während die Moderne ein angenehmes, bequemes Leben ermöglicht, gibt die Tradition dem Ganzen eine Würze an Exotik, Charme – und natürlich an Fettnäpfchen. Diese Verbindung von Tradition und Moderne faszinierte bisher jeden und ließ so manchen sich in den kleinen Inselstaat verlieben.

So wird es auch Sophie gehen, die jetzt gerade noch an einem regnerischen Silvesterabend in Deutschland verlassen und deprimiert in ihrer Wohnung sitzt. Manchmal ist die Haltbarkeit einfach so abgelaufen, ohne dass man es gemerkt hat – nicht nur die Haltbarkeit der Milch im Kühlschrank, auch die Haltbarkeit einer Beziehung, eines gemütlich eingerichteten, aber schnell zu klein gewordenen Zuhauses, der Arbeit, des Alltags, eines ganzen Lebensabschnittes mit allem drumherum. Dann muss man weg, richtig weg, für länger, wenigstens für ein paar Monate, vielleicht auch gleich ein Jahr oder – wenn schon, denn schon – gar noch länger.

Begleiten Sie Sophie auf ihrem Weg in den taiwanischen Alltag! Mischen Sie sich mit ihr unter die Taiwaner und sammeln Sie wertvolle Erfahrungen für Ihren eigenen Taiwanbesuch. Und wenn Sie dann dort sind, wenden Sie doch mal die kleinen Sätze an, mit denen jedes Kapitel beginnt. Es handelt sich um Ausrufe und Phrasen, die Sie ständig im alltäglichen Leben in Taiwan hören werden. Dann menschelt es gleich viel mehr zwischen den Taiwanern und Ihnen.

就這樣子 – *Jiù zhèyàngzi* – Einfach so

Wie bitte? Wohin noch mal?

Sophie ist *on hold* – in der Warteschleife. Ihre Haut ist blass, etwas bläulich. Seit Tagen hat sie das Haus nicht verlassen. Ihre rechte Hand weilt schlaff und vergessen in ihrem Schoß. Sie hat die Augen halb geschlossen. Sie schläft nicht, sie dämmert nur. Das macht sie, seit Jan nicht mehr da ist. Sie ist – wie der Laptop neben ihr – im Stand-by-Modus.

Einfach so ist Jan von seiner dreiwöchigen Sprachreise in Südamerika nicht wiedergekommen. Aus den drei Wochen sind nun schon drei Monate geworden. »bleibe länger. einfach so. warte nicht. Jan«, hat er dann gestern in einer E-Mail geschrieben, am vorletzten Tag des Jahres. Sieben Wörter. Nicht mehr. Nicht einmal für Groß- und Kleinschreibung hat er sich Zeit genommen, außer bei seinem Namen. Sophie stellt sich vor, wie er die Kippe aus der Hand legt, um mit der linken Hand die Shift-Taste für das Jot in *Jan* gedrückt zu halten.

Ihre Stirn lehnt an der Balkontür im dritten Stock der gemeinsam gemieteten Zweiraumwohnung. Ihre Haare liegen zerzaust auf den Schultern, der Pony klebt an der beschlagenen Scheibe. Einfach so ist er weggegangen, von allem, was er nicht mehr ertragen konnte. Dem nervigen Chef, den arroganten Kollegen, dem schlechten Wetter – weggegangen von ihr. Und als er weg war, war da nichts mehr. Alles ist vorbei, begonnen hat nichts Neues. Eine Warteschleife ohne Ende, ohne Weiterverbindung mit Hintergrundmusik: ein Gedudel aus dem Prasseln des Regens am Fenster neben ihrem Ohr und des Straßenlärms zehn Meter unter dem weißgefliesten Fußboden, auf dem ihre Füße liegen. Sie atmet flach, als wage sie nicht, tief Luft zu holen, als würde dann vielleicht etwas zerbrechen, das Fensterglas zerbersten. Es scheint, als läge das letzte Jahr auf ihr und drohe sie zu erdrücken. Auch der Atem: *on hold.*

Einfach so. Einfach so. Einfach so. 22-mal kann sie »einfach so« sagen, ohne Luft dabei zu holen. Beim 23. Mal atmet sie endlich tief ein. Draußen erleuchtet das Feuerwerk zum neuen Jahr den Himmel.

»Dann geh ich auch«, sagt Sophie. Es sind ihre ersten Worte seit einer Woche, seit sie im Supermarkt nach Jans ausverkauftem Müsli gefragt hat, und ihre ersten Worte im neuen Jahr. »Einfach so.« Aber wohin? *Fliegt er nach Westen, dann fliege ich nach Osten. Lernt er Spanisch, dann lerne ich ... Chinesisch!,* denkt Sophie. So einfach ist das. Einfach so.

Schnell hat Sophie auf Wikipedia herausgefunden, dass sie nicht irgendein Chinesisch lernen will, sondern Hochchinesisch bzw. Mandarin. Auf Google gibt sie »learn Mandarin University« ein und kommt nach den ersten paar Suchergebnissen auf die Webseite des Mandarin Training Centers, einem Sprachzentrum der National Taiwan Normal University. Drei Monate Sprachkurs, zwei Stunden täglich, Beginn Anfang März, mit Option auf Verlängerung – das passt. Adresse: Taiwan, ROC – Republic of China. Die Online-Anmeldung ist schnell ausgefüllt, eingescannte Dokumente angehangen. Das Jahr ist noch keine Stunde alt, da drückt Sophie auf Senden und schickt ihre Bewerbung ab.

Und als diese Entscheidung einmal getroffen ist, scheint alles andere ganz von allein zu passieren. Schnell ist der Bürojob in einer PR-Agentur gekündigt, die Wohnung aufgelöst, Jans Sachen in Kisten geworfen und vor seinem Elternhaus abgestellt, die Möbel verkauft, die eigenen Sachen bei Freunden im Keller deponiert, die verstaubten Ordner und Bücher über Kommunikationsmanagement vom Studium zum Altpapier gebracht ... *Einfach so,* denkt Sophie bei jedem Punkt, den sie auf ihrer Liste als erledigt abhakt. Und jedes »Einfach so« ist wie ein Schlag in Jans Bierbauchansatz.

Ende Januar steht Sophie vor der Taipeh-Vertretung in Berlin, um ihr Visum abzuholen. Voller Tatendrang streicht sie ihre Winterjacke glatt. Die blonden Locken hat sie hochgesteckt. Sogar die verhassten hochhackigen Schuhe, die sie immer heimlich unter dem Schreibtisch in der PR-Agentur abgestreift hat, hat sie heute angezogen. Ein paar Zentimeter mehr zu ihrer zierlichen Statur sollen ihr Selbstvertrauen und ihren Durchsetzungswillen stärken.

Etwas merkwürdig findet sie es, dass sie laut Unterlagen vom Mandarin Training Center zur Taipeh-Vertretung und nicht zur chinesischen Botschaft muss, schließlich will sie ja in die Republic of China. Taipeh muss wohl eine so große Stadt sein, dass sie ihre eigene Botschaft hat.

»I would like to have a visa for China, please«, sagt Sophie am Schalter zu dem kleinen Herrn im dunkelgrauen Anzug und schiebt ihren Reisepass durch die Öffnung am Fenster.

»Entschuldigen Sie vielmals, aber da sind Sie hier falsch«, antwortet dieser mit leiser, fester Stimme im perfekten Deutsch und lächelt betreten, dabei schiebt er den Reisepass zurück. »Hier ist die Taipeh-Vertretung in der Markgrafenstraße. Für die Volksrepublik China müssen sie zum Märkischen Ufer.«

Einfach so beginnt der Ärger schon mit dem Visum, denkt Sophie entmutigt, nimmt ihren Pass und dreht sich zur Tür. Da fällt ihr gerade noch rechtzeitig ein, dass sie nie etwas von Volksrepublik gelesen hat, sondern immer nur Republik China.

»Oder wollen Sie vielleicht nach ...«

»... Taipeh, nach Taipeh in Taiwan will ich«, fällt ihm Sophie ins Wort.

»Ja, dann sind sie hier richtig. Nach Taiwan, in die Republik China wollen Sie also, nicht in die Volksrepublik China.«

»Ist das nicht dasselbe ... mit oder ohne Volk im Namen? Gibt es in Taipeh kein *Volk?*«

Der Botschaftsangestellte lächelt nachsichtig und sieht ihre Unterlagen an, darunter die schriftliche Zusage des Sprachzentrums: *»Huānyíng guānglín!* – Willkommen!«, sagt er freundlich zu ihr.

Sophie sieht ihn stumm mit großen Augen an. Er nickt nur kurz, sagt dann nichts weiter und beginnt mit seiner Arbeit.

Als Sophie nach Hause kommt – sie ist inzwischen wieder bei ihren Eltern eingezogen –, schwenkt sie ihren Pass mit Visum darin. »Ich fahre nach Taiwan!«

»Da willst du hin? Da war doch erst dieser schreckliche Tsunami«, meint Sophies Mutter besorgt, die Taiwan mit Thailand verwechselt, und Sophies Vater ist, wie Sophie noch vor wenigen Stunden, davon überzeugt, dass sie nach China fliegt, was am Ende das Gleiche wie Vietnam gleich nach dem Vietnamkrieg sei, und das sei ja so gut wie Nordkorea.

Im Internet sucht Sophies Familie dann gemeinsam auf der Website des Auswärtigen Amtes: »Deutschland erkennt Taiwan nicht als souveränen Staat an und unterhält deshalb keine diplomatischen Beziehungen zu Taiwan.« Wenigstens ist aber kein landesspezifischer Sicherheitshinweis vermerkt. Trotzdem machen sich nun alle etwas Sorgen: Sophie fährt in ein Land, das offiziell gar nicht existiert?

Die anderen Verwandten und Sophies Freunde schütteln später auch fragend den Kopf. »Made in Taiwan« kennen sie alle, aber wo soll dieses Taiwan denn liegen?

Sophie checkt noch einmal ihre E-Mails. Nichts von Jan. Dann klickt sie auf »Buchung bestätigen« – und damit ist ihr Flug nach Taipeh gebucht. Einfach so. Da es einen Flughafen und Flugtickets dorthin gibt, muss dieses Taiwan auch tatsächlich existieren. Und nächste Woche wird sie schon dort sein.

Was ist diesmal schiefgelaufen?

Noch bevor Sophie taiwanischen Boden betritt, hat sie einfach so schon das erste Fettnäpfchen erwischt: Taiwan ist nicht China. Und der Ort, an dem Sophie ihr Visum beantragt, heißt Taipeh-Vertretung, weil Deutschland Taiwan nicht anerkennt, nicht, weil Taipeh eine so große Stadt ist. Auch Sophies Familie und Freunde liegen falsch: So wenig wie die Schweiz und Schweden dasselbe Land sind, so wenig ist Taiwan gleich Thailand. Taiwan, mit offiziellem Namen Republik China, ist auch nicht die Volksrepublik China, selbst wenn es ähnlich klingt.

Die Taiwaner sehen es gelassen – sie wissen, dass Taiwan eine kleine Insel und ein kleines Land ist. Das wird sie aber nicht davon abhalten, Unwissende stolz und energisch über ihre Heimat und deren politische Situation aufzuklären.

Wenn Sie nach Taiwan fahren, dann fahren Sie in ein anderes China, in einen *melting pot* aus Chinesen, die in verschiedenen Einwanderungswellen und aus allen Ecken Chinas auf der Insel eintrafen, aus Ureinwohnern, Migranten, Chinesischschülern aus der ganzen Welt, Expats – also internationalen Fachkräften – und zurückgekehrten Auslandschinesen, gewürzt mit Einflüssen aus der japanischen Kolonialzeit und der heutigen koreanischen und japanischen Pop-Kultur. Viele Traditionen, die auf dem chinesischen Festland mit der Kulturrevolution längst verschwunden sind, sind hier erhalten geblieben und werden gepflegt – selbst von der jungen Generation und im modernen Alltag.

Was können Sie besser machen?

Wenn Sie nach Taiwan reisen, haben Sie keine Angst! Für konsularische Dienstleistungen (Visa- und Passangelegenheiten, Beglaubigungen etc.) oder sonstige Hilfe, z. B. in Notfällen, gibt es auf beiden Seiten zwar keine Botschaften, dafür aber sogenannte Auslandsvertretungen, die genau dieselbe Funktion erfüllen. Die Taipeh-Vertretung in Deutschland sitzt in Berlin und hat auch Büros in Hamburg, München und Frankfurt am Main. Das Deutsche Institut Taipeh sitzt hoch über den Dächern der Millionenstadt im Hochhaus Taipeh 101 – schwer zu verfehlen. Beruhigen Sie Ihre Verwandten und Freunde. Sie fahren in ein sicheres, modernes Land. Seien Sie aber trotzdem vorsichtig. Unfälle passieren natürlich in Deutschland wie auch in Taiwan.

說到 ... apropos ... Geschichte von Taiwan

Die Insel Taiwan wurde 1517 von den Portugiesen entdeckt. Sie nannten sie *Ilha Formosa* – schöne Insel. Circa hundert Jahre später ging sie von den Niederländern an die Spanier, dann 1662 kurz an einen vor den Mandschuren flüchtenden chinesischen Armeeführer. 1682, in der Qing-Dynastie, wurde Taiwan dem chinesischen Festland angegliedert, dann 1895–1945 von Japan kolonialisiert. 1949 flüchtete Chiang Kai-shek mit zwei Millionen Anhängern vor Mao Zedong und den Kommunisten von Festlandchina nach Taiwan und rief hier die provisorische Regierung der Republik China aus. In den 1980er-Jahren entwickelte sich Taiwan langsam von einer Militärdiktatur zu einer der dynamischsten, modernsten und stabilsten Demokratien Asiens. Bedeutend hierfür war auch das »Taiwanwunder« – die schnelle Industrialisierung und das Wirtschaftswachstum während der zweiten Hälfte des 20. Jahrhunderts, eben »Made in Taiwan«.

Obwohl Taiwan bzw. die Republik China ein Territorium, eine eigene Währung, eine eigene Verwaltung und sogar ein eigenes Militär besitzt – also alle äußeren Merkmale eines souveränen Staates –, unterhalten nur noch 22 Staaten diplomatische Beziehungen mit Taiwan. China betrachtet Taiwan als abtrünnige Provinz und setzt anderen Ländern und Organisationen die Daumenschrauben in Form von wirtschaftlichem und politischem Druck an, der sogenannten »Ein-China-Politik« zu folgen. So ist Taiwan zum Beispiel kein Mitglied der Vereinten Nationen und der Weltgesundheitsorganisation (WHO). Zu den Olympischen Spielen tritt Taiwan gezwungenermaßen unter dem Namen »Chinese Taipei« an. Doch auch wenn Deutschland keine diplomatischen Beziehungen zu Taiwan unterhält, so gibt es zumindest enge und gute Beziehungen im Bereich Wirtschaft und Kultur.

2 不好意思! – *Bùhǎoyìsi!* – Entschuldigung!
Wie Sophie Geister und Tod ins Flugzeug lockt

Einfach so ist der Tag der Abreise gekommen. Sophie sitzt mit Schmetterlingen im Bauch auf dem zum Bersten vollgepackten Koffer in der Warteschlage des Check-ins. Über Jans Couchsurfing-Account hat sie eine Unterkunft für die erste Woche gefunden – bei Chen Zi-ting. Viel stand nicht im Profil, nur dass sie eine Frau Mitte 30 sei und schon öfter Couchsurfer aufgenommen habe. Fotos gab es, die waren aber alle durch Grimassen verzerrt. Dafür waren da aber vier positive Bewertungen. Sophie hofft, innerhalb einer Woche dann eine dauerhafte Bleibe zu finden – erst mal für drei Monate. Und dann mal sehen ... Selbst wenn Jan jetzt sofort zurückkommen würde, wäre er insgesamt schon ein halbes Jahr weggewesen. Da kann sie ja auch mal einfach so ein Jahr ...

»*Bùhǎoyìsi! Excuse me!* Sie reisen allein?«

Sophie dreht sich um, sie ist dran. Die Dame vom Check-in sieht sie aufmerksam an. Sophie nickt.

»*Buhaoyisi!* Wir sind heute überbucht. Es würde Ihnen doch sicher nichts ausmachen, wenn Sie in der Businessclass statt Economy reisen.«

Sophies Reise scheint unter einem guten Stern zu stehen. Wer tauscht nicht gern den engen Sitzplatz in der zweiten Klasse gegen einen bequemen Sitzplatz in der ersten, besonders wenn es sich um 13 Stunden Flug handelt.

Während sie auf das Boarding wartet, spricht Sophie »*Bùhǎoyìsi!*« in die neue App auf ihrem Handy. »Tut mir leid, Entschuldigung« erscheint als Übersetzung auf dem Display. Wie praktisch! »*Bùhǎoyìsi!*

Bùhǎoyìsi!«, wiederholt sie immer und immer wieder, um es sich zu merken.

Bald darauf steigt ihr rechter Fuß auf die Gangway, der linke Fuß folgt, und damit verlässt sie deutschen Boden und betritt Neuland – die erste Reise so richtig allein: Frankfurt – Taipeh, Businessclass, Seat 6b.

Vorn im Flugzeug ist eine ruhige Atmosphäre. Die meisten Passagiere hier sind taiwanische Geschäftsleute und lesen entspannt die Zeitungen oder tippen eifrig auf ihren Laptops. Dahinter, in der Economy, herrscht Trubel: Kinder weinen, Leute pressen ihr viel zu großes Handgepäck in die Ablagen, Flugbegleiterinnen eilen emsig umher. Sophie setzt sich – Businessclass, Seat 6b. Neben Sophie schläft auf 6a ans Fenster gelehnt ein Deutscher. Zwei Reihen vor ihr, auf 4a und 4b, nimmt ein junges taiwanisches Pärchen Platz. Auch sie müssen wohl einen neuen Platz bekommen haben, denn sie passen so wenig wie Sophie zwischen die ganzen Geschäftsleute. Aber im Gegensatz zu ihr scheinen sie darüber nicht begeistert zu sein und diskutieren heftig auf Chinesisch.

Es knackt in den Lautsprechern, dann rauscht es. »Willkommen auf ihrem Flug nach Taipeh«, flüstert der Pilot mit tiefen Atemzügen nach jedem Satz. Sophie lehnt sich zurück. Der Gurt drückt, ihre Hände sind feucht.

»*Bùhǎoyìsi!* – Entschuldigung! Könnten Sie das Platz ähm ... wechseln? Mit mich?«, fragt der junge Taiwaner vor ihr in gebrochenem, aber gut verständlichem Deutsch.

»Oh. Reden sie doch noch einmal mit ihr. In einer Stunde ist bestimmt alles wieder ok«, antwortet Sophie, die einen Streit zwischen den beiden vermutet.

»Ich denke nicht. Das Problem ist das Platz 4.«

»Was stimmt denn nicht mit dem Platz?«

»Meine Freundin, sie ist sehr ... wie sagt man ... sie glaubt böse Dinge.«

Sophie sieht erstaunt zu der geschmackvoll gekleideten Taiwanerin, die mit ihren langen schwarzen Haaren und einem entzückenden Lächeln im Gang steht.

»Sie ist abergläubisch?«

»Vielleicht das ist das Wort.«

»Vier ist nicht gut, das ist der Tod«, mischt sich die Freundin ein. Die Stewardess ist dazugekommen und lächelt hilflos.

»Der Tod!«, wiederholt die Freundin energisch. Andere Fluggäste recken die Hälse und sehen ängstlich hinter Sitzlehnen hervor.

Sophie nickt und setzt sich schnell um. Immerhin sitzt sie jetzt am Fenster. Ein heller Gong erklingt und die Anschnallzeichen leuchten auf. Ihre Hand fährt zur Sicherheit noch einmal über die kalte Metallschnalle auf ihrem Bauch, und dann schließt sie die Augen.

»Sechs, das ist gut, gut für Mei-yin, so heißt meine Freundin. In Reihe sechs kann sie gut fliegen. Ich bin Po-han übrigens. Wir waren zum Work & Travel ein Jahr in Deutschland«, der junge taiwanische Mann sitzt jetzt neben Sophie und rutscht ungeduldig auf dem Cordstoff hin und her. Anscheinend macht Reihe vier auch ihn nervös.

»Was ist denn so schlimm an der Vier?«, fragt Sophie, während das Flugzeug langsam losrollt.

»Die Vier klingt bei uns wie das Wort ›Tod‹. Da kann man doch in einem Flugzeug nicht ruhig in der vierten Reihe sitzen.«

Sophies Armlehne vibriert unter ihrer Hand, vor dem Fenster zieht das Terminal vorbei. Ein bisschen mulmig ist ihr nun auch zumute. Gleichzeitig muss sie lächeln – über ihre erste Bekanntschaft mit Taiwanern.

»Wissen Sie, immer wenn ich Angst habe, pfeife ich leise vor mich hin. So ...« Sophie spitzt die Lippen und bringt einen leisen Ton hervor. Die Geschwindigkeit drückt sie in die Sitze, schüttelt sie, das Flugzeug ächzt.

»Nein, nicht pfeifen!«, kreischt Po-han und greift ihre Hand.

»Aua!«, schreit Sophie leise auf, mehr aus Überraschung als aus Schmerz. Die Stewardess sieht streng zu ihnen herüber.

Sophies Stirn wird heiß. In ihren Ohren knackt es, der Motor brummt. Dann hat das Flugzeug seine Flughöhe erreicht. Mit einem Gong erlöschen die Anschnallzeichen.

»Und warum haben Sie sich nicht umgesetzt?«, fragt sie ihren Sitznachbarn dann, der sich wieder ein bisschen beruhigt hat.

»Der Mann auf 6a schläft. Wollten nicht wecken. Ich bin ein Mann, ein Gentleman ... dann lasse ich meine Freundin zuerst. Verstehen Sie? Und warum fliegen Sie zu Taiwan?«

Sophie erzählt ihr Woher und Wohin. Po-han hört aufmerksam zu und scheint langsam seine Nervosität wegen der Nummer seines Sitzplatzes zu vergessen. Bald sind sie beim Du und Po-han lädt Sophie zum chinesischen Neujahrsfest in zwei Wochen ein. Dass ein wichtiges Fest vor der Tür steht, davon hat sie noch gar nichts gehört.

»Jetzt ist eine gute Zeit, um nach Taiwan zu kommen. Es ist noch nicht heiß und nach dem Neujahrsfest kann man gut eine Arbeit finden.«

Auch daran hat Sophie noch gar nicht gedacht. Einfach so ist sie ja losgefahren. Ihre Ersparnisse reichen vielleicht vier oder fünf Monate, dann wird es eng und sie muss sich etwas einfallen lassen.

Wenigstens hat sie schon mal zwei Bekannte in Taiwan, und damit sind auch die Feiertage gerettet.

Endlich hat sie Zeit, sich etwas zu entspannen und den Flug zu genießen. Die ganzen Verabschiedungen und das Packen der letzten Tage haben sie müde gemacht. Sie beobachtet in Gedanken versunken die Wassertropfen, die sich in der Scheibe des Fensters gesammelt haben und langsam zu kleinen Eiskristallen vor dem dunklen Himmel erstarren.

Aber die Ruhe währt nicht lang. Schon wird das Essen serviert, und kaum steht es auf dem kleinen Klapptisch vor ihnen, beginnt ein reger Austausch zwischen Po-han und seiner Freundin Mei-yin zwei Reihen hinter ihm. Mal tauschen sie untereinander das zum Essen gereichte Brötchen mit dem Croissant, mal gibt Po-han seiner Mei-yin den Früchtesnack ab. Zum Schluss bringt Mei-yin ihren Tee, und als sie den auf Po-hans Tablett abstellen will, gibt es eine kurze Turbulenz, das Flugzeug wackelt stark und der Tee landet auf Sophies Jeans.

»*Bùhǎoyìsi!* – Entschuldigung!«

Nach einer Schrecksekunde blickt Sophie von ihrer durchnässten Hose zu Po-han neben sich. Der lächelt. Und die im Gang stehende Mei-yin kichert sogar leise.

»*Bùhǎoyìsi!* – Entschuldigung!«, sagen sie im Chor und lächeln immer noch.

Sophie spürt eine Hitze in sich aufsteigen – nicht nur die vom warmen Tee auf ihrem Bein, sondern auch eine Hitze aus ihrem Bauch, die schnell in ihr Gesicht, ihre Ohren und Wangen wandert.

Die belächeln mich. Die schütten mir den Tee auf die Hose und dann lachen sie. Sie machen sich lustig über mich, über mich in meiner nassen Hose. Ist das denn lustig? Schämen sollten sie sich was! Sophie lässt eine innerliche Schimpftirade los. Äußerlich sieht man nur ihren hochroten Kopf.

»*Bàoqiàn! Bàoqiàn! Duìbùqǐ!* Entschuldigung!«

»Die Sitzplätze in Reihe 4 bringen also wirklich Unglück«, schnaubt Sophie wütend.

Was ist diesmal schiefgelaufen?

Nicht nur Luftlöcher lauern über den Wolken, sondern auch Fettnäpfchen. Und Sophie hat gleich zwei davon erwischt.

Pfeifen lockt Geister an. Was im Geistermonat (siehe auch Seite 199) Unheil bringt, ist in brenzligen Situationen – zum Beispiel wenn man in der vierten Reihe sitzen muss – nicht weniger verhängnisvoll. Geister sind böse und versuchen, einen in die Unterwelt hinabzuziehen. So könnte ein Pfeifen im Flugzeug dieses schnell und unsanft auf den Boden zurückholen und seine Passagiere ins Jenseits befördern. Übrigens können die meisten Taiwaner auch gar nicht richtig pfeifen. Wie auch? Sie können und wollen es ja nie üben.

Wie viele Länder in Asien ist auch Taiwan ein Land des Lächelns. Taiwaner sind freundlich und freuen sich, Menschen aus anderen Ländern zu treffen und kennenzulernen. Aber ein Lächeln hat viele Funktionen: Wenn ihnen etwas peinlich ist, lächeln Taiwaner auch, und besonders Taiwanerinnen kichern sogar. Sie versuchen dadurch, ihr Gesicht zu wahren. Das wird schnell falsch interpretiert: als ungeübter Asienreisender denkt man schnell, sie lachen über einen, lachen einen aus oder sie haben es vielleicht gar mit Absicht getan. Dem ist aber nicht so. So peinlich berührt wie Sie sich wahrscheinlich durch das Lächeln fühlen – dem Lächelnden ist es garantiert mindestens dreimal peinlicher als Ihnen.

Es gibt übrigens drei Arten, sich zu entschuldigen. Am meisten hört man im alltäglichen Leben wohl *bùhǎoyìsi*. Man verwendet es in kleinen peinlichen Situationen, wenn man sich irgendwo durchdrängelt, zu spät kommt, jemanden unterbricht oder mit einer Frage oder Bitte behelligt. Für ein *duìbùqǐ* muss man sich einen richtigen Patzer erlaubt haben. Es bedeutet so viel wie »Ich stehe in deiner Schuld«, sei es, weil man jemandem auf den Fuß getreten ist, etwas kaputt gemacht oder einen Geburtstag vergessen hat.

Bei noch größeren Vergehen sagt man mit *bàoqiàn* wortwörtlich, dass man »Reue« bzw. »Bedauern« verspürt.

Was können Sie besser machen?

Machen Sie kein großes Aufheben und reagieren Sie vor allem nicht gekränkt oder verärgert, sollte ein Taiwaner mit einem Lächeln oder Kichern versuchen, sich bei Ihnen zu entschuldigen. Lächeln Sie auch zurückhaltend und bleiben Sie ruhig. Ein Gesichtsverlust ist schwer wieder gutzumachen. Ein *méi guānxì!* von Ihnen – Macht nichts! – und schon haben Sie sich und Ihr Gegenüber aus einer peinlichen Situation befreit. Der Taiwaner wird es Ihnen danken und bestimmt genauso großzügig über Ihr nächstes Fettnäpfchen hinwegsehen.

說到 ... apropos ... Zahlen in Taiwan

Was bei uns die Dreizehn ist, ist in Taiwan die Vier, nur dass hier der Aberglaube noch stärker und weiter verbreitet gelebt wird. *Sì,* »vier«, klingt so ähnlich wie *sǐ,* »Tod« oder »sterben«. Daher würde in Taiwan niemand gern in eine Etage ziehen, die wie »Sterbeetage« klingt, eine tödliche Anzahl von Gästen einladen – sei es auch nur, dass die Vier eine Ziffer in der Gästezahl ist. Man würde sich, wenn möglich, nicht in die todbringende Reihe vier im Flugzeug setzen, nie einen Geldbetrag schenken, in dem die Ziffer vier vorkommt – man würde ja den Tod verschenken. Kurz und gut, die Vier wird in allen Lebensbereichen tunlichst vermieden.

Ganz anders steht es da um die Zahl sechs, *liù,* die, im Klang gleich mit »gleiten« und ähnlich mit *liú,* »fließen«, eben alles »flutschen« lässt.

So hat jede einzelne Zahl im Chinesischen ihre besondere Bewandtnis – Glück verheißend oder Pech bringend und stets präsent im tagtäglichen Leben von Jung und Alt.

說到 ... apropos ... Reisezeit und Arbeitssuche

Plant man in Taiwan eine Arbeit zu finden, ist es tatsächlich gut, in der Zeit um das chinesische Neujahr anzureisen, denn kurz vor dem chinesischen Neujahrsfest werden bei den Jahresend-Banketts der Firmen (den sogenannten *wěiyá*) die Bonus-Gehälter an die Mitarbeiter ausgezahlt. Ist das einmal geschehen, setzt ein *Bäumchen wechsle dich* im Arbeitsmarkt ein, und viele, die nur des Bonus wegen bis Ende des Mondjahres ihrem alten Arbeitgeber treu geblieben sind, suchen sich eine neue Stelle. Oft werden dann Positionen frei und Firmen suchen nach neuen Mitarbeitern.

Wie in vielen Ländern ist auch hier ein Vorstellungsgespräch von Angesicht zu Angesicht wichtig. Bewirbt man sich von Deutschland aus für eine Stelle in Taiwan, zeigen sich Arbeitgeber zwar oft interessiert, wollen aber verständlicherweise den 9.000 Kilometer entfernten Bewerber erst in Taiwan sehen, bevor sie näher darüber nachdenken, ihn einzustellen.

Sollte man als Tourist nach Taiwan kommen und keine Einheimischen kennen, bei denen man das familiäre Fest verbringen kann, ist das chinesische Neujahr eher eine schlechte Zeit für eine Reise: circa eine Woche lang sind Geschäfte und Restaurants größtenteils geschlossen, Tempel und Verkehrsmittel restlos überfüllt, Flüge und Hotels komplett ausgebucht, die Straßen der Innenstädte wie leergefegt. Die beste Reisezeit ist der Frühling oder der Herbst.

3   到了! – *Dào le!* – Angekommen!

Das Schühlein-wechsle-dich der taiwanischen Wohnung

»*Dào le!* – Angekommen!«, ruft Po-han und springt von seinem Platz auf. »*Dào le!*«, sagt er noch einmal und lacht Sophie zu. Die blinzelt noch ganz verschlafen und ist erstaunt über das Gewusel. Das Flugzeug rollt noch auf der Landebahn. Ziemlich erfolglos versucht die Stewardess, die Passagiere auf den Sitzen zu halten. Die Regentropfen draußen ziehen schräg im Fahrtwind auf Sophies Fenster entlang. Sie ist vor einiger Zeit eingeschlafen und die 13 Stunden sind so für sie wahrlich wie im Flug vergangen.

»*Dào le! Dào le! ...* «, hört sie immer wieder. Um sie herum sind alle damit beschäftigt zusammenzupacken, ihre Sachen aus den Gepäckfächern zu holen und Freunde und Familie lautstark anzurufen und von ihrem *dào le* zu berichten. Po-han summt vor sich hin, kontrolliert, ob er alles bei sich hat. Zwei Reihen vor ihm steht Mei-yin schon bereit zum Aussteigen da. Das Flugzeug ruckt, die Anschnallzeichen erlöschen. *Dào le* – nun wirklich. Auch die Regentropfen am Fenster sind fast zum Stillstand gekommen. Dahinter ist alles grau und dunkel.

»Hier, Mei-yins und meine Handynummer. Ruf an, wenn du hast ein bisschen Probleme. Wir sind immer gern helfen. Und chinesisches Neujahr wir feiern zusammen.« Und damit haben sich Po-han und Mei-yin schon in die Schlange eingereiht, um das Flugzeug zu verlassen.

Sophie ist froh, wieder allein zu sein. Sie will jeden neuen Schritt in Ruhe gehen, alles genießen, die neue Welt in sich aufsaugen – so wie es wahrscheinlich Jan getan hat vor einem halben Jahr irgendwo in Südamerika.

Im Vergleich zum Frankfurter Flughafen ist der Internationale Flughafen Taiwan Taoyuan klein, umso größer aber das Gewimmel und der Trubel. Es scheint, als seien neben Sophie noch tausende anderer Leute in hunderten anderer Flugzeuge gleichzeitig angekommen. Die meisten identifiziert Sophie als Taiwaner. *War die kleine Insel denn bis vor kurzem leer? Und nun kommen plötzlich alle zurück?*, denkt Sophie.

Erstaunlich schnell ist die Passkontrolle erledigt. Während Sophie in der Warteschlange für Ausländer steht, beobachtet sie im Augenwinkel, dass die Taiwaner voll elektronisch mit ihrem Pass durch Glaskabinen mit Kameras und Scannern eingelassen werden. *Hightech-Passkontrolle in Taiwan, ein bisschen wie im Supermarkt, wenn die Produkte über das Barcodelesegerät gezogen werden,* schmunzelt Sophie in sich hinein.

»Nǐ hǎo!«, sagt der Beamte und stempelt ihr Visum ab. *»Dào le!«,* sagt Sophie und holt ihren Koffer. Sie findet den Schalter für den Bus in die Stadt und kauft auf Englisch problemlos ein Ticket bis zum Hauptbahnhof – so wie es Chen Zi-ting vom Couchsurfing ihr geraten hat. Dann soll sie mit dem Taxi weiterfahren. Kaum eingestiegen, lässt sie der anfahrende Bus rücklings in den Sitz plumpsen. 30 Kilometer sind es bis in die Stadt. Die Autobahnen sind nicht nur unzählig mehrspurig, sondern auch mehrstöckig. Mal fährt der Bus 40 Meter über dem Erdboden über vier oder fünf anderen Autobahnen hinweg, mal fährt er unter Autobahnen hindurch auf Straßen gesäumt von Gebäuden mit Reklameschildern aus blinkenden Neonröhren. In der Ferne leuchten die Hochhäuser der Innenstadt. Schnell hat Sophie auch den Taipei 101 entdeckt, der weit über das Lichtermeer hinausragt und heute im roten Schein erstrahlt. Mit jedem Meter kommt sie ihrem neuen Leben näher. Sie hüpft während der einstündigen Fahrt ungeduldig auf dem Sitz umher, verbiegt sich am Fenster, um auch jedes Detail draußen wahrzunehmen.

»Dào le!«, ruft der Busfahrer nach hinten. Sophie sieht aus dem Fenster: rechts liegt der riesige Hauptbahnhof von Taipeh, links stehen gelbe Taxen in Reihe und warten auf Fahrgäste.

Sophie steigt aus dem Bus in eines der Taxen um und zeigt dem Fahrer die Adresse, die sie sich von der Internetseite ausgedruckt hat. Der nickt und fährt los. Nach zehn Minuten Fahrt sagt auch er »Dào le!« und zeigt auf eins der mehrstöckigen Häuser in einer kleinen Gasse.

Auch wenn alles problemlos gelaufen ist, so haben doch die Einreise, das Gepäckholen und die Fahrt nach Taipeh länger gedauert, als sie dachte. Nun ist es schon elf Uhr abends. Sophie ist es peinlich, so spät noch bei ihrer Gastgeberin zu klingeln. Vielleicht schläft die gar schon. Unentschlossen steht Sophie vor der Tür und betrachtet das Klingelschild. Da fällt ihr auf, dass sie gar nicht klingeln kann. Neben den Klingelknöpfen steht nämlich kein einziger Name. Woher soll sie wissen, welchen der acht Knöpfe sie zu drücken hat? Wie peinlich wäre ein ungewollter Klingelstreich – erstens würde sie zu so später Stunde stören, zweitens könnte sie sich gar nicht erklären, sie spricht ja kein Chinesisch, und drittens könnte sie mit all dem Gepäck nicht einmal wegrennen.

Nun beginnt es auch noch zu regnen. Sophie zittert in ihrer dünnen Strickjacke. Schon im Bus war ihr aufgefallen, dass sie wohl die falsche Garderobe eingepackt hat. Um sie herum saßen alle mit dicken Wintermänteln und Schals. Sophie schaut am Haus hoch. Ihr Blick gleitet an den vergitterten Fenstern und Balkonen entlang. Dazwischen drücken sich rankende Pflanzen ins Freie. Blumenkübel hängen an den Geländern und auf dem Dach strecken sich kleine Bäume neben Wasserkanistern in die Höhe. Sophie beginnt die Etagen abzuzählen, denn laut Adresse soll Chen Zi-ting in der dritten Etage wohnen. In beiden Wohnungen in der dritten Etage brennt kein Licht. Sophie ist verzweifelt, sie muss nun wohl oder übel jemanden aus dem Schlaf reißen.

»Nun bleibt nur noch die Frage, ob rechts oder links«, murmelt sie bei sich, »Ene, mene muh, raus bist ...«

»Nĭ hăo! Nĭ hăo! Sophie dào le!«

In der zweiten Etage entdeckt sie auf dem Balkon eine Frau. Vor Sophies innerem Auge erscheint das Profilfoto auf der Couchsurfing-Seite: eine junge Frau, die lächelt und dabei ihre Augen ganz weit öffnet, die Backen aufbläst, den Kopf schief legt und sich mit dem Zeigefinger in die rechte Backe piekst. Schwer zu sagen, ob das Chen Zi-ting da oben ist. Aber sie muss es wohl sein, denkt Sophie, denn die Frau da oben kennt ja ihren Namen. Nur, warum ist sie in der zweiten Etage? Das Türschloss summt und Sophie steigt die Treppen hinauf.

»*Hello Chen! I am very very sorry that I am so late*«, entschuldigt sich Sophie.

»*Not late at all! It's only 11.30!*«, zuckt die Gastgeberin mit den Schultern. »*Just don't call me Chen. That is my family name. Call me Zi-ting or by my English name Queenie.*«

Die schlanke junge Frau tritt zur Seite, um Sophie hereinzulassen.

»*I already learned some Chinese: Dào le!*«, verkündet Sophie froh und entledigt sich im Flur ihrer Schuhe und ihres Gepäcks. Queenie bläst die Backen auf, aber ohne dabei königlich zu lächeln wie auf ihrem Profilfoto.

Was ist diesmal schiefgelaufen?

Anderes Land, andere Zeiten und andere Orte.

Was Sophie als ein Fettnäpfchen gefürchtet hat, nämlich ihre späte Ankunft bei Chen Zi-ting, ist gar keins: Taiwaner bleiben lange auf. Sie sind regelrechte Nachteulen. Vor Mitternacht gehen sie selten zu Bett. Selbst Kleinkinder sieht man oft noch abends nach neun Uhr auf der Straße. Schulkinder bleiben oft bis nach elf Uhr munter, wegen der ganzen Hausaufgaben und Nachhilfekurse – und nicht selten auch wegen Computerspielen.

Bei den Orten hätte sich Sophie aber fast vertan: Sie hat die Etagen falsch gezählt und hätte deshalb auf jeden Fall die falsche

Klingel betätigt, wenn sie Chen Zi-ting nicht bemerkt hätte. Das Erdgeschoss zählt, wie in einigen asiatischen Ländern, auch in Taiwan als die erste Etage. Die zweite Etage in Deutschland ist also umgerechnet die dritte Etage in Taiwan.

Die zweite örtliche Verfehlung führte dann in ein Fettnäpfchen: Sophie hat erst in der Wohnung die Schuhe ausgezogen. Aber was in Deutschland meistens im Hausflur passiert, das macht man in Taiwan noch, bevor man die Wohnung oder das Haus betritt.

Was können Sie besser machen?

Taiwanische Wohnungen haben oft keinen Flur, geschweige denn eine Garderobe, und so bleiben die Schuhe oft einfach vor der Wohnungstür liegen. Bevor Sie die Wohnung betreten, sehen Sie sich nach herumliegenden Schuhen vor der Tür um und stellen Sie Ihre einfach dazu. Sollten sie keine anderen Schuhe entdecken, fragen Sie Ihren Gastgeber. Ziehen Sie sie im Zweifelsfall aber lieber zu früh aus als zu spät. Sind Sie dann barfuß in der Wohnung, reicht der Gastgeber Ihnen sofort Pantoffeln.

Auch vor der Toilette findet oft ein Schuhwechsel statt: die Hausschuhe werden ausgezogen und man schlüpft in Gummipantoffeln, die gleich an der Badezimmertür stehen. Da es oft kein Duschbecken gibt und der Boden lange feucht bleibt, trägt man die Nässe so nicht mit in die restliche Wohnung.

Wenn Sie jemanden besuchen, haben Sie stets die Handynummer dabei, damit Sie ihn anrufen können, wenn Sie vor der Tür stehen. Taiwaner schreiben nämlich aus Angst vor Betrügern nie ihren Namen an das Klingelschild. Sollten Sie jetzt den Eindruck haben, dass Taipeh eine unsichere Stadt ist, besonders wenn Sie auch noch an die vergitterten Fenster und Balkone denken, dann liegen Sie falsch. Taipeh und Taiwan erscheinen in den Rankings der sichersten Städte und Länder stets ganz weit oben.

說到 … apropos … Leben auf engstem Raum

Sophie erfährt bereits auf dem Flughafen zum ersten Mal, was es bedeutet, auf einer dichtbesiedelten Insel zu leben: hoher Lärmpegel und viel Körperkontakt. Die in vielen Statistiken erscheinende Bevölkerungsdichte von 642 Einwohnern pro Quadratkilometer ist irreführend, denn der Großteil Taiwans besteht aus einer unbewohnbaren Berglandschaft in der Mitte. Nur der »Rand« der Insel ist bewohnbar. In der Hauptstadt Taipeh schätzt man 9.600 Einwohner pro Quadratkilometer, und die wollen selten alle zu Hause bleiben. Ausgehen und vor allem Reisen sind beliebte Arten des Zeitvertreibs.

Man sollte annehmen, Taiwaner, da von Geburt an nicht anders gewohnt, haben ein Gefühl dafür entwickelt, auf engstem Raum zusammenzuleben. Dem ist aber nicht unbedingt so. Trotzdem trifft man stets auf eine japanische Höflichkeit und Überkorrektheit. Vielleicht sind die fehlende Rücksicht und Geduld ja ein Überlebensinstinkt oder eine Art der Durchsetzung, um nicht im Meer der 23,4 Millionen Einwohner unterzugehen.

說到 … apropos … Wetter

15 Grad klingen vielleicht nicht kalt, fühlen sich aber in Taiwan wesentlich kälter an als in Deutschland. Schuld daran ist die hohe Luftfeuchtigkeit, die das ganze Jahr um die 80 Prozent liegt. Diese Feuchtigkeit erhöht das Kälteempfinden. Kommt dann auch nur ein leichter Wind dazu, wird es richtig ungemütlich, denn der bläst die warme Luft aus der Kleidung.

In Taipeh regnet es durchschnittlich an 165,5 Tagen pro Jahr. Damit liegt Taipeh sogar noch vor London mit seinen 156,2 Regentagen. Das hat damit zu tun, dass Taipeh in einem Becken liegt, umgeben von hohen Bergen, worin dann die Regenwolken und im Sommer sogar ganze Gewitter sozusagen hängen bleiben. Deswegen ist das Wetter in Taipeh immer wesentlich schlechter als im Rest Taiwans. Dazu kommt, dass der nördliche Wendekreis Taiwan klimatisch in zwei etwa gleich große Teile teilt: in Tropen mit trockenem Klima im Süden und Subtropen mit feuchtem Klima im Norden.

4 不行啊! – *Bùxíng a!* – Das geht doch nicht!

Gemeine Sätze nett gemeint

Sophie blinzelt in die Sonne, die durch das Fenster im Wohnzimmer auf die Sofadecke fällt. *Schon ein komisches Gefühl auf einer fremden Couch und noch dazu in einem fremden Land wach zu werden,* denkt sie. Die Uhr am Fernseher zeigt erst sechs Uhr an, aber so richtig will das mit dem Schlafen nicht mehr klappen. Zu sehr lockt die neue Welt da draußen. Sophie steht auf und tritt ans Fenster. In der kleinen Gasse unter ihr eilen Gruppen von Kindern laut lachend in Uniform zur Schule. Ein Kleintransporter mit Lautsprecher lärmt durch die Gasse. Am Rand stehen Mopeds dicht an dicht, sodass oft nicht einmal eine Hand dazwischen passen würde. Eigentlich ist alles grau und vergittert, behangen mit den Kästen der Klimaanlagen und durchzogen mit schwarzen, zerzausten Elektroleitungen. Der Regen der letzten Nacht hat nasse Stellen an den Mauern und auf den Straßen hinterlassen.

Trotz alledem ist es ein lieblicher Anblick. Die Sonne schafft es zwischen den Häusern bis auf den Asphalt hinunter, auf dem mit breiten, weißen und gelben Strichen chinesische Zeichen geschrieben stehen. Die Pfützen sind fast verschwunden. Neben den schweren Eisentüren der Hauseingänge stehen Kübel, oft angebrochen, darin wild verwachsene Pflanzen. Kacheln schmücken die Hauswände, Steine mit ornamenthaften Aussparungen die Mauern. Darüber rankt Efeu und überwuchert flächendeckend ganze Balkone und Vordächer. Durch Risse drängen sich kleine Unkrautblumen. Gegenüber auf der Dachterrasse sitzt eine alte Frau, gerade noch hat sie Wäsche aufgehängt, jetzt beobachtet sie Sophie. Sie nicken sich zu und lächeln.

Hinter Sophie raschelt es. Queenie ist auch aufgestanden.

»*Zăo'ān!* – Guten Morgen!«

Viel haben sie sich gestern nicht mehr unterhalten können, denn plötzlich hatte Sophie eine bleierne Müdigkeit überfallen.

»Guten Morgen! Taipeh ist wunderschön«, seufzt Sophie entzückt. Queenie lächelt.

»Deutschland und Europa sind bestimmt viel schöner. Übrigens, das hier ist der Wasserspender. Vorsicht, rechts beim roten Hahn kommt heißes Wasser, in der Mitte beim rosafarbenen lauwarmes. Daneben sind Tassen, die du benutzen kannst.«

In Sophies Hals kratzt es schon, erst jetzt merkt sie, wie durstig sie ist. Seit dem Apfelsaft zu Mittag gestern im Flugzeug hat sie nichts mehr getrunken. *Ein Glas kaltes, prickelndes Wasser,* denkt sie, nimmt eine der Tassen und drückt auf den blauen Hahn.

»*Bùxíng a!* – Das geht doch nicht! Du kannst doch nicht kaltes Wasser trinken! Und das auch noch morgens auf leeren Magen. Willst du denn krank werden?«

»Ähm, nein, aber ...«

Weiter kommt sie nicht, denn Queenie beginnt einen Vortrag über traditionelle chinesische Medizin, und irgendein *qì,* das durch den Körper fließt. »Hallo?«

»Ja?« Sophie war in Gedanken weit weg. Sie hat sich gerade vorgestellt, wie dieses *qì* aus ihren Handflächen schießt und als rosa Energiestrahl auf Jan trifft – ganz wie in einem Trickfilm. Und dann hat sie sich gefragt, ob man in Südamerika auch kein kaltes Wasser trinken darf.

»Gehen wir frühstücken! Um die Ecke ist ein Frühstücksladen. Hast du zugenommen? Auf dem Foto, das du mir geschickt hast, hast du dünner ausgesehen. Meine Mutter und meine Großmutter kommen auch mit«, fährt sie fort, ohne Sophies Antwort abzuwarten. Sophie fasst an ihren Bauch. Jan-Kummer-Speck nennt sie die kleine Welle unter ihrem T-Shirt. Sie schluckt kurz über Queenies direkte Worte, dann springt sie auf.

»Ja, los zum taiwanischen Frühstücksdings!«

Mutter und Großmutter wohnen gleich eine Etage tiefer. Sie sehen Sophie erstaunt von oben bis unten an, aber Sophie stört das nicht. Sie fühlt sich leicht und unbekümmert: Sie ist in Taiwan, die Sonne scheint und damit ist sie in ihrer dünnen Strickjacke endlich auch wettergemäß angezogen. Und gleich wird sie wissen, was ein Frühstücksladen ist.

»*Nǐ hǎo!*«, grüßt Sophie.

»*Chīfàn le méiyou?*«, fragt die Mutter.

»Ob du schon gegessen hast«, übersetzt Queenie.

»Nein«, Sophie schüttelt geduldig den Kopf. *Natürlich nicht,* denkt sie bei sich, *deshalb gehen wir ja schließlich zum Frühstücksladen.*

»*Chiàh-pá-bô?*«, fragt die Großmutter.

»Ob du schon gegessen hast«, übersetzt Queenie wie eine hängengebliebene Schallplatte.

»Nein, noch nicht«, Sophie schüttelt wieder den Kopf und stutzt. »Deine Großmutter hat doch eben etwas ganz anderes gesagt als deine Mutter. Selbst wenn ich kein Chinesisch verstehe, aber das merke ich schon.«

»Das war nicht Hochchinesisch. Sie hat Taiwanisch mit dir gesprochen. Sie beide haben gefragt, ob du schon gegessen hast. Diese Frage ist hier eine Art der Begrüßung.«

Gleich am Ende der kleinen Gasse duftet es nach Frittiertem. Vor dem Frühstücksladen geht es zu wie in einem Bienenstock: Menschen kommen, rufen den Angestellten eine Bestellung zu und ziehen mit einer Tüte und einem Pappbecher wieder weiter. Geht man an der Kochtheke rechts vorbei, gelangt man nach hinten in den Sitzbereich. Unter Ventilatoren raschelt das Verpackungspapier der Essstäbchen auf Tischen, die von Plastikhockern umringt sind.

Während Queenie vorn am Tresen unzählige Frühstücksdelikatessen bestellt, betrachtet nun Sophie die zwei älteren Damen aus dem Augenwinkel. Beide haben eine kleine Statur, die jüngere ist vielleicht fünfzig, die ältere siebzig, sie sind einfach aber elegant gekleidet. Am Handgelenk tragen beide einen Reifen aus dunkelgrüner Jade. Ihre Haare sind frisch frisiert, der Lippenstift feinsäuberlich aufgetragen. Die Großmutter hat links am Kinn einen kleinen Leberfleck, aus dem drei weiße lange Haare wachsen.

»*You happy?*«, fragt die Großmutter plötzlich.

»*Hm? Ähm ... yes!*«, schwindelt Sophie. *Und noch glücklicher wäre ich, wenn Jan zurückkommen würde,* fügt sie in Gedanken dazu.

»Sie kann das sehen – an deinen abstehenden Ohren. Leute mit solchen Ohren sind glücklich, sagt man bei uns«, erklärt Queenie, die mit zwei Tellern zurück ist.

Sophies Ohren werden heiß. Erst habe sie zugenommen und nun wird noch der wunde Punkt unter ihren langen Haaren getroffen. Na, wer austeilt, der muss auch einstecken können. Und so lässt Sophie mutig durch Queenie fragen, warum sich ihre Großmutter denn nicht die drei Haare im Gesicht abschneide.

»*Bùxíng a!* – Das geht doch nicht! Damit würde man das Leben, also die Lebenszeit kurzschneiden«, schüttelt sie ungläubig den Kopf über so eine dumme Frage.

»Ja, natürlich«, nickt Sophie verständnisvoll.

Der Tisch steht voller Teller mit undefinierbaren Speisen, die aber köstlich duften. Es gibt Rettichkuchen, gefüllte Teigtaschen, in Öl frittierte Teigstangen, Eierkuchen zusammengerollt mit Käse und Gurkenstückchen, Reisrollen mit getrockneten, zerriebenen Fleischfasern und dazu warme Sojamilch. Alles ist herzhaft, nur die Sojamilch ist süß. Queenie fotografiert jede Speise, dazu sich selbst neben Sophie. Die findet, dass Queenie ein merkwürdiges Gesicht auf jedem Foto macht: ganz so wie auf den Fotos von der Couchsurfing-Seite reißt sie die Augen weit auf, bläst die Wangen voll Luft, sticht mit einem Finger hinein oder streckt Zeige- und Mittelfinger zu einem V aus und hält sie ans Gesicht.

»Vorsicht, das hat alles viele Kalorien«, raunt Queenie, als sie ihr Fotoshooting beendet hat.

»Skinny too much! More eat!«, befiehlt die Mutter.

Ja, was denn nun? Zu dick oder zu dünn?, fragt sich Sophie und isst dann einfach ihrem Appetit und Hunger nach. Um sie herum schmatzt, schlürft, spuckt und rülpst es, wie es gar nicht so recht zu den drei Damen passen will. Aber dass die Tischsitten in Asien wohl anders sein sollen, hat Sophie schon oft vor ihrer Abreise gehört. *Bùxíng a! – Das geht doch nicht!*, denkt sie erst, dann tut sie es ihnen gleich. Es schmeckt ja auch so vorzüglich, dass man ruhig mal für eine Weile die gute Kinderstube vergessen kann.

Was ist diesmal schiefgelaufen?

Die Direktheit, mit der Queenie und ihre Großmutter Sophies Äußeres kommentieren, ließ Sophie schlucken. Gut, dass Sophie ihren Ärger unterdrückt und darüber hinweggesehen hat. Das war weder Kritik noch persönlicher Angriff, sondern eine Art, Zuwendung für Sophie zu zeigen.

Ähnlich Gutes hatte Queenie auch im Sinn, als sie Sophie das warme Wasser angeboten hat. Kalte Getränke sind nach der traditionellen chinesischen Medizin sehr ungesund. Der Temperaturunterschied soll zu viel Feuchtigkeit im Körper verursachen und das *qì* – die Lebensenergie – aus dem Gleichgewicht bringen. Trotzdem sind, ganz im Widerspruch zur traditionellen chinesischen Medizin, ganzjährlich und besonders im Sommer eisgekühlte Tees, Eiskaffees und geschabtes Eis übergossen mit Kondensmilch und Früchten bei Jung und Alt sehr beliebt.

Was können Sie besser machen?

Sollte ein Taiwaner sich eine Anmerkung zu Ihrem Äußeren erlauben, nehmen Sie es sich nicht zu Herzen. Taiwaner beobachten und kommentieren das Erscheinungsbild ihrer Mitmenschen, um ihre Nächstenliebe zu bekunden. So sind Kommentare wie »Du hast zugenommen« oder »Deine Haut ist schlechter geworden« genauso selbstverständlich und ohne jede böse Absicht wie »Du hast eine neue Frisur«. Sie benennen einfach, was sie sehen, was dem Blickfeld der Öffentlichkeit nicht verborgen bleibt und drücken durch ihr Bemerken ihre Sorge und Aufmerksamkeit aus.

Aus dem gleichen Grund werden Sie auch ein verständnisloses Kopfschütteln und einen Vortrag über gesunde Lebensweise ernten, wenn Sie nicht stets zu warmem oder heißem Wasser greifen. Beim kleinsten Nieser oder Hüsteln gibt es den gutgemeinten Rat: »Trink mehr Wasser!«, womit natürlich heißes Wasser gemeint ist.

Kommt es zum Schlürfen, Rülpsen und Schmatzen, sind sich die Taiwaner uneinig. Undefinierbare Gräben ziehen sich da durch Generationen, Schichten, Herkunftsregionen und Geschlechter. Es scheint, die Taiwaner passen ihre Tischmanieren weniger ihrer Begleitung, sondern vor allem dem Etablissement an. Im traditionellen Frühstücksladen darf geschlürft und gerülpst werden – und säße der Präsident höchstpersönlich mit am Tisch. In einem vornehmen Restaurant dagegen achtet man oft peinlich genau darauf, dass selbst mit der ungehobelten Verwandtschaft die Etikette befolgt wird. Sollte dann doch mal ein Rülpser rausrutschen, hört man lächelnd darüber hinweg.

說到 ... apropos ... Begrüßung

Sowohl auf Taiwanisch wie auch auf Chinesisch ist die Frage, ob man schon gegessen hat, eine Art der Begrüßung. In Taiwan hat das Essen einen so hohen Stellenwert, dass es neben einem beliebten Small-Talk-Thema auch gleich zu einer Begrüßungsformel geworden ist. Hat man nicht vor, mit dem anderen gleich essen zu gehen, dann antwortet man auf *Chīfàn le méiyou?* einfach mit *Chī le* – »gegessen«. Auf Deutsch antwortet man ja auch auf die Small-Talk-Frage »Wie geht's?« im schlechtesten Fall mit »Es geht.«

Im schnelllebigen Alltag passt immer ein kurzes *Nǐ hǎo!*, was für »Guten Tag!« steht und wortwörtlich »du gut« bedeutet. Für eine

Gruppe von Leuten tut es ein *Nǐmén hǎo!* – »ihr gut«, will man besonders höflich sein, ein *Nín hǎo!* – »Sie gut«. Am Telefon oder Handy ist der Taiwaner noch kürzer angebunden: *Wéi!* – Hallo!

Die Hand gibt man sich in Taiwan übrigens sehr selten. Diese westliche Art der Begrüßung ist seit SARS relativ unbeliebt geworden. Zur Grippe-Saison sieht man gar Plakate des Gesundheitsministeriums, die zur Vermeidung von Körperkontakt, wie zum Beispiel durch den Handschlag, aufrufen und die traditionelle Begrüßungsart empfehlen, bei der man die rechte Hand über die linken Faust legt und dann so beide Hände zum Herz hebt und sich leicht verbeugt.

說到 ... apropos ... Sprachen in Taiwan

Alle Generationen am Frühstückstisch sind in Taiwan aufgewachsen und sprechen trotzdem verschiedene Sprachen – abhängig von der politischen Lage und der nationalen Identitätsfindung, in der sie aufgewachsen sind.

Queenies Großmutter spricht, wie 60 Prozent der Bevölkerung Taiwans, Taiwanisch – das haben die Vorfahren vor 300 Jahren aus den chinesischen Provinzen Fujian und Guangdong mitgebracht. Mit der japanischen Kolonisation von 1895 bis 1945 waren die Menschen auf Taiwan gezwungen, Japanisch zu lernen und es im öffentlichen Leben zu sprechen. Nach dem chinesischen Bürgerkrieg im Widerstand gegen Mao Zedong propagierte die nach Taiwan geflüchtete Kuomintang dann nach 1949 Hochchinesisch bzw. Mandarin – auch als Amtssprache, um sich als Gegenregierung für ganz China darzustellen. An den Schulen war es verboten, Taiwanisch zu sprechen, und man musste sogar für ein taiwanisches Wort eine Geldstrafe in die Klassenkasse zahlen. Auch wenn sich vor allem im Süden der Insel Hochchinesisch nie ganz durchgesetzt hat, so hat doch die Sprachpolitik ihre Spuren hinterlassen: Taiwanisch wurde lange Zeit als Sprache der groben, ungehobelten, ungebildeten Menschen angesehen und von Mädchen und Frauen kaum gesprochen. Unter Männern lässt sie jedoch in bestimmten Situationen ein Gefühl von Vertrautheit und Kumpelhaftigkeit aufkommen, besonders wenn es darum geht, einen Preis auszuhandeln oder um einen Gefallen zu bitten.

Heute sucht Taiwan seine eigene kulturelle und politische Identität und will nun die lange unterdrückte Sprache wiederbeleben. Obwohl die Unterrichtssprache an staatlichen Schulen immer noch Mandarin ist, müssen die Schüler nun auch Taiwanischkurse besuchen.

5   差不多 ... – *Chàbuduō* ... – So in etwa ...

Ein Penthouse in göttlicher Nachbarschaft

»Ähm, wie soll ich es sagen ... mein Mann kommt früher aus China zurück. Deshalb brauche ich die Couch und du musst dir schon früher etwas Neues suchen«, verkündet Queenie am nächsten Morgen der vom Jetlag übermüdeten Sophie. Die fällt aus allen Wolken. Sie hat zwar schon in örtlichen Internetforen nach einem Zimmer gesucht, aber eher entspannt, denn sie hatte ja die Couch noch für fünf Tage. Nun wird es plötzlich dringend.

»Aber du meintest doch bei Couchsurfing, sieben Tage wären kein Problem.«

»Drei Tage, sieben Tage ... *Chàbuduō* – So in etwa.«

»Und dein Mann braucht die Couch?«

»Ja, wir haben Streit, weil er mit einer anderen Frau zusammen ist, während er in China arbeitet, mit einem Flittchen vom Festland nämlich«, und dabei rümpft Queenie die Nase. »Denkt er, ich bin dumm und merke das nicht? Ich bin zwar schwanger, aber nicht dumm ...«, schimpft sie weiter.

»Du bist schwanger?«

»*Chàbuduō* – So in etwa. Naja, nicht richtig, aber bald.«

Sophie ist von der plötzlichen Informationsflut überwältigt und klickt angestrengt im Internet die Mitbewohnergesuche von WGs und die Angebote für die sogenannten *studio apartments* durch. Wenn der Mann kommt, möchte sie lieber nicht mit ihrer Anwesenheit stören. Zwei Adressen hat sie schließlich abgeschrieben, zwei Besichtigungstermine per E-Mail und WhatsApp ausgemacht.

»Ich komme mit«, meint Queenie. Sophie vermutet ein schlechtes Gewissen und ist froh, nicht allein losziehen zu müssen. Ein bisschen

Abenteuer – ja, gern. Halsbrecherisches Wagnis à la Mietverhandlungen ohne Sprachkenntnisse in einer fremden Stadt – nein, danke.

Und was könnte es für einen besseren Tag als diesen geben, ein Zimmer zu suchen: Die Sonne flimmert auf dem Asphalt, der Himmel ist hellblau und es weht ein Lüftchen, das einen ahnen lässt, dass das Meer nicht fern ist. Die alte Frau gegenüber winkt wieder, als Sophie und Queenie die Gasse zum anderen Ende hinuntergehen, dorthin, wo sie die Hauptstraße kreuzt und die Busse halten. Queenie stöhnt: »*Chàbuduō* 30 Grad, wie schrecklich heiß!«

Sie hat den Schirm aufgespannt und weiße Sonnencreme ziemlich dick auf allen freiliegenden Körperstellen aufgetragen. In Sekundenschnelle streicht sie mit dem Zeigefinger den Busplan entlang und überfliegt mit den Augen die chinesischen Zeichen. Sophie beobachtet sie fasziniert und hofft, dass sie in nicht allzu langer Zeit wenigstens halb so schnell Chinesisch lesen kann.

»Der hier müsste dahin fahren. *Chàbuduō* – So in etwa. Los!«, ruft sie und drückt Sophie eine *Yōuyóukǎ,* eine wiederaufladbare Chipkarte für den Nahverkehr, in die Hand.

Beim Einsteigen bemerkt Sophie zwei chinesische Zeichen, die auf der Anzeige über dem Busfahrer leuchten. Das erste Zeichen sieht aus wie ein T, das auf dem Kopf steht, mit einem kleinen Strich rechts am Fuß.

»Steht das T verkehrt herum wie jetzt, musst du mit der *Yōuyóukǎ* bezahlen, wenn du einsteigst, steht das T richtig herum, musst du bezahlen, wenn du aussteigst.«

Also schon das Bezahlen im Bus hängt vom Verstehen der chinesischen Zeichen ab, ganz zu schweigen von den Stationen, die alle chinesische Namen haben. Alles klingt gleich, alles klingt wie ein einziges *chingchongchungchingchongchung* ... Bei Sophie macht sich eine leichte Panik breit. Wie soll sie hier ohne Chinesischkenntnisse überleben?

»*Dào le!*«, ruft Queenie und drückt auf die Aussteigeklingel. Sobald ihre Füße jedoch den Asphalt berühren, runzelt sie die Stirn und sieht auf ihre Navigations-App: »*Chàbuduō* 20 Minuten zu Fuß, wir sind mit dem falschen Bus gefahren und dann auch noch zu zeitig ausgestiegen.«

»Aber in fünf Minuten ist der Besichtigungstermin«, drängelt Sophie in deutscher Pünktlichkeit.

»Zeit ist in Taiwan auch *chàbuduō*. Das schaffen wir noch, wir nehmen einfach ein Taxi«, weiß Queenie Rat, winkt eins der gelben Autos heran und übergibt Sophie das Wort.

»Tōng'ān Jiē«, lässt Sophie den Fahrer die Zielstraße wissen, und tatsächlich sind sie in zehn Minuten da. Nur vom Vermieter, der über WhatsApp meinte, er warte vor dem Haus, ist nichts zu sehen. Als dieser dann noch mal schreibt, er stehe vor dem Haus, wird Queenie stutzig.

»Wie heißt die Straße noch mal? Wo steht das? Hast du die chinesischen Zeichen?«

»Tōng'ān Jiē. Ich habe nur die Lautumschrift aufgeschrieben. Ich kann doch keine chinesischen Zeichen schreiben.«

»Ja, aber heißt die Straße T*ō*ng'ān Jiē oder Tó*ng*'ān Jiē? Tōng, erster Ton, oder Tóng, zweiter Ton?

»*Chàbuduō?*«, meint Sophie mit fragender Stimme, die froh ist, auch endlich mal etwas als *chàbuduō* bezeichnen zu können.

»Nicht *chàbuduō*. Du musst schon die vier Töne mitschreiben. Beide Straßen gibt es und ich schätze mal, wir stehen genau in der falschen.«

Und tatsächlich kommen sie 15 Minuten später in der richtigen Tóng'ān Jiē an, und vor dem Haus wartet auch noch der Vermieter. Queenie telefoniert auf der Straße lautstark mit ihrem Mann, also gehen Sophie und Herr Liu, wie sich der Vermieter im perfekten amerikanischen Englisch vorgestellt hat, allein die Stufen des alten Hauses nach oben, vorbei an vergitterten Türen mit Schuhbergen davor, an abgeblätterter Wandfarbe und an milchigen Treppenhausfenstern. Sophie hat in Gedanken schon abgeschlossen, dass dieses Haus ihre zukünftige Bleibe sein könnte.

»Ich weiß, wonach Ausländer suchen«, zwinkert Herr Liu ihr zu, und mit diesen Worten öffnet er die quietschende Eisentür zum Dach. Vor ihnen liegt eine Dachterrasse, auf der neben zwei riesigen Wassertanks ein kleines Häuschen mit flachem Dach steht. Ein Haus auf einem Haus also. Sophie ist begeistert. Sofort denkt sie an die Dachterrassen gegenüber von Queenies Haus und macht Pläne, wie sie die nun bald ihrige begrünen könnte. Im Häuschen gibt es ein Zimmer mit sporadischer Küchenzeile und einem kleinen abgetrennten Bad. Die Lage ist perfekt – in der Nähe einer Metrostation, zwischen einem Tempel und einem Supermarkt, in ebenso einer kleinen Gasse, wie die, in der Queenie wohnt. Das ist so *chàbuduo,* was Sophie sucht und wenn sie heute eins gelernt hat, dann, dass man mit viel *chàbuduō* hier durchs Leben kommt. Bis Sonntagabend will Herr Liu noch alles neu streichen und die Klimaanlage anbringen. Sophie nickt. Bleibt ihr eine Nacht, in der sie nicht weiß, wohin, aber sie ist sich sicher, dass sie dafür auch noch eine Lösung finden wird.

Als Queenie endlich ihr Telefonat beendet hat und nach oben kommt, hat Sophie Herrn Liu schon zugesagt.

»Ab Sonntagabend ist das mein neues Heim«, stellt Sophie ihr Luftschloss vor.

Doch Queenie sieht sich um und schüttelt nur missbilligend den Kopf.

Was ist diesmal schiefgelaufen?

Wonach Ausländer suchen, weiß ein Mann wie Herr Liu, der jahrelang in den USA gelebt hat, doch Queenie weiß das nicht. Trotzdem hätte sie es gern gesehen, wenn Sophie sie um Rat oder ihre Meinung gebeten hätte, schließlich hat sie ihr doch erst vor wenigen Stunden ihre privaten Probleme anvertraut. Und Queenies Rat zum Haus auf dem Haus wäre ganz anders gewesen, als Sophie es erwartet hätte: Für Taiwaner müssen Wohnungen praktisch, neu und modern sein. Gemütlichkeit, Privatsphäre oder gar individueller Stil stehen auf der Wunschliste, wenn überhaupt, ganz hinten. Der Durchschnittstaiwaner kümmert sich wenig um Einrichtungstrends, zieht oft in bereits fertig eingerichtete Wohnungen oder kauft Plastikmöbel – nicht des Preises, sondern der Zweckdienlichkeit wegen.

Viele Wohnungseigentümer im obersten Stockwerk bauten ohne Baugenehmigung von einer Wellblechhütte bis hin zu einer Villa mit Garten alles, was man sich vorstellen kann, aufs Dach – entweder, um sich selbst mehr Wohnraum zu schaffen, oder, um durch Weitervermietung den hohen Wohnungskredit schneller abzahlen zu können. Aber so idyllisch es auch scheint, auf einem Dach mit Terrasse mitten in der Stadt zu wohnen, der Schein trügt. Diese Anbauten sind fast immer schlecht isoliert und verwandeln sich im Sommer in einen Backofen und im Winter in ein feuchtes Kühlschrankfach. Ganz sicher wird Queenie auch an die Taifune gedacht haben, deren Wind und Regen man auf dem Dach ohne viel Schutz ausgesetzt ist (siehe Seite 201).

Nachdem die Regierung jahrelang über diese illegale Dachbebauung in Taipeh hinweggesehen hat, hat sie seit Anfang 2015 begonnen, dagegen vorzugehen, indem sie Beamte mit Bauarbeitern schickt, die die Dachbebauung nach Sicherheit und Größe evaluieren und im ungünstigsten Fall abreißen. Auch wie es sich neben einem Tempel wohnt, wird Sophie bald merken (siehe Seite 115).

Unter www.forumosa.com und www.tealit.com finden Sie Wohnungsanzeigen und Zimmerangebote in WGs. Die Seiten sind auf Englisch und werden von Ausländern in Taiwan betrieben.

Was können Sie besser machen?

Frauen in Taiwan vertrauen sich einander schnell an und geben sich Ratschläge. Wer wem? Dabei sind Hierarchien wichtig. Unter Freundinnen oder Kommilitoninnen spielt das Alter eine Rolle, in einer Firma und in der Familie die Position. Ob Queenie oder Sophie hier die Ältere ist, spielt keine große Rolle. Viel wichtiger ist, dass Sophie die Ausländerin ist, die von Queenie aufgenommen wurde. Queenie steht somit die Rolle der Ratgeberin zu und Sophie muss die Ratsuchende spielen.

Lassen Sie sich in Taiwan von ihren Gastgebern bemuttern. Die Taiwaner werden es immer besser wissen als Sie, schließlich leben sie schon ein Leben lang auf diesem Fleckchen Erde. Dass sie dabei vielleicht in Ihre privaten Belange eingreifen, sollten Sie gelassen sehen. Hören Sie sich trotzdem auf jeden Fall die Ratschläge an und entscheiden Sie dann bestimmt aber höflich nach Ihren eigenen Wünschen und Vorstellungen.

說到 ... apropos ... Arbeiten in China und Affären

Schon seit Langem gibt es taiwanische Geschäftsleute, die zwischen dem Festland China und der Insel Taiwan pendeln. Besonders aber seit der Finanzkrise 2008, als sich die Wirtschaftslage in Taiwan verschlechterte, die Arbeitslosigkeit stieg und die Löhne sanken, zog es bis heute etwa eine Million Taiwaner zur Arbeit auf das Festland. Viele Hochschulabsolventen folgten und folgen noch wegen der zahlreichen Jobmöglichkeiten dem Ruf der großen Fachkräftenachfrage nach China. Auch immer mehr taiwanische Unternehmen produzieren auf dem Festland und errichten dort Niederlassungen. Aus dem »Made in Taiwan« ist ein »Made in China« geworden.

Viele der meist männlichen Geschäftsleute führen zwei Leben – eins in Taiwan mit ihrer Ehefrau und eins in China mit einer einheimischen Frau. In den taiwanischen Medien und auch in der wissenschaftlichen Literatur werden die taiwanischen Ehefrauen oft als Erstfrau oder Hauptfrau bezeichnet und die Frauen aus China als Mätresse oder Geliebte. Diese Bezeichnungen sollen den sexuellen Aspekt der außerehelichen Beziehung betonen und verdeutlichen, dass die chinesische Frau in die taiwanische Familie eindringt und sie zerstört, während die taiwanische Frau die häuslichen Pflichten erfüllt und sich um die Kinder kümmert.

說到 ... apropos ... *chàbuduō*

Chàbuduō hört man ständig in Taiwan. Diese Redewendung hat schon so manchen ausländischen Geschäftsmann verzweifeln lassen. Was wortwörtlich »Es fehlt nicht viel« bedeutet, heißt im besten Fall, dass eine pragmatische Lösung alles Streben nach Perfektion übertrifft. Im schlechtesten Fall kann es auch heißen, dass in graue Anzughosen grüne Reißverschlüsse eingenäht wurden, weil dies eben »gut genug« für das Produkt war.

6 借過! – *Jièguò!* – Bitte durchlassen!

Als obdachlose Weltenbummlerin
unter hektischen Nachtschwärmern

»Das ist schon okay, du und ich schlafen zusammen in einem Bett und er bekommt die Couch. Für eine Nacht ist das kein Problem«, versichert Queenie. Aber Sophie fühlt sich unwohl. Wenn Jan zurückkommen würde, hätte sie auch gern Zeit zu zweit mit ihm – Streit hin oder her. Aber wie und vor allem wo kann man sich in Taipeh die Nacht um die Ohren schlagen?

»Weltenbummler sind spontan, Sophie ist nun ein Weltenbummler, also ist Sophie spontan«, murmelt sie vor sich hin. In einen Club zu gehen und die ganze Nacht abzutanzen, wäre eine Möglichkeit, denn es ist ja Samstagabend – doch das ist nichts für sie. Allein durch die Stadt wandern – nein, zu einsam. In einem der Fastfood-Restaurants oder einem der Mini-Märkte zu sitzen, die hier rund um die Uhr geöffnet sind, scheint ihr sehr trostlos. Ein Nachtmarktbesuch macht allein keinen Spaß, und selbst die schließen irgendwann. Die Metro und die Busse fahren nur bis Mitternacht. Sich für nur eine Nacht ein Hostel oder eine neue Couch zu suchen – wie langweilig und einfallslos.

Sophie googelt *24 hours* und *Taipei* und findet sofort die Lösung: den Eslite 24 Hour Bookstore. Eine Nacht lang ungestört und ohne Eile in einer Bibliothek oder einem Buchladen zu verbringen, davon hat die Leseratte Sophie schon immer geträumt. Queenie nickt Sophies Idee ab, und schnell sind die Adresse sowie die Metro-Station mit der Nummer des Stationsausgangs aufgeschrieben, dreimal kontrolliert, nicht dass wieder so ein Irrtum wie mit der Straße Tóng'ān Jiē passiert. Ganz *chàbuduō* möchte es Sophie bei ihrer ersten Nacht allein in der großen Stadt nicht haben.

Die Koffer sind gepackt und stehen im Flur hinter der Tür. Queenie ist seit Stunden im Bad verschwunden.

»*Bùhǎoyìsi!* – Entschuldigung! Ich gehe gleich los zur Metro. Einen schönen Abend!«

»Pah, von wegen schöner Abend, der kann sich auf was gefasst machen!« Queenies hübsch geschminktes Gesicht und die geschmackvoll gestylten Haare erscheinen im Spalt der Badezimmertür. »Tut mir leid wegen des Zimmers«, kichert sie auf taiwanische Art.

»Schon okay. Ich hole morgen gegen Mittag die Koffer ab.«

Sophie hat Zeit – den ganzen Abend, die ganze Nacht. Nicht mehr *on hold,* sondern auf Entdeckungstour ist sie nun. Es ist angenehm warm und das Freiheitsgefühl ihrer Zehen durch die Flipflops an ihren Füßen überträgt sich auf ihre Laune. Die letzten zwei Tage hatte sie das Gefühl, sie sei im Urlaub. Jetzt fühlt sie zum ersten Mal Unbeschwertheit und die Grenzenlosigkeit ihrer Möglichkeiten.

Auf dem Weg zur Metrostation lockt sie der Duft von frisch geröstetem Kaffee in eines der vielen kleinen Cafés, die man hier an nahezu jeder Ecke findet. Sophie will ihren ersten Kaffee allein bestellen, denn sie hat genau hingehört, als Queenie einmal bestellte, wie sie immer genau hinhört, wenn jemand um sie herum Chinesisch spricht. Dabei hat sie festgestellt, dass Cappuccino auf Chinesisch fast genauso klingt, nämlich *kǎbùqínuò.* Auf alle anderen Fragen, die wahrscheinlich Zucker und Bechergröße betreffen, antwortet Sophie »Hm« und nickt. Dabei gibt sie sich Mühe, so auszusehen, als wisse sie genau, was die anderen da reden, und bekommt wenig später ihren heißen, duftenden Cappuccino in die Hand. Vor Stolz und Aufregung sind ihre Wangen ganz heiß. Der kühle Wind aus dem Schacht streicht ihr übers Gesicht, als sie ihn die Rolltreppe zur Metro hinunterträgt. Mit dem Kaffee in der Rechten legt sie die Linke auf den Handlauf. Sie lächelt und wünscht, Jan könnte das sehen. Dann würde er bestimmt ...

»*Jièguò!*«

»Hm?«

»*Jièguò! Jièguò!*«

Handbewegungen lassen Sophie verstehen, dass sie wohl im Weg ist.

»*Bùhǎoyìsi!* – Entschuldigung!« Sophie macht einen Schritt zur Seite und zurück, fasst wieder auf den Handlauf, schließt die Augen und atmet tief den Kaffeeduft ein.

»*Jièguò!*«

Obwohl es schon 23 Uhr ist, herrscht in der Metro noch Getümmel. Es scheint, als wäre zu so später Stunde die ganze Stadt auf den Beinen. Sophie erinnert sich an den Flughafen vor wenigen Tagen. Man denkt immer, ganz Taipeh sei unterwegs, dabei wohnen so viele Menschen hier auf so engem Raum, dass der Menschenstrom nie versiegt. Während sie die Rolltreppe hinunter zu den Gleisen fährt, überblickt Sophie kichernde Schulkinder in Uniformen, Bürofrauen in Kostümen, die minutenlang ohne aufzusehen auf ihrem Smartphone Nachrichten tippen, eine Gruppe junger, hipper Leute, die Selfies machen und dabei laut kreischen. Hinter ihr piepen die Sensoren der Zugangstore für die *Yōuyóukǎ* unaufhörlich. Die Belüftungsanlagen summen und der Sog der ein- und ausfahrenden Bahnen wirbelt Sophies Haare in die Luft. Schnell hat sie den richtigen Bahnsteig gefunden und stellt sich an die weißgezeichnete Anstelllinie. Die Türen zischen und Sophie hat Glück – gleich am Eingang ist ein freier Platz. Bis zur Zhongxiao-Dunhua-Station sind es zehn Haltestellen, genug Zeit für ein paar Schlucke Cappuccino.

Der Mann schräg gegenüber sieht sie an und gestikuliert wild. Sophie sieht weg, sieht wieder hin – immer noch. Ein Blick nach unten – ihr Reißverschluss an der Hose ist zu. Hm, vielleicht ihre Tasche? Nein, die steht angelehnt an ihren Beinen. Andere sehen nun auch zu ihr. Liegt es daran, dass sie die einzige Ausländerin im Metrowagen ist?

»No drink!«, raunt er ihr zu, als er an der nächsten Station aussteigt.

Jetzt hört sie es auch über die Durchsage: *»Please do not eat, drink, chew gum or betel nut in the Taipei Metro system. Thank you!«*

Sophie spürt eine Hitze in sich aufsteigen, die nicht vom Kaffee kommt. Sie presst den Deckel auf den Becher, überlegt in Panik: nein, Kaugummi kaut sie nicht, *betel nut* auch nicht, was auch immer das sein mag (siehe Seite 214). Dann müsste ja jetzt alles in Ordnung sein. Sie sieht sich um. Irrtum! Irgendetwas stimmt immer noch nicht. Ihr Sitz hat eine andere Farbe als die der anderen. Hinter ihr, über dem Platz klebt ein Aufkleber: *Priority seat.* Sophie springt auf.

»Jièguò!« Wieder steht sie Aussteigenden im Weg.

Während sie die Verbotsschilder – meist in Form eines Comics – betrachtet, macht sie im Kopf eine Liste: Nicht essen, nicht trinken, die Behindertensitzplätze freilassen und bei alledem versuchen, nicht im Weg zu stehen.

»Zhongxiao-Dunhua-Station«, hört Sophie die Durchsage tönen. *»Jièguò!«* Das ist ihre Station. Unglaublich schnell sind die zehn Haltestellen an ihr vorübergezogen.

Auf der Rolltreppe hinauf zum Ausgang trinkt sie schnell den Cappuccino aus, bevor sie die Eslite-Buchhandlung in der Dunhua South Road betritt. Es ist halb zwölf. Sieben Stunden hat sie nun Zeit. Das scheint plötzlich wie eine Ewigkeit.

Als Sophie die zweite Etage betritt, in der sich die Buchhandlung befindet, traut sie ihren Augen nicht. Sie hat erwartet, dass sie zu dieser Stunde fast die Einzige sein würde, aber es herrscht Hochbetrieb. Entlang der Bücherwände stehen Leute und recken die Hälse an den Regalen hinauf, scannen mit ihren Augen emsig die Titel auf den Buchrücken, ziehen ab und an ein Buch heraus, um es dann wenig später an seinen Platz zurückzuschieben. Auf Holzbänken an langen Tischen sitzen sie in Bücher oder Zeitschriften vertieft oder blättern geschäftig in Ecken hockend in dicken Wälzern. Auf dem Parkettfußboden sitzt ein Grüppchen Jugendlicher im Kreis und reicht murmelnd Bücher herum. Im Hintergrund hört man das Piepen der Kasse. Sophie wandert die Gänge auf und ab, orientiert sich an den schwarzen Schildern, die an der Decke hängen und die Abteilungen auf Englisch und Chinesisch angeben. Das Flüstern und Rascheln der Buchseiten lässt Sophie denken, sie sei in einer Bibliothek statt in einer Buchhandlung.

Bald hat sie die Sektion mit den englischen Büchern gefunden. So richtig kann sie nicht finden, wonach sie sucht. Ja, sie weiß gar nicht recht, was sie eigentlich sucht. Als sie weiterstöbert, kommt sie an einen Tisch mit Unmengen von Selbsthilfebüchern. Die meisten beginnen mit *How to be better ...* Gern würde sie *How to feel better without Jan* kaufen. Der Tisch ist umringt von Lesern, die wohl alle nach Komparativen streben: effektiver im Selbstmanagement, besser im Geldverdienen, klüger beim Investieren, erfolgreicher in der Karriere, angesehener unter Kollegen, beliebter beim Chef, produktiver in der Freizeit, glücklicher in Beziehungen, konsequenter in der Kindererziehung.

Nach weiterem Bummeln entlang der Regale entdeckt Sophie Bücher für Chinesisch als Fremdsprache. Sie hockt sich erst vor das Regal, rutscht dann in den Schneidersitz. Jetzt, wo sie endlich etwas Interessantes gefunden hat, werden ihre Augen ganz schwer, ihr Kopf sinkt nach vorn ins Buch und schon glaubt sie zu träumen. Der Geruch von bedrucktem Papier mischt sich mit dem von Kaffee und lässt sie aufsehen. Und tatsächlich: hier darf man nicht nur lesen ohne zu kaufen, sondern dabei auch noch Kaffee trinken.

Gegen drei Uhr wird Sophies Kaffeetasse leer und auch langsam die Sitzecke mit ihren Tischen und Regalreihen. Die Kasse piepst seltener und alles wird noch leiser, als es vorher schon war. Trotzdem ist noch eine beträchtliche Anzahl nächtlicher Leseratten unterwegs. Sophie wundert sich. Schlafen die Taiwaner denn nicht? Doch so richtig traut sie sich nicht, jemanden anzusprechen und aus seinem Lesevergnügen zu holen. Vielleicht brauchen sie einfach noch ein How-to-Buch: *How to sleep better.*

Was ist diesmal schiefgelaufen?

Oh doch, Taiwaner schlafen und das nicht wenig. Hätte Sophie doch den Mut gehabt, einen der Lesenden nach seinen Schlafgewohnheiten zu fragen, hätte der wahrscheinlich sogar geantwortet, dass Schlafen sein Hobby sei. Taiwaner schlafen überall und zu jeder Zeit – nur nicht abends im Bett. Sie schlafen mit Vorliebe in der Metro und an Stehtischen der Metrostationen, in der Mittagspause mit dem Kopf neben der Tastatur, in der Schule in den Pausen auf dem Tisch, als Beifahrer auf dem Moped angelehnt an den Fahrer, im Restaurant mit den Essstäbchen in der Hand. Und wenn es nur fünf Minuten sind – Powernapping ist in. Dazu lieben es Taiwaner auszugehen. Das Café, das Fastfoodrestaurant, die Buchhandlung oder der Mini-Markt um die Ecke sind das ausgelagerte Wohnzimmer ihrer Stadtwohnungen, die oft klein und stickig sind und deren Stromrechnungen durch laut summende Klimaanlagen in die Höhe getrieben werden.

Was können Sie (besser) machen?

Machen Sie es wie die Taiwaner und gehen Sie spät abends aus. Nachtmärkte, Karaoke-Bars, einige Delikatessenrestaurants wie die Kette CityStar und einige All-You-Can-Eat-Buffets haben bis spät in die Nacht, oft sogar rund um die Uhr geöffnet, wie die Eslite-Buchhandlung in der Dunhua South Road und die Mini-Märkte, die es an jeder Straßenecke gibt. Oder Sie stehen ganz früh auf und besuchen einen traditionellen Frischmarkt, zu dem die Bauern aus dem Umland kommen, einen Park, in dem alte Leute in der Morgendämmerung tanzen oder Tai-Chi üben, einen traditionellen Frühstücksladen wie Soy Milk King, der bereits ab vier Uhr morgens für Nachtschwärmer einen letzten Bissen und für Frühaufsteher eine erste Stärkung bietet. Taipeh schläft nie und verschiedene Zeiten zeigen Ihnen ganz verschiedene Seiten von Taipeh.

說到 ... apropos ... Metro

Manche sagen, die Metro, auch die MRT genannt, habe die Taipeher erzogen. Mit all ihren Verboten und Regeln, dem Anstellen entlang von Linien und den Erinnerungen an gegenseitige Rücksichtnahme belohnt sie die Stadtbewohner mit Zuverlässigkeit und Sauberkeit und entlastet den Straßenverkehr enorm. Wohnt man in der Nähe einer Metrostation, kann man bequem innerhalb kurzer Zeit zwischen 6 und 24 Uhr fast überall in Taipeh und den zusammengeschlossenen Vororten, kurz Neu-Taipeh, sein. Unterirdisch und auf Stelzen über der Stadt fährt sie auf 129,2 Kilometern mit fünf Hauptlinien und zwei Zweiglinien 109 Stationen an. Die Stationen und unterirdischen Fußgängerpassagen sind mehr als nur Durchgangsbereiche. Sie sind Lebensraum und Treffpunkt für Jung und Alt. Hier üben Jugendliche Tanzen, praktizieren Ältere Tai-Chi, spielen Blinde Instrumente, während die Sonne über der Stadt brütet oder der Regen auf sie herniederprasselt.

Mit täglich etwa 2 Millionen Passagieren herrscht in der MRT stets ein zivilisiertes Gedränge. Was zu Stoßzeiten auf den überfüllten Straßen überirdisch das Hupen, ist hier unten in den Tunneln unter der Stadt das »*Jièguò!* – Durchlassen!«, ein Ausdruck von Ungeduld und Eile.

說到 ... apropos ... Kaffee

Man sollte meinen, die Taiwaner sind Teetrinker, denn schließlich waren es die Chinesen, die den Tee entdeckten und ihn seit vielen Generationen trinken. Aber tatsächlich kann man neben vielen Teehäusern, wo noch die traditionelle Teezeremonie abgehalten wird, und Teeständen, die unter anderem auch den mittlerweile in Europa bekannten Bubbletea verkaufen, auch unzählige kleine Cafés finden. Neben den Ketten wie Starbucks und Mr. Brown findet man mehr und mehr privat betriebene, liebevoll dekorierte Cafés sowie kleine Kaffeeläden, die manchmal nicht mehr als eine Theke an einer Straßenecke sind. Hier kochen die Baristas mit frischen und selbst gerösteten Kaffeebohnen relativ günstigen und qualitativ hochwertigen Kaffee, meist *to go.*

Was der Müll im Gefrierfach zu suchen hat

Vor einigen Tagen war die Schlüsselübergabe und Sophie ist in ihr neues Heim eingezogen.

»Here are the keys, rent is due on the first of the month, the garbage truck comes Monday, Tuesday, Thursday, Friday and Saturday. It stops at 6:12 p.m. in front of the temple«, sagte Herr Liu schnell im Gehen. Er hatte es plötzlich sehr eilig, als er Queenie sah, die Sophie beim Einzug half. Wahrscheinlich hat er sich an Queenies missbilligendes Gesicht vom Vortag erinnert, vermutet Sophie.

Ein schönes Gefühl war es, endlich irgendwo angekommen zu sein. Das Zimmer hat alles, was Sophie braucht: Neben dem Bad und der kleinen Küchenecke gibt es Bett, Tisch, Stuhl, Kühlschrank, Fernseher und Schrank. Um die Dekoration will sich Sophie Schritt für Schritt kümmern und auch um die Begrünung der Terrasse. Da stehen bis jetzt nur die Wassertanks und die Waschmaschine. *Zěnme bàn ne?* –Was nun? Queenie sprach beim Einzug von einem Blumenmarkt am Wochenende. Den will Sophie ausfindig machen, sobald es etwas wärmer wird.

Denn gleich nachdem sie eingezogen war, gab es einen Wetterwechsel. Aus den sommerlichen 30 Grad mit einem lauen Lüftchen sind schlagartig widerliche 12 Grad geworden. Seit drei Tagen gießt es ohne Unterlass. Sophie hat alles, was langärmlich und warm ist, übereinander angezogen. Eine Heizung gibt es nicht. So liegt sie seit Tagen im Bett. In der Spüle türmt sich Geschirr, weil es zu kalt ist, um aufzustehen, um abzuwaschen, um irgendetwas zu tun. Sie drückt ihren Kopf an die Fensterscheibe, die bei jeder Metro, die unweit unter dem Haus langfährt, vibriert und dabei hunderte Male rhythmisch und leicht gegen ihre Stirn schlägt. Der Regen hängt wie Glasnudeln an der Fensterscheibe. Alles durchsichtig und etwas matt. Keine scharfen Linien, keine Ecken, ein Netz aus Weiß, Grau, Wind und Watte.

Sophie war eingenickt, als sie ein Rascheln aufschreckt. Da war es wieder. Leise steht sie auf. In der Spüle schiebt sie eine Tasse mit Kakaorändern beiseite und entdeckt daumengroße braune Käfer – eine Kakerlakenfamilie, eine Großfamilie, ja einen ganzen Stamm Kakerlaken. Zackzack sind alle im Ausguss und im schmutzigen Tellerstapel verschwunden. Sophie ist geschockt. Auch neben der Spüle im Müll raschelt es nun. Sie entscheidet sich erst einmal zur Flucht und beschließt, einen Spaziergang zur Erkundung der unmittelbaren Gegend zu machen. Rückzug und schnelle Verdrängung scheinen ihr im ersten Moment eine gute Strategie. Auch aus dem Schirm fällt eine Kakerlake, als sie diesen aufspannt. Also eilt sie überstürzt ohne alles ins Freie. Der Wind bläst ihr die Regentropfen ins Gesicht – zwischen ihre Tränen. Wenigstens kann so niemand sehen, dass Sophie weint. Endlich hat sie ein Plätzchen für sich gefunden, und nun so etwas und zu allem Übel auch noch bei solchem Wetter. Weit kann sie ohne Schirm nicht gehen, und so führt sie ihr Weg an der kleinen Kirche vorbei in den Tempel gleich daneben.

Von innen schallt ein Singsang unterbrochen von hallenden Glockenschlägen. Es riecht verbrannt und nach Blumen. Hoch über ihr hängen gelbe Laternen und noch weiter darüber ist das Tempeldach verziert mit vielen kleinen Keramikfiguren. An den Tempelsäulen winden sich Drachen aus Stein. Sophie tritt in den Tempelhof ein. Links steht ein verlassener Verkaufsstand mit Stapeln von goldenem Papiergeld und Räucherstäbchen, daneben sitzen drei alte Frauen mit ihren Markteinkäufen beisammen. Sie sehen kurz zu Sophie hinüber und setzen sogleich ihre Unterhaltung fort. Sophie dreht sich zum Hauptaltar und ist fasziniert von der Unzahl an Göttern: böse blickende mit roten Gesichtern und langen Bärten, in bestickte Gewänder gehüllte auch freundlich schauende, ehrwürdig thronende Holzfiguren. Trotzdem gehen ihr die Kakerlaken nicht aus dem Kopf. Ob man Götter mit solchen Kleinigkeiten wie Kakerlaken im Gebet belästigen kann? Sophie ist nicht sicher, aber zweifellos kann sie Queenie anrufen und um Rat fragen. Die weiß vermutlich sowieso besser, was zu tun ist. Sophie verlässt den Tempel und wählt Queenies Nummer.

»Kakerlaken? *Zěnme bàn ne?* – Was nun?«, fragt Queenie und antwortet sich im nächsten Atemzug gleich selbst: »Als erstes Kakerlakenspray und Kakerlakenfallen kaufen, dann mit dem Spray die herumlaufenden außer Gefecht setzen und in den Müll werfen, danach den ganzen Müll entsorgen, die Fallen in der Küche und im Bad aufstellen. Du musst wissen, eine von dir gesehene Kakerlake steht für 30, die tatsächlich da sind. Essensreste nie stehen lassen und neuen Müll bis zur Entsorgung im Gefrierfach lagern.«

»Im Gefrierfach?«

»Klar, wo denn sonst?«, antwortet Queenie, als wäre es das Natürlichste der Welt.

»Klar, im Gefrierfach«, sagt Sophie so cool wie möglich.

»Sonst alles okay? Ist es kalt bei dir? Frierst du?«

»Nein, nein, nicht zu kalt, schon ok«, lügt Sophie, die gerade auf keinen Fall Queenies »Hab ich's dir nicht gesagt!« ertragen könnte, und läuft los zum Supermarkt. Wenig später erklärt sie allem, was da kreucht und fleucht, mit Spray und Fallen den Krieg, wäscht ab und packt *La Cucaracha* pfeifend den Müll zusammen. Da hört sie lauter werdendes Stimmengewirr, ganz so, als würde auf der Straße ein Volksfest beginnen. Sophie sieht von der Terrasse hinab. Links am Straßenrand liegen Säcke und daneben haben sich Grüppchen von Leuten gebildet, die sich eifrig austauschen. Rechts lehnen die gähnenden Besitzer der Garküchen von der kleinen Gasse nebenan an der Hauswand, und noch weiter rechts auf einer Bank im Schatten eines Baumes sitzt eine Gruppe alter Leute. Jeder von ihnen hat eine junge asiatisch, aber nicht taiwanisch aussehende Frau zur Seite. Auch die schnattern und übertönen mit ihrer aufgeregten Diskussion fast alle. Etwas abseits sitzt auf einem Hocker ein altes Mütterchen. Alle warten – wie Sophie nach einem Blick auf die Uhr erkennt – auf das Müllauto um kurz nach 18 Uhr. Das gemeinsame Warten scheint ein soziales Event zu sein und Sophie gesellt sich dazu. Die Abendsonne ist hinter den Wolken hervorgekommen, linst durch das Blätterdach und streicht die heiteren Gesichter der jungen Mädchen. Links neben dem Baum ist noch etwas Platz. Sophie lehnt sich an den Stamm und lässt sich in den flackernden orangen Punkten vor ihren geschlossenen Augen dahintreiben. Vom Tempel klingt Flötenmusik herüber, von der Hauptstraße her tönt Hupen und das Heulen der Motoren im Feierabendverkehr.

Plötzlich zieht etwas energisch an Sophies Rock. Sie blinzelt durch ihre halb geschlossenen Augen. Neben ihr steht eine kleine Frau mit silbernen Haaren. Sie ist vielleicht 70 oder 80, bei Taiwanern findet Sophie das immer schwer zu sagen. Ihre Haut hat viele braune Flecken und ihr blaues traditionell geschnittenes Kleid mit chinesischen Zierknöpfen und Kordeln besetzt, ist schmutzig und zerschlissen. Auf ihrem Rücken hängt ein kegelförmiger Reishut, den Sophie schon mal auf Bildern, aber bisher noch nicht in der modernen Großstadt Taipeh gesehen hat. Ihre dunklen Augen leuchten munter und ihre kleine, sehnige Hand deutet unaufhörlich auf Sophies Tüten und greift schließlich hinein. Sie sagt etwas mit hoher, aber leiser Stimme, geht gebückt zu ihrem Fahrrad und verstaut, was sie aus Sophies Tüten genommen hat, auf ihrem Anhänger. Der ist bereits beladen mit Säcken voll von Plastikflaschen und Stapeln zerfledderter Bücher und Pappe. An der Seite hängen leere Tüten und Stricke hinunter. Sophie kann sich kaum vorstellen, wie das kleine Mütterchen den schweren Wagen mit ihrem klapprigen Fahrrad durch die Straßen ziehen kann.

Und ehe sich Sophie für die unverhoffte Hilfe beim Recycling bedanken kann, ertönt *Für Elise,* die Erkennungsmelodie der Müllabfuhr in Taipeh, wie Queenie ihr erklärt hat, und das Müllauto rollt langsam heran. Sophie schnappt sich ihre nun halbleeren Mülltüten und ist eine der Letzten, die Anlauf nehmen und ihre Mülltüten mit Schwung auf den schon wieder anfahrenden LKW werfen. Als Sophie ausholt, hält jedoch ein Müllmann die Hand hoch, um ihre Tüten im Flug abzufangen. Kopfschüttelnd gibt er sie ihr zurück.

»No, no, no! Bùxíng a!«, ruft er mit ernstem Gesicht.

»Zĕnme bàn ne? – Was nun?«

Die alten Leute gehen langsam von den jungen Asiatinnen gestützt davon. Nur das alte Mütterchen, das noch den Abfall sortiert und verstaut, und Sophie, immer noch mit ihren Mülltüten in der Hand, bleiben an der Straßenecke zurück. Sophie zuckt ratlos mit den Schultern. Die alte Frau nickt und lächelt noch einmal herzlich. Dann steigt sie auf ihr Fahrrad. Die ersten Umdrehungen der Pedale sind schwerfällig, aber langsam setzt sich die Fuhre in Bewegung und sie reiht sich in den chaotisch schnellen Verkehr ein. Eine Erscheinung aus der Vergangenheit im modernen Großstadtleben.

Was ist diesmal schiefgelaufen?

Sophie hat einfach alte Plastiktüten als Mülltüten benutzt. Hätte sie sich am Müllauto umgesehen, wäre ihr aufgefallen, dass alle um sie herum blaue Mülltüten mit grüner Schrift und aufgeklebten Marken benutzen. Das sind die offiziellen Mülltüten der Stadt Taipeh.

Des Weiteren hat Sophies Leichtsinn mit schmutzigem Abwasch und tagelanger Mülllagerung das Unglück geradezu heraufbeschworen. So hat sie sich schnell Kakerlaken ins Haus geholt. Dabei sind die ekligen, zwei bis vier Zentimeter langen Monster aber noch das kleinere Übel: die sogenannten Amerikanischen Großschaben sind nicht so vermehrungsfreudig wie die kleinen, nur 13 bis 16 Millimeter langen Deutschen Schaben. Hat man die erst mal in der Wohnung, ist es schwer, sie wieder loszuwerden.

Was können Sie besser machen?

Taiwan hat sehr feuchtes und oft heißes Wetter – ein Paradies für Kakerlaken. Schlagen Sie sich am besten sofort aus dem Kopf, eine hundertprozentig kakerlakenfreie Wohnung zu haben. So etwas gibt es in Taiwan nicht. Hygiene und Sauberkeit können aber schon einiges ausrichten. Kakerlakenfallen bzw. kleine Plastikdosen mit Gift, die beschriftet sind mit dem Aufstelldatum, damit man nach zwei Monaten das Austauschen gegen neue nicht vergisst, erledigen dann den Rest.

Selbst wenn Sie alles noch so picobello sauber halten, ab und zu wird sich trotzdem eine Kakerlake in ihr Heim verirren. Haben Sie deshalb stets Kakerlakenspray griffbereit. Sie wollen diese Schädlinge und Krankheitsüberträger doch nicht tot treten und dann an ihren Schuhsohlen deren Eier in der Wohnung verbreiten.

Oberste Priorität sollte stets der Müll haben. Er ist ein Kakerlakenmagnet. Öffentliche Müllcontainer gibt es nicht. An fünf Tagen in der Woche fahren die städtischen Müllautos abends die Straßen ab. Dabei haben sie eine genaue Route mit Haltestellen und Haltezeiten. Mit Beethovens *Für Elise* tun sie ihre Ankunft kund. Dem musikalischen Müllauto folgen zwei Kleintransporter für Recycling und Küchenabfälle. Beachten Sie die Mülltrennung und benutzen Sie die offiziellen blauen Mülltüten für den Restmüll, die man in jedem Supermarkt und jedem Mini-Markt kaufen kann. Mit dem Kaufpreis ist die Müllgebühr abgegolten.

Das Warten auf das Müllauto ist ein soziales Event. Was in Deutschland auf dem Land das Bäckerauto und der Metzgereiwagen sind, ist in Taipeh das Müllauto. Rentner, Jugendliche Arbeitsmigranten aus Indonesien, den Philippinen und Vietnam, die hier als Hausangestellte arbeiten, Hausfrauen und Geschäftsleute geben sich ein Stelldichein und tauschen Neuigkeiten aus. Daneben kommen alte Leute auf Fahrrädern mit Anhängern, die privat den Recyclingmüll sammeln und sich so etwas zu ihrer geringen oder nicht vorhandenen Rente dazuverdienen.

說到 ... apropos ... Religion

Fragt man einen Taiwaner, welcher Religion er angehört, wird er oft nach einigem Zögern den Taoismus nennen oder einfach mit den Schultern zucken. Das liegt daran, dass der Volksglaube in Taiwan Elemente der Ahnenverehrung, des Buddhismus, Taoismus und Konfuzianismus vermischt. In Taiwan herrscht Glaubensfreiheit. Oft werden gar innerhalb einer Familie mehrere Religionen praktiziert. Selbst so mancher streng gläubige Christ geht in Krisenzeiten in den Tempel, um sich Rat und Hilfe bei den Göttern zu holen. Doppelt hilft eben einfach besser.

8 小心! – *Xiǎoxīn!* – Vorsicht!

Winke, winke auf Taiwanisch

Die erfolgreiche Kakerlakenbekämpfung hat Sophie aus ihrem Missmut gerissen, doch kurz danach ist sie wieder wie betäubt vom Regen, von der Kälte, vom Jetlag, von den Anstrengungen der Reise und des Umherziehens, ja gar von der fremden Welt. Sie sehnt sich nach ein wenig Vertrautheit, sehnt sich nach einer Nachricht von Jan – ein Warten, das ziept und sticht. Sophie wird sich langsam bewusst, wie weit weg sie von Zuhause ist, wie viele Brücken sie hinter sich abgerissen hat. Allein im Rauschen des Regens, allein im unverständlichen Redefluss des Nachrichtensprechers im Fernseher, im Dudeln der Melodie des Müllautos auf der Straße, im Klirren der Schlüssel der Nachbarn und Klacken der Absätze im Treppenhaus, im Geruch des gebratenen Reis, der durch die Tür dringt, im murmelnden Singsang des Tempels gegenüber, im wandernden Schatten des Nachbarhauses. Allein liegt sie unter dem Federbett wie unter einer Schneedecke.

Sie war gerade eingenickt, als ihr Laptop schrillt: Eine Nachricht ist da. Sie löst langsam ihre klebende Wange vom Kopfkissen, hinterlässt eine feuchte Stelle. Eine Nachricht. An sie. Im Zimmer ist es dämmrig geworden. Der Schatten des Nachbargebäudes ist von der Tür durch das Zimmer auf die andere Seite zum Kleiderschrank, auf dem ihr Koffer liegt, gewandert. Der Regen hat aufgehört und in den Fenstern des Hochhauses gegenüber spiegelt sich der feuerrote Abend.

Und eine Nachricht ist da. Eine Nachricht an sie. Ihre Gedanken flimmern, das Blut rast durch ihre Ohren. Sie rollt sich vom Bett auf, stellt das Laptop auf ihren nackten weißen Bauch. Es wippt mit jedem Atemzug. Das Icon blinkt hektisch auf der Symbolleiste. Nach dem lärmenden Signalton: bodenlose Stille. Ihre Augen sind weit geöffnet und es sticht im Kopf, der an diese Helligkeit nicht mehr gewöhnt ist. Sie ist wach. Eine Nachricht. Eine Nachricht von ... Mei-yin. Die Mei-yin, die nicht in der vierten Reihe des Flugzeugs sitzen wollte.

»Lust auf ein Treffen heute? Einkaufen und Abendessen?«, steht im Chat-Fenster.

»Ich bin heute sehr müde. Vielleicht nächste Woche?«, will Sophie Mei-yin vertrösten.

»*Xiǎoxīn!* – Vorsicht! Nicht depressiv werden bei dem Wetter! Du brauchst etwas Warmes im Bauch. Wir essen Feuertopf.«

»Feuertopf?«, damit hat sie Sophies Neugier geweckt. Topf klingt nach viel Essen und Feuer klingt nach Wärme. Beides Dinge, nach denen sie sich sehnt.

Wenig später trifft sie Mei-yin in der Metrostation Shuanglian. Sophies Haare tropfen von den 50 Metern von ihrem Haus zur Metrostation, und auch Mei-yin sieht, trotz Gummistiefeln und Schirm, sehr nass aus. Sophie findet sie trotzdem todschick, selbst in Gummistiefeln. Ihre langen schwarzen Haare liegen perfekt auf ihrer Jacke, als hätte sie sie erst vor einer Minute gebürstet.

»*Xiǎoxīn!* Erkälte dich bloß nicht bei dem Wetter«, warnt Mei-yin.

»*Hatschi* ... Das ist wohl schon passiert«, jammert Sophie.

Für die wenigen Meter bis zur Dihua Road nehmen sie deshalb ein Taxi. Sophie ist überrascht, dass die Fahrt sie dahin nur etwa zwei Euro kostet und sie dafür vor weiterem Nasswerden bewahrt werden. Als sie das Taxi verlassen, glaubt Sophie, sich in einer anderen Welt zu befinden. Das Stadtbild hat sich völlig verändert, statt moderner Hochhäuser, die Büros, Geschäfte, Mini-Märkte und Cafés beherbergen, gibt es nun alte, aber gut erhaltene, meist ein- bis zweistöckige Häuser, in denen es unten im Erdgeschoss chinesische Apotheken sowie Tee-, Gewürz- und Stoffgeschäfte gibt. Einige der Häuser erinnern Sophie an Filme über das alte China, andere wiederum scheinen ihr im europäischen Stil gebaut.

Sophie fragt sich, ob sie gerade eine Zeitreise gemacht hat. Mei-yin hat anscheinend ihren erstaunten Gesichtsausdruck bemerkt und erzählt nun etwas von den Jahresringen eines Baumes, an denen man sein Leben samt Klima seines Standortes ablesen kann, und so sei die Dihua Road wohl der Baumstamm von Taipeh, an dem man die Geschichte der Stadt ablesen könne. Sophie ist verzaubert von dieser ganz anderen Seite Taipehs. In Gedanken nimmt sie sich vor, sobald sie zu Hause ist, mehr über diesen Ort zu lesen.

Aber in einem Punkt scheint Taipeh überall gleich zu sein: es herrscht ein buntes Treiben und Massen von Menschen drängen sich durch die enge, etwa 800 Meter lange Straße, um ihre Einkäufe für die Feierlichkeiten zu erledigen. Das Frühlingsfest, wie das chinesische Neujahr auch genannt wird, steht schließlich vor der Tür. Nunmehr eine Woche ist es noch bis dahin.

»Muss denn hier niemand arbeiten?«, schimpft Mei-yin, »es ist gerademal nachmittags zwei Uhr, mitten in der Woche.«

Aber Sophie hört sie schon gar nicht mehr. Sie springt begeistert von Haus zu Haus, von Stand zu Stand, von Kostprobe zu Kostprobe. Hier probiert sie Nüsse, da getrocknetes Fleisch, am nächsten Stand wird sie zu Mandelkaramell und Kuchen bestreut mit schwarzen Sesamkörnern eingeladen, dann Gemüsechips und gegenüber bietet man ihr Tee zu kandierten Früchten. Delikatessen über Delikatessen wollen alle probiert werden und ihre Melancholie ist wie weggeblasen.

»Es scheint wohl, was für Deutsche der Grund ist, einen Weihnachtsmarktbummel in der Adventszeit zu machen, nämlich sich erst in die richtige Feiertagsstimmung zu versetzen, ist hier in Taipeh ein Besuch auf dem Neujahrsmarkt in der Dihua Road«, presst sie mit Mühe zwischen getrockneten Mangostücken in ihrem Mund hervor. »Also, ich habe jetzt tatsächlich Feiertagsstimmung, auch wenn ich noch nie das chinesische Neujahr gefeiert habe.«

»Die solltest du auch haben, denn erinnere dich an unsere Einladung – die steht noch.«

Riesige Säcke mit Blüten von Chrysanthemen, Hyazinthen und Lavendel säumen die Straße. Über ihren Köpfen schwingen Laternen, wie man sie sonst nur in Tempeln findet. Händler preisen lauthals ihre Waren an. Sophie entdeckt immer erstaunlichere Dinge in den Geschäften, die oft eine Kombination aus Apotheke und Delikatessengeschäft sind. An Wänden hängen riesengroße, aufgerissene Haifischmäuler, darunter stehen Kästen gefüllt, als wolle man daraus einen Zaubertrank mixen: Wurzeln, Rinden, Knollen, Beeren und Pilze. Die Aromen haben sich in der Luft zu einem süßlich betörenden Duft vermischt, der sich über die vom Sprühregen neblige Fußgängerpassage legt.

»*Xiǎoxīn!* – Vorsicht! Unter der Hand gibt es noch viel verrücktere Sachen: Bärenpenis, Haifischflossen, Schlangenblut«, wird Sophie von ihrer Freundin gewarnt. Die hat schon einige Tüten gefüllt mit Knabbereien und Süßigkeiten an ihren Handgelenken rechts und links baumeln.

»Alles für dich?«, staunt Sophie.

»Oh nein, nein, alles Mitbringsel für meine Familie und Geschenke für deren Neujahrsbesuch. Auch wenn es besonders am letzten Abend im alten Jahr Unmengen an Speisen geben wird, zwischendurch ist dafür immer noch ein bisschen Platz im Bauch.«

»*Xiǎoxīn!* Und die Magentropfen gibt es dann auch noch dazu«, spaßt Sophie.

»Nicht unbedingt. Bei uns sind Essen und Gesundheit oft Freunde und nicht Feinde. Wir versuchen Leckereien mit dem Wissen der traditionellen chinesischen Medizin zu verbinden, dann kann man sich den Bauch vollschlagen und hat die Medizin quasi schon mit im Magen.«

»Ich weiß nicht, nach dem ganzen Kosten bin ich zwar nicht satt, aber mir ist doch ein bisschen flau im Magen«, gesteht Sophie.

Mei-yin ordnet deshalb an, dass es einen gesunden Feuertopf zu Mittag geben muss, und lenkt zu einem kleinen Restaurant, in dem es auf den Tischen nur so dampft und Schwaden um die Glühbirnen unter der Decke hängen. Einige Gäste haben Schweißperlen auf der Stirn. Und auch Sophie wird seit Tagen endlich einmal wieder richtig warm.

Vor ihnen köchelt auf einem Miniherd in der Mitte des Tisches die würzige Suppenbasis aus Hühnerbrühe, versetzt mit schwarzem Sesamöl und einer Vielzahl an heilenden Kräutern wie Weißwurz, Chinesischem Engelwurz und Ingwer. Darin schwimmen rote Datteln, orange Gojibeeren und Stückchen der schwarzen Haut des Seidenhuhns, das laut der traditionellen chinesischen Medizin ein heilendes Lebensmittel ist – so steht es zumindest auf der Speisekarte. Als die Suppe zu kochen beginnt, steigen kleine Bläschen zu einem Schaum auf. Mei-yin und Sophie bekommen jeder eine Schüssel mit Gemüse, Tofu und Pilzen in allen Formen und Größen, wie sie Sophie noch nie gesehen hat.

Sie zieht ihre zwei übereinander gezogenen Jacken sowie den Rollkragenpullover darunter aus, und auch Mei-yin legt ihre dicke Daunenjacke ab.

»*Xiǎoxīn!* Es ist heiß!« *Xiǎoxīn! Xiǎoxīn! Xiǎoxīn!,* denkt Sophie bei sich. *Natürlich bin ich xiǎoxīn. Xiǎoxīn ist ja in Taiwan die Mutter der Porzellankiste.* Aber sie weiß mittlerweile, dass sie sich als Ausländerin in der Hierarchie ihrer Freundschaft das Bemutterwerden von Mei-yin gefallen lassen muss.

Dann legen die zwei Hungrigen los: mit Essstäbchen, kleinen Sieben und Schöpfkellen balancieren sie die Zutaten roh in den Feuertopf hinein und wenig später gar gekocht wieder heraus. Dann werden die Leckerbissen in einen Dip aus Sojasoße, einem Schuss Sesamöl und einem Hauch von Chili-Öl eingetaucht und verschwinden alsbald im Mund.

Sophie zögert erst bei der schwarzen Hühnerhaut, überwindet sich dann aber – der Gastfreundschaft und der Gesundheit zu Liebe – und sie schmeckt ihr ausgezeichnet.

Das Garen im Feuertopf dauert seine Zeit und so können sich Sophie und Mei-yin in Ruhe unterhalten. Es stellt sich heraus, dass Po-han Mei-yin verlassen hat.

»Kaum hatte sein Fuß taiwanische Erde berührt, schon hatte er eine Neue.« *Kaum hatte sein Fuß südamerikanische Erde berührt …,* denkt sich Sophie und erzählt nun von ihrem Leid, schließlich ist geteiltes Leid ja halbes Leid und geteilter Feuertopf ist doppelt gute Freundschaft.

Nach einer Stunde Schlemmen und Schwatzen beschließen sie, sich ein Taxi nach Hause zu gönnen, auch wenn der Regen endlich eine Pause eingelegt hat. Im bequemen Taxi verfliegen hoffentlich die strahlende Wärme im Bauch und die angenehme Trägheit weniger schnell.

Sophie entleert noch schnell ihre Taschen in eine kleine rote Blechtonne auf dem Fußweg. Die waren ganz vollgestopft mit dem Einwickelpapier der Kostproben vom Vormittag. Dann sieht sie auch schon, wie sich ein Taxi nähert, und winkt es heran.

Da verzieht sich Mei-yins Gesicht – ähnlich wie angesichts der Sitzreihennummer vier im Flugzeug vor einiger Zeit.

»*Xiǎoxīn!* – Vorsicht! Nicht so …!«

Was ist diesmal schiefgelaufen?

Eine rote Blechtonne, die einfach so auf dem Fußweg in Taipeh steht, ist sicher kein Abfalleimer. Das, wo Sophie gerade ihren Abfall hineingeworfen hat, ist ein Opferbehälter zum Verbrennen von Papiergeld für die Ahnen. Rot ist eine verheißungsvolle Farbe in Taiwan, die man hier nie mit Abfall oder Schmutz in Verbindung bringen würde.

Außerdem hat Sophie beim Heranwinken des Taxis nichts ahnend so gewinkt, wie es wahrscheinlich jeder aus der westlichen Welt getan hätte, aber wie es in Taiwan als unhöflich angesehen wird. Die Handfläche nach oben zeigend halten und dann wiederholt zu sich heranführen, vielleicht gar noch dabei den Zeigefinger krümmen – das ist in Taiwan eine Taktlosigkeit. Aber wer vermutet auch schon bei trivialen Dingen wie der Geste zum Taxirufen einen Fauxpas.

Was können Sie besser machen?

Wenn Sie jemanden zu sich herwinken wollen, ein Taxi oder einen Bus zum Anhalten auffordern wollen, dann winken Sie stets mit der Handfläche nach unten. Strecken sie dabei alle Finger locker aus, ganz so, als wollten Sie Staub von etwas abwedeln.

Die Stadt Taipeh wehrt sich gegen Einwohner, die versuchen, um die offiziellen Mülltüten und damit um die Müllgebühr herumzukommen, indem sie den Abfall in öffentliche Abfalleimer werfen. Dementsprechend ist es schwer, einen öffentlichen Abfalleimer in Taipeh zu finden. Meistens sehen die ähnlich aus wie in Europa, mit einem klaren Symbol gekennzeichnet. Suchen Sie nach Abfalleimern in der Nähe von Bushaltestellen und in den Metrostationen. Sonst bitten Sie einfach die Angestellten in den Mini-Märkten, ihren Kleinmüll zu entsorgen.

Zum Schluss an dieser Stelle noch eine Feuertopf-Regel: Essen Sie mit Menschen, die Sie mögen. Feuertopfessen ist ein soziales Event. Nicht nur sind Sie um einen Tisch für eine gemeinsame Mahlzeit versammelt, sondern Sie kochen auch Ihre Nahrung in einem gemeinsamen Topf.

說到 ... apropos ... Dihua Road und die Geschichte der Stadt Taipeh

Die Architektur der Dihua Road spiegelt die verschiedenen Phasen von Taipehs Geschichte wider. Einige der Häuser wurden zwischen 1850 und 1895 gebaut – die früheste Zeit, in der Menschen in dem Gebiet, das heute Taipeh ist, siedelten. Die Einwanderer kamen aus der südlichen Fujian-Provinz in China und haben mit dem Baustil der einstöckigen Häuser ihren Fingerabdruck hinterlassen. Die Straße war damals ein wichtiger Umschlagplatz für Waren von Festlandchina.

Als Taiwan 1895 eine Kolonie von Japan wurde, bauten reiche japanische Geschäftsleute Häuser im japanischen Neobarock.

Ab Mitte des 20. Jahrhunderts, nach dem Ende der japanischen Kolonisation, galt die Dihua Road als das kommerzielle Zentrum für taiwanische Produkte wie medizinische Kräuter, Stoffe, Tees und Räucherstäbchen.

Bis heute kann man in der Dihua Road chinesische Medizin, Lebensmittel, traditionelle chinesische Produkte sowie auf dem Stoffmarkt in der Mitte der Straße Textilien jeder Art kaufen.

說到 ... apropos ... Feuertopf

Vor hunderten von Jahren war Feuertopf in China ein Arme-Leute-Essen. Die Armen haben übrig gebliebenes Essen, das sie gefunden haben, so aufgekocht. Dann war es erstens warm und zweitens haben sie mit dieser Suppe mehr Mäuler gestopft, als wenn sie es nur so gegessen hätten. Später ist die Idee in den Norden Chinas gewandert, wo es dann beliebt wurde, weil es im Winter neben dem Essen auch Wärme brachte. Man hat Gewürze und andere Zutaten hinzugefügt und es haben sich ganz verschiedene Arten von Feuertöpfen entwickelt.

9 沒關係! – *Méi guānxi!* – Macht nichts!

Wie man eine zerbrochene Schüssel und das Familienglück mit Worten kleben kann

Wenige Tage später leert sich das sonst so dicht gedrängte, vollgestopfte, ruhelose Taipeh langsam. Von ihrer Dachterrasse aus beobachtet Sophie, wie die letzten Nachzügler mit kleinen Rollkoffern eilig zur Bushaltestelle und zur Metrostation ziehen. Auch sie mischt sich unter die Reisenden, um Mei-yins Einladung, das chinesische Neujahrsfest mit ihr und ihrer Familie zu verbringen, zu folgen.

»Wir sind etwas spät dran«, begrüßt Mei-yin die pünktliche Sophie. »Wir haben noch nicht alles verladen. *Méi guānxi!* – Macht nichts! Wir sind gleich fertig.«

Mei-yin steht schon am Auto in einer Gasse zwischen grauen Häusern mit vergitterten Balkonen und heruntergelassenen Rolltoren. Keine Menschenseele weit und breit. Das soll nun Yonghe sein, der am dichtesten bewohnte Stadtteil der Millionenstadt Taipeh? Sophie kann es nur schwer glauben.

»Alle sind schon weg.«

»Wie, weg?«

»Auf dem Weg in den Süden ...«

Sophie denkt an die Vögel im Winter, die auch in den Süden fliegen. Aber warum reisen die Taiwaner zum chinesischen Neujahrsfest in den Süden?

»... auf dem Weg zum *lǎojiā*«, führt Mei-yin, die es gern spannend macht, weiter aus. »Wortwörtlich zum ›alten Heim‹, also dem Ort, wo die Familie ursprünglich herkommt.«

Mei-yins *lǎojiā* liegt in der Nähe von Hsinchu, auf einem Dorf. Dort wohnen ihre Großeltern, beide weit über siebzig, und bewirtschaften noch ein Stück Land.

Mei-yins Vater und der kleine Bruder beladen das Auto bis in jede Ecke mit Essen und Zutaten, auch die Einkäufe von der Dihua Road kann Sophie darunter entdecken. Mei-yin setzt sich mit Sophie nach hinten auf den Rücksitz, während ihr kleiner Bruder mit mehreren Kisten auf dem Schoß den Beifahrersitz neben Mei-yins Vater einnimmt. Der kleine Bruder scheint *dìdi* zu heißen, so rufen ihn jedenfalls Mei-yin und ihr Vater. Mei-yin wird in ihrer Familie *jiĕjie* genannt und nicht Mei-yin, so wie Sophie sie nennt. Und schon sind sie auf der Autobahn, die gen Süden, also stadtauswärts, wesentlich voller ist als stadteinwärts.

Mei-yins Mutter ist schon vor zwei Tagen nach Hsinchu gefahren, um beim Hausputz zu helfen und bei der Vorbereitung des Festessens. Mei-yins Vater hat sich in der Zwischenzeit um das kleine Dumpling-Restaurant gekümmert.

Im Radio spielt man das chinesische Neujahrslied hoch und runter: »In jeder Gasse und in jeder Straße, wenn man sich trifft, dann sagen alle Leute: *Gōngxǐ, gōngxǐ, gōngxǐ nǐ-ya!* – Herzlichen Glückwunsch, herzlichen Glückwunsch, herzlichen Glückwunsch für dich!«

»Weißt du eigentlich, dass du eine ganz wichtige Rolle heute spielst?«, fragt Mei-yin, als sie an einer Polizeikontrolle vorbeifahren, die einen prüfenden Blick in alle Autos wirft.

»Nein, wieso?«

»Ohne dich dürften wir gar nicht auf der Autobahn fahren.«

»Hm?«

»Zum chinesischen Neujahr dürfen nur Autos mit mindestens vier Insassen auf der Autobahn fahren. Wenn du also nicht mit dabei wärst, müssten wir die ganze Strecke bis Hsinchu Landstraße fahren. Schlimm, oder? *Méi guānxi!* – Macht nichts! Du bist ja da.«

Anscheinend erfordert die Völkerwanderung besondere Maßnahmen. Sophie sieht sich um und entdeckt: tatsächlich sitzen in den vielen Autos vor, hinter und neben ihnen, die sich trotz Autobahn nur langsam Richtung Süden reihen, immer vier oder mehr Personen.

Nach über drei Stunden Fahrt inklusive einiger Zeit im Stau – obwohl Hsinchu nur 80 Kilometer von Taipeh entfernt liegt – kommen sie an. Vor Sophie liegt im Licht der Nachmittagssonne ein alter traditioneller Vierseitenhof im Originalzustand, also ohne Fensterglas und mit Fensterläden aus Holz, wie ihr Mei-yin erklärt. Sie ist offensichtlich sehr stolz auf das Haus

»So etwas hast du bestimmt noch nicht gesehen, nicht wahr?«

Ja, da hat sie recht. Vier kleine Häuser mit niedrigen Dächern stehen im Viereck und bilden in der Mitte einen Hof, nicht größer als ein Volleyballfeld. Die Dächer ragen an der Hofseite in den Hof hinein und bilden einen Vorsprung, sodass man, wenn man aus einer der schmalen Türen tritt, nicht sofort unter freiem Himmel steht. Im etwas größeren Haus an der Stirnseite gibt es eine Tür, durch die man direkt auf ein Möbelstück darin blickt, das wie eine Anrichte aussieht und mit Fotos, Blumen, Lämpchen und Räucherstäbchen bestellt ist – ein Altar, wie Sophie vermutet. Der Hof ist leer, nur unter dem Dachvorsprung stehen zwei alte Holzstühle. An allen Türen kleben rote, lange Papierrollen mit chinesischen Zeichen in schöner Kalligrafie von oben nach unten geschrieben.

Mei-yin führt Sophie in den Hof zu ihrer Familie. Sie sind tatsächlich die letzten Gäste: Mei-yins Großeltern sitzen gebückt auf Holzhockern im Hof. Die kleinen braunen Augen in ihren sonnnengegerbten Gesichtern sehen Sophie erstaunt von oben bis unten an:

»*Nǐ hǎo!* – Guten Tag!«

»*Nǐ hǎo*«, grüßt Sophie zurück.

Auch die Kinder starren nun mit großen Augen an Sophie hoch. Mei-yin stellt alle vor: Die Großmutter und den Großvater noch einmal, dann den älteren Onkel mit seiner Frau, deren drei Kinder – zwei im Grundschulalter und mit einem Smartphone beschäftigt und ein Baby in den Armen von Mei-yins Vater, eingewickelt bis zum Hals. Und dann den jüngeren Onkel mit seiner Frau und deren zwei Kindern – beide im Kindergartenalter mit Roller und Springseil. Ganz abseits sitzt noch ein sehr alter Mann. Das ist Mei-yins Großonkel, der Bruder von ihrem Großvater, dessen Kinder und Enkel in Kanada leben und dessen Frau schon vor einigen Jahren gestorben ist.

Schließlich kommt noch Mei-yins Mutter dazu, eine grazile Frau mit Schürze und hochgekrempelten Ärmeln. Sie hat bis jetzt in der Küche gestanden und das Festessen zubereitet. *»Nǐ hǎo!«*

Alle beginnen nach einem kurzen Ruf der Begrüßung, das Auto auszuräumen, und Sophie packt mit an.

»Eine wirklich große Familie«, staunt sie.

»Und dabei ist das nur die Hälfte. Die Schwestern von meinem Vater, also meine Tanten, und die Schwester von meinem Opa, also meine Großtante, sind bei ihren Familien, denn bei uns ist es Tradition, dass die Frau, wenn sie heiratet, offiziell ihr Elternhaus verlässt und alle Feiertage nun mit der Familie des Ehemannes begeht. Erst am zweiten Feiertag dürfen sie ihre alte Familie besuchen«, erklärt Mei-yin.

»Eine zweite Völkerwanderung also.«

»Genau, zum chinesischen Neujahrsfest ist alles in Bewegung – die Hektik der Feiertage eben. An jedem der fünfzehn Tage im neuen Mondjahr ist irgendwas. Am vierten Tag spät nachmittags kehren zum Beispiel die Götter zurück in unsere Welt, denn auch die sind unterwegs. Wenigstens verursachen die keinen Stau.«

So ernst wie Mei-yin das sagt, so lustig findet es Sophie und lacht laut los. Auch Mei-yin stimmt mit ein. Leider passt Sophie in diesem Moment nicht auf die Glasschüssel mit dem Gemüse auf, die sie in der Hand trägt. Die fällt auf den Boden des Hofes, inmitten der gesamten Verwandtschaft. Wie peinlich, denkt Sophie und merkt, wie ihr die Röte ins Gesicht und die Tränen in die Augen steigen.

»Méi guānxi! Sag nur schnell *suìsuì píng'ān!«* Mei-yins Augen sehen sie bittend und ein wenig panisch an.

Sophie schnieft. Alle um sie herum schauen entsetzt.

»Sag *suìsuì píng'ān!«*, sagt Mei-yin noch einmal eindringlich.

»Suìsuì píng'ān!«, sagt Sophie endlich, auch wenn sie keine Ahnung hat, was dieser Zauberspruch bedeutet. Auf jeden Fall

aber macht er, dass alle um sie herum erleichtert aufatmen und, als wäre nichts geschehen, sich weiter unterhalten oder mit Besen und Schaufel Sophie zu Hilfe kommen.

Sophie hat die Tränen hinuntergeschluckt. Alle sagen immer wieder »*Méi guānxi! Méi guānxi!*« und lächeln ihr zu.

Sophie ist in den letzten Minuten ziemlich heiß geworden in ihrer Schamesröte, in der Nachmittagssonne und unter ihrem Pullover und der Jacke. Sie zieht sich die zwei Lagen über den Kopf. Darunter kommt ihre blütenweiße Bluse zum Vorschein. Die hatte sie in Deutschland für festliche Anlässe eingepackt, und das chinesische Neujahrsfest ist ja so einer. Sie wollte auf keinen Fall *underdressed* kommen.

Da greift Mei-yin plötzlich ihre Hand und zieht sie zum Auto. Aus ihrem Koffer holt sie ein rotes T-Shirt und reicht es ihr.

»*Méi guānxi!*«, meint Sophie, »Die Bluse kann schmutzig werden. Ich brauche das T-Shirt nicht, danke, *jiějie!*«

»Ich heiße Mei-yin und das ziehst du besser an, sonst frisst dich das Monster ...«, lacht Mei-yin und fügt dann etwas ernster hinzu: »... und meine Großmutter vielleicht auch.«

Was ist diesmal schiefgelaufen?

Wie in jedem Land haben auch in Taiwan die Feiertage viele Sitten und Bräuche, da gleicht das Leben für einen Ausländer oft einem Minenfeld aus Fettnäpfchen. Farben, Geschenke, Handlungen, selbst das Essen tragen eine tiefere Bedeutung und symbolisieren Hoffnungen und Wünsche für das neue Jahr oder sollen Unglück und Not abwenden. Missgeschicke sind immer peinlich, aber das besonders zu Feierlichkeiten und an Festtagen, an denen alles perfekt sein soll.

Sophie hat ein Fettnäpfchen knapp verfehlt und zwei getroffen: Nichts sollte an den Tagen vor dem chinesischen Neujahrsfest zerbrochen werden. Das Zerbrechen von Dingen führt nach einem Aberglauben zum Zerbrechen der Familie und zum Zerfall des

Reichtums. Außerdem spielen Farben eine große Rolle, und Weiß war wahrlich die schlechteste Wahl, die Sophie mit ihrer Bluse treffen konnte. Auch Mei-yin bei dem Namen *jiějie* zu rufen, war nicht ganz richtig, wenn auch nicht so schlimm. Was Sophie für einen Spitznamen gehalten hat, bedeutet auf Chinesisch »große Schwester« und ist eine Anrede innerhalb der Familie.

Was können Sie besser machen?

Wenn wirklich etwas versehentlich vor dem chinesischen Neujahrsfest zerbrochen werden sollte, kann man das Unglück noch abwenden, indem man schnell *suìsuì píng'ān* sagt. Das ist eine Redewendung und bedeutet »Mögen alle Jahre friedlich sein!« Dabei klingen die ersten beiden Zeichen bzw. Wörter *suìsuì* mit der Bedeutung »alle Jahre« genauso wie das Wort »in Stücke brechen« auf Chinesisch. Man sagt also »Mögen die Scherben Frieden bringen« und gleichzeitig wünscht man »Mögen alle Jahre friedlich sein!«. Damit hat man den Fluch des zerbrochenen Gegenstandes zum Guten gewendet. Oft muss man also nur den richtigen Zauberspruch kennen, um das Unheil abzuwenden und sich gleichzeitig aus der misslichen Lage zu befreien.

Weiß ist in Taiwan die Farbe der Geister, der Trauer und des Todes. Kommt es zu Festtagen, trägt man daher nur während einer Beerdigung oder einer Geisterbeschwörung weiß. Selbst weiße Hochzeitskleider sind erst seit Kurzem im Trend. Mit Rot liegen Sie dagegen in Taiwan immer richtig. Rot ist die Farbe des Glücks und der Freude. Besonders beliebt ist Rot zum chinesischen Neujahrsfest, denn es macht dem Monster Nián Angst, dass sich nur in der Neujahrsnacht herumtreibt und Menschen und Tiere frisst, so der Volksmund.

In einer konfuzianischen Gesellschaft wie Taiwan wird bis heute in allen Beziehungen hierarchisch gedacht, auch innerhalb der Familie. Damit die Rangordnung klar ist, kennt die chinesische Sprache zum Beispiel kein allgemeines Wort für »Bruder« oder

»Schwester«, sondern sie unterscheidet zwischen *gēge,* »älterer Bruder«, und *dìdi,* »jüngerer Bruder«, *jiějie,* »ältere«, und *mèimei,* »jüngere Schwester«. Innerhalb der Familie werden die Mitglieder nicht beim Vornamen gerufen, sondern beim Namen ihrer Position in der Familie. Das geht so weit, dass nicht nur zwischen älter und jünger unterschieden wird, sondern auch zwischen mütterlicherseits und väterlicherseits bei Großeltern, Onkel, Tante, Cousinen etc. Diese Art der Anrede steht aber nur Familienmitgliedern zu.

Jedes Fest hat seine eigenen Dos and Don'ts. Fragen Sie am besten Ihren Gastgeber, wenn die Einladung ausgesprochen wird, was Sie beachten sollten. Das zeigt Ihr Interesse an der Kultur und bereitet Sie auf die größten Fallen vor.

說到 **... apropos ... Völkerwanderung**

Chúxī ist der letzte Tag des Jahres im Mondkalender und der Beginn des chinesischen Neujahrsfestes, auch Frühlingsfest genannt. Es ist das wichtigste Fest und mit der Wichtigkeit unseres Weihnachtsfestes zu vergleichen. Alle fahren nach Hause, um mit der Familie zusammmen zu sein – oder aber nutzen die Zeit zum Reisen. Zum chinesischen Neujahr gibt es jedes Jahr eine kurzzeitige Völkerwanderung ohnegleichen. Die meisten Einwohner Taipehs oder deren Vorfahren sind in die Hauptstadt gezogen, um Arbeit zu finden. Zweimal im Jahr – zum chinesischen Neujahr und zu *Qīngmíng Jié,* dem chinesischen Totengedenkfest im April – kehren aber alle zu ihren Wurzeln zurück, zu ihrem *lǎojiā,* dem »alten Zuhause«, wie sie es nennen, das in der Mitte oder im Süden der Insel, in Städten wie Taichung, Kaohsiung und Tainan, liegt.

說到 **... apropos ... Brüderchen und Schwesterchen – *dìdi* und *jiějie***

Schon bei der Hochzeit wünscht man dem Brautpaar: *Zǎo shēng guìzǐ!* – Gebärt bald einen Sohn! Es ist oft heute noch die traditionelle Ansicht, dass die Familie nur über die männliche Linie aufrechterhalten werden kann und die Söhne für die Altersfürsorge der Eltern zuständig sind. Das alte Sprichwort *zhòng nán qīng nǚ* hört man heute noch oft. Es sagt, dass Söhne schwerer und damit wichtiger sind als die Töchter, die leicht; also nicht so wichtig sind. Auch wenn Taiwan ein modernes Land ist und keine Ein-Kind-Politik herrscht wie in China, werden hier oft so lange Kinder geboren, bis sich endlich ein Sohn einstellt. Deshalb gibt es in Taiwan das Phänomen »ältere Schwester – jüngerer Bruder«. Wenn das erste Kind ein Mädchen ist, dann versuchen die Eltern oft noch ein zweites Kind zu bekommen, in der Hoffnung, dass es diesmal ein Sohn wird. Aber wenn das erste Kind bereits ein Sohn ist, bleibt es oft bei einem Kind. Somit gibt es in Taiwan viele ältere Schwestern mit jüngeren Brüdern, aber kaum ältere Brüder mit jüngeren Schwestern.

10   慢慢吃! – *Mànman chī!* – Guten Appetit!

Bloß den Fisch nicht aufessen!

Mit einem Mal ist die Helligkeit des Tages verschwunden, ganz plötzlich, fast so, als hätte jemand das Licht ausgeknipst. Von innen strahlen die roten Lichter des Altars. Wie ein Küchenschrank ist er unterteilt und aus dunklem, braunem Holz. Im oberen Fach in der Mitte ist die Hinterwand mit Götterbildern ausgestattet und daneben stehen elektrische Lämpchen in Form einer geschlossenen roten Blüte. Unten auf Tischhöhe stehen vier eingerahmte Schwarz-Weiß-Fotos. Sophie vermutet, dass es sich um verstorbene Ahnen handelt. Sie sind umgeben von roten Gläsern mit Kerzen, daneben ein metallenes Gefäß, in denen glimmende Räucherstäbchen qualmen. Auf einer ausgezogenen Tischplatte stehen Schalen voller Obst.

Mei-yins Großmutter zündet neue Räucherstäbchen an, nimmt sie zwischen die gefalteten Hände und verbeugt sich mehrmals, bevor sie sie zu den anderen in das Gefäß steckt. Dann stellt sie frische Blumen und Teller voll mit duftendem Essen auf den Altartisch, dazu elf Schälchen mit Reis und Essstäbchen, sowie Dosen mit Bier, Cola und Fanta. Auf dem Altartisch wird es eng. Alles ist vollgestellt.

Dann warten sie. Mei-yin macht Sophie auf einen zu einem Kreis gebundenen Bambuszweig aufmerksam, der unter dem Tisch liegt.

»Er soll symbolisieren, dass alle im Familienkreis zusammengekommen sind.«

Die Kinder haben den kleinen Fernseher entdeckt, der wohl neu im Haus ist, und suchen die Programme rauf und runter nach Trickfilmen ab. Die Männer sitzen im Hof und Mei-yin und Sophie gehen in die Küche zu den Frauen, die um den Küchentisch endlich zur Ruhe gekommen sind. Sophie sitzt neben dem Reiskocher, der eine angenehme Wärme ausstrahlt, denn mit der Sonne ging auch die Wärme, und Sophie will sich auch keinen Pulli über Mei-yins rotes T-Shirt anziehen, um weiter perfekt für den Anlass gekleidet zu sein. Ja, so ein Reiskocher ist schon eine feine Sache, nicht nur wegen der Wärme. Er gehört in Asien wohl in jeden Haushalt, und Sophie beschließt, sich auch bald einen zuzulegen.

»Wann essen wir denn?«

Sophies Magen knurrt einen Dauerton. Das Mittagessen in Form von Fertignudeln vom Mini-Markt ist nun schon eine ganze Weile her.

»Wir müssen jetzt warten, bis die Götter und Ahnen gegessen haben, erst dann dürfen wir essen«, meint Mei-yin.

»Woran erkennen wir, dass sie fertig sind mit dem Essen? Das Essen verschwindet ja nicht, oder?«

»Nein, das Essen an sich verschwindet nicht, aber ... das Ding darin ... also die Seele des Essens verschwindet, die essen die Ahnen und die Götter, und dann wird das Essen für uns besonders nahrhaft und gesund.«

Nach zwanzig Minuten fragt Sophie doch noch einmal beiläufig nach, denn der Fisch ist ihr in die Nase gestiegen und die Shrimps mit gebratenem Gemüse winken ihr unablässig zu.

»Haben die Ahnen und Götter schon fertig gegessen?«

Mei-yins Mutter runzelt die Stirn über Sophies Ungeduld. Mei-yin nickt mit dem Kopf still zu ihrer Großmutter hinüber. Die hat zwei halbmondförmige rote Scheiben aus Holz in der Hand, die an der einen Seite flach und an der anderen Seite rund sind. Sie wirft sie vor dem Altar auf den Steinboden.

»Wenn sie so fallen, dass beide flachen Seiten nach unten oder beide flachen Seiten nach oben zeigen, bedeutet das ›nein‹. Wenn eins mit der flachen Seite nach unten und eins mit der flachen Seite nach oben zeigt, dann bedeutet das ›ja‹. Im Moment sagen sie noch ›nein‹. Also müssen wir noch warten.«

Sophie hofft insgeheim, dass die Götter und Ahnen schnell essen und sie bald dran ist.

Endlich sind die Götter und Ahnen verköstigt – die kleinen roten Scheiben haben es angezeigt – und die Speisen und Getränke werden vom Altartisch auf den runden Tisch im Wohnzimmer getragen, an dem alle Platz nehmen.

»*Mànman chī!* – Guten Appetit!«, wünschen sich alle und das Festessen kann endlich beginnen. Ein jeder ist hungrig und greift dementsprechend beherzt zu. Auch Sophie lässt es sich schmecken. Mei-yin legt ihr immer wieder etwas in die Schüssel. Sophie vermutet, dass sie ihr helfen will, denn sie kann noch nicht so gut mit den Stäbchen umgehen. Besonders der Fisch hat es ihr angetan.

»Würdest du mir bitte lieber noch etwas Fisch geben?«, bittet sie Mei-yin.

»Lieber nicht. Der Rest muss jetzt übrig bleiben.«

»Oh, was für eine Verschwendung«, seufzt Sophie, gibt sich aber mit Mei-yins Antwort zufrieden, denn langsam setzt bei ihr das Sättigungsgefühl ein und mit dem Sättigungsgefühl kommt auch die Müdigkeit. Fast fallen ihr die Essstäbchen aus der Hand. Je voller der Bauch, desto müder wird sie.

»Hey, lass mich dir die Geschichte mit dem Monster noch mal genauer erzählen!« Mei-yin hat wohl bemerkt, dass sie schläfrig wird.

»Klar, Monstergeschichten helfen gegen Einschlafen! Schließlich will ich bis zwölf wach bleiben«, lacht Sophie, spitzt aber die Ohren. »Der Volksmund sagt, dass das Wort für »Jahr«, ausgesprochen *Nián,* ein grauenvolles Monster ist ...«, Mei-yins Stimme säuselt im Märchenmodus und Sophie würde so gern aufgeben, gegen das Monster »Müdigkeit« zu kämpfen. Sie ist froh, das rote T-Shirt zu tragen, wenigstens ist sie dann vor dem Monster Nián sicher – wenn auch nicht so sehr vor der Kälte. Die Knallerketten vor dem Haus, die durch das scheibenlose Fenster hereintönen, klingen wie ein Dauerfeuer gegen das Monster.

Sophie lässt die Stäbchen sinken. Sofort ermuntern Mei-yins Mutter und Großmutter Sophie, weiter zu essen, indem sie Zeige- und Mittelfinger wiederholt zum Mund führen. Aber Sophies Bauch wölbt sich schon unter dem roten T-Shirt, selbst die Jeans, die durch die lange Autofahrt ausgesessen und geweitet ist, sitzt bedenklich eng. Sie ist bis zum Äußersten gefüllt, keine Ecke ihres Magens ist noch frei, und selbst wenn sie sich eine kurze Pause gönnen würde und Zeit zum Verdauen hätte, würde sich daran so schnell nichts ändern. Sie ist einfach satt. Sophie steckt die Stäbchen in den restlichen Reis, nachdem sie ihr mehrfach von der Reisschale heruntergerollt sind, und lehnt sich zurück. Da bleibt sogar den kleinen Kindern der Mund vor Schreck offen stehen.

Was ist diesmal schiefgelaufen?

In gleich drei Fettnäpfchen auf einmal ist Sophie da getreten:

Erstens sollte sich Sophie geduldig zeigen, selbst wenn sie vor Hunger fast vom Stuhl fällt. Erst müssen die Ahnen im Jenseits gegessen haben. Familienmitglieder gehören in Taiwan auch nach dem Tod noch fest zur Familie. Sie müssen versorgt werden, das heißt, es müssen Opfergaben gebracht werden – wie auch den Geistern und Göttern – besonders an Festtagen. Sonst könnten sie noch aus dem Jenseits viel Unheil im Diesseits stiften.

Das zweite Fettnäpfchen hat Sophie nur gestreift, indem sie fast den Fisch zu Ende gegessen hätte, wäre sie nicht von Mei-yin gebremst worden. Jede Speise an Festtagen hat ihre besondere Bedeutung. Zum chinesischen Neujahrsfest drückt man mit Speisen und deren Homophonen meistens einen Wunsch für das neue Jahr aus. Die Speisen klingen auf Chinesisch also ausgesprochen so wie das, was sie im neuen Jahr bringen sollen: Überfluss, Erfolg und Gesundheit. Jedes Jahr und in jedem Haus steht in etwa das gleiche Festessen zum Verzehr auf dem Tisch bereit. Dazu gehört auch der Fisch. Die Redewendung lautet *niánnián yǒu yú* – »Jahr für

Jahr Reichtum und Überfluss«. Dabei ist *yú,* »Reichtum und Überfluss«, homophon mit *yú,* »Fisch«. Isst man den Fisch im alten Jahr auf, dann bedeutet das, dass es im neuen Jahr keinen Reichtum und Überfluss mehr geben wird. Daher kommt der Rest vom Fisch am nächsten Tag, also am Neujahrstag, noch einmal auf den Tisch und wird erst dann ratzekahl weggeputzt.

Zum Schluss hat Sophie die Essstäbchen in den Reis gesteckt. Das erinnert an Opfergaben, denn so wird der Reis auch auf dem Altar »serviert« und lädt die Seelen der Verstorbenen und die Geister mit an den Tisch ein. Sophie hat sozusagen gerade den Tod und die Unterwelt an den Tisch geholt. Auch wenn die Ahnen sowie Geister und Götter verehrt werden, so herrscht doch aus Respekt und Furcht strikte Trennung bei der Sitzordnung: Ahnen, Geister und Götter speisen am Altar, Sterbliche am Esstisch.

Was können Sie besser machen?

Stecken Sie die Stäbchen nie in den Reis. Auch sollten Sie sie nie über Kreuz auf Teller oder Schale platzieren. Auch das holt die Ahnen, Geister und Götter mit an den Tisch. Legen Sie sie einfach neben Teller oder Schale auf den Tisch oder lehnen Sie sie am Tellerrand an. Manchmal gibt es auch ein kleines Bänkchen aus Keramik oder Holz, auf dem die Essstäbchen abgelegt werden können.

Mànman chī – Guten Appetit – bedeutet wortwörtlich übersetzt »Iss langsam!«, und das sollten Sie auch tun. Lassen Sie immer etwas Platz im Magen! Es fällt auf, wenn man vor allen anderen satt ist und als einziger am Tisch nichts mehr zu sich nimmt. Wenn dann noch die Gastgeber mehrfach zum Weiteressen ermuntern und man dem nicht nachkommt, reitet man sich immer tiefer ins Fettnäpfchen hinein. Es scheint, als hätte es nicht geschmeckt. Selbst, wenn man vorher Unmengen verschlungen hat, zählt das nicht. Wahrscheinlich hat das niemand gesehen, denn jeder war mit sich und dem Essen beschäftigt.

Auch wenn Sie sich nicht gern etwas aufs Brot schmieren lassen, so lassen Sie sich doch in Taiwan etwas auf den Teller legen. Dass Ihnen Ihr Gastgeber ab und zu ein Stück Fleisch oder Gemüse direkt auf Ihren Teller oder in Ihr Reisschüsselchen legt, mag einen sehr bemutternden Eindruck hervorrufen. Aber es hat nichts damit zu tun, dass der Gastgeber denkt, Sie können oder getrauen es sich nicht selbst zu nehmen. Es ist einfach ein Zeichen der Gastfreundschaft, Ihnen das beste Stück, was Sie sich wahrscheinlich aus Bescheidenheit nie selbst nehmen würden, zukommen zu lassen.

我不懂! – *Wǒ bù dǒng!* – Versteh' ich nicht!

Der rosarote Panther im Chinesischkurs

Als Sophie nach einigen Tagen zurück nach Taipeh in ihr Haus auf dem Haus kehrt, hängt an
ihrer Tür, wie auf dem Bauernhof von Mei-yins
Großeltern, ein rotes Papier mit einem chinesi-
schen Zeichen. Das muss ihr Vermieter da aufgehängt haben. Gleich
macht sich Sophie mit ihrer App ans Werk, die Bedeutung des Zeichens herauszufinden. Komisch! Da gibt es zwar ein Zeichen, das
»Glück« bedeutet und genau so aussieht, aber das Zeichen an ihrer
Tür steht auf dem Kopf. Es hängt eindeutig verkehrt herum. Sophie
ist entsetzt. Ihre Oma hat ihr immer eindringlich erklärt, dass das
Hufeisen nach oben zeigen muss, weil sonst das ganze Glück her-
ausfließt. Dazu fällt Sophie auch noch das auf dem Kopf stehende
Kreuz ein. Ist sie etwa bei einem buddhistischen oder taoistischen
Satanisten untergekommen? Wie gut, dass das beidseitige Klebe-
band sich ganz leicht ablösen lässt. Und schon klebt sie ihr Glücks-
zeichen richtig herum an die Tür. Sophie nickt zufrieden.

Als sie am nächsten Morgen das Haus verlässt, hört sie schon den
Gong der Universität ganz in der Nähe. Auch die Sonne scheint aus
den Feiertagen zurückgekehrt zu sein. Sophie überquert die Hauptstraße, läuft dann die kleinen Gassen im Schatten der Hochhäuser
entlang, an Cafés, 7-Eleven-Shops und einem kleinen Tempel vorbei, durch einen Park, betritt durch das Nebentor das Universitäts-
gelände und steht nur fünf Minuten später unter Palmen vor dem
roten Backsteingebäude des Mandarin Training Centers auf dem
großzügig angelegten Campus. Sophie gratuliert sich zur perfekten
Lage ihres Heims – keine fünf Minuten hat sie gebraucht. Dann

atmet sie tief durch und stellt sich mit feuchten Händen und ge-
spitzten Bleistiften dem Ernst ihres Lebens: dem Chinesischlernen.

Gleich im Aufzug in den sechsten Stock, wo die Verwaltung
sitzt, zählt Sophie sechs oder sieben Studenten unterschiedlicher
Nationalitäten, die sich aber alle angeregt auf Chinesisch miteinander unterhalten. *Das werde ich vielleicht auch sein in ein zwei Se-
mestern – so fließend Chinesisch sprechend,* denkt Sophie. Ihr Herz
springt vor Vorfreude und Motivation. Am Bücherstand kauft sie ein
dickes Lehrbuch mit zwei CDs sowie ein Arbeitsheft. Dann sucht
sie auf der aushängenden Liste mit den Klassenzimmernummern
ihren Namen und erreicht pünktlich einen der kleinen Kursräume,
die über vier Stockwerke im oberen Teil des Gebäudes verteilt sind.

Vor ihr sind bereits drei Mitschülerinnen im Klassenraum. Alle
sind Asiatinnen. Sophies ungeschultes Auge vermutet zwei Koreanerinnen und eine Japanerin. Im Raum befindet sich ein großer
runder Tisch, an den ein kleiner Lehrertisch geschoben ist. Vorn
hängt ein Whiteboard und daneben die Weltkarte und eine Karte
von Taiwan, alles in chinesischer Schrift. Sophie setzt sich mit
Blick zur Tür und wartet. Die zwei Koreanerinnen tuscheln und
kichern, die Japanerin blättert eifrig im neuen Lehrbuch, vor der
Tür herrscht ein emsiges Auf und Ab von Schülern, die nach ihren
Klassenzimmern suchen. Mit dem Stundenklingeln betreten noch
zwei Schülerinnen und die Lehrerin das Zimmer. Sie trägt Jeans,
dazu eine Bluse mit traditionellen chinesischen Knöpfen und Kragen und mag vielleicht vierzig Jahre alt sein.

»*Nǐ hǎo!*«, sagt sie lächelnd.

»*Nǐ hǎo!*«, antworten alle im Chor.

Dann sagt sie betont langsam etwas, das Sophie nicht versteht,
die anderen zu ihrem Schreck aber scheinbar schon. Jeder antwortet etwas, das Sophie nicht versteht, auf eine Frage der Lehrerin,
die Sophie auch nicht versteht. Der einzige Satz, der Sophie in den
Sinn kommt, ist »*Wǒ bù dǒng!* – Versteh' ich nicht!« Den hat sie
sich von Mei-yin über die Feiertage beibringen lassen. Als Sophie

als Letzte an der Reihe ist, kann sie nur beschämt mit den Schultern zucken. Zerknirscht sagt sie nach einer gefühlten Ewigkeit: »*Wŏ bù dŏng!* – Versteh' ich nicht!«

Soll das wirklich der Anfängerkurs sein? Kein Deutsch ist ja klar, aber auch kein Englisch? Woher können die anderen denn das schon alles? Bin ich die Einzige, die hier nur Bahnhof versteht? Das kann doch nicht sein, schimpft Sophie im Kopf verzweifelt vor sich hin.

Ihre japanische Mitschülerin zeigt in Sophies Buch auf eine Zeile mit einer Folge chinesischer Zeichen. Dahinter steht die englische Übersetzung: *Where are you from?*

Sophie sieht sie dankbar an. Jetzt müsste sie nur noch wissen, wie man Deutschland auf Chinesisch sagt.

»*Germany*«, sagt sie leise mit hochrotem Kopf.

»Ah, *déguó!*«, hilft ihr die Lehrerin laut und ermunternd, aber mit gerunzelter Stirn. Anscheinend duldet sie kein Englisch in ihrem Kurs.

»*Yes, déguò.*«

»*Dé-guó*«, wiederholt sie noch langsamer als zuvor.

»*Dé-guò*«, versucht es Sophie noch mal.

»*Dé-guó guó guó*«, überbetont sie.

»*Dé-guò.*«

»*Guó guó guó guó*«, sie und wedelt dabei mit der Hand nach oben. Sophie gibt sich Mühe, das *guó* in der richtigen Tonhöhe zu treffen. Dabei war sie sich sicher, dass das erste *guo* genauso wie das zweite *guo* klang.

»*Dé-guò.*«

»*Guó guó guó guó.*«

»*Guò guò guò guò.*«

Bei jedem *guò* fühlt Sophie, wie ihr ein Grad wärmer und ihr Gesicht einen Farbton röter wird. Es scheint, als sei das *guò* Munition, mit der sich beide im Dauerfeuer beschießen. Das Klassenzimmer versinkt im Kugelhagel und auch die anderen Schülerinnen ziehen immer mehr die Köpfe ein. Sophie muss sofort an den Pariser Polizei-inspektor Jacques Clouseau im Film *Der rosarote Panther* denken. So verzweifelt wie er versucht *»I would like to buy a Hamburger«*, genauso verzweifelt muss sie aussehen, das *guó* richtig auszusprechen.

Es klopft und Sophie ist vorerst gerettet.

»Hi, I am Marc from Australia«, sagt ein Surfer-Typ, blond mit blauen Augen, der Jan ganz ähnlich sieht und breitbeinig in der Tür steht. *»Is this the beginner's class?«*

Sophie atmet auf – noch einer außer ihr, der Englisch spricht. Sie sieht, wie ihre Mitschülerinnen und die Lehrerin bei seinem Anblick dahinschmelzen. Kein tadelndes Stirnrunzeln für ihn, nur ein strahlendes *»Nǐ hǎo!«*.

In den zehn Minuten Pause sitzt Sophie wie benommen vor ihrem Buch und sucht nach den Sätzen, die im Unterricht aufgetaucht sind. Währenddessen verständigen sich die anderen mit Chinesischbrocken und belagern Marc, der als Hahn im Korb die Aufmerksamkeit der anderen genießt. Soll *Wǒ bù dǒng!* – Ich verstehe nicht! – zu ihrer Standardantwort im Kurs werden?

»Lǚ xiǎojiě? – Fräulein Lü?«, versucht Sophie ihre ersten neuen Wörter anzuwenden, als sie die Lehrerin nach der Pause anspricht. *»Ähm ... Lǚ tàitài?* – Frau Lü?«, verbessert sie sich, als sie das ihr bereits wohlbekannte Stirnrunzeln erkennt. Doch das Stirnrunzeln will nicht verschwinden.

»Wǒ bù dǒng!«

»Lǚ lǎoshī – Lehrerin Lü«, berichtigt Lehrerin Lü sie schließlich.

»Ich weiß ja, dass Chinesisch alles andere als leicht ist, aber ich glaube, der Anfängerkurs ist zu schwer für mich. Gibt es denn keinen richtigen Anfängerkurs, einen Voranfängerkurs oder Anfängeranfängerkurs für ... «, versucht es Sophie auf Englisch mit flehender Stimme und merkt, wie ihr die Tränen beginnen in die Augen zu laufen. Ihre Knie werden weich und ihr wird ganz schwindlig. Am liebsten würde sie vor Scham im Boden versinken.

Und es scheint, als würde ihr Wunsch erhört, denn plötzlich gibt es im ganzen Haus einen Ruck, dann noch einen. Die Lampen und Türen schwingen. Es quietscht und knarrt an allen Ecken und Enden. Alle um sie herum sehen sich mit weit aufgerissenen Augen an. Sophies Herz schlottert mit den Erschütterungen, ihr Körper erstarrt.

»Earthquake! Get out!«, ruft Marc als Erster und stürzt – die vor Angst erstarrten Koreanerinnen ganz unheldenhaft zurücklassend – aus dem Kursraum Richtung Aufzug. Genau wie Jan macht er sich einfach aus dem Staub, denkt Sophie. Fragen schießen ihr durch den Kopf: *Wie stark wird es? Wie lange dauert es? Was tun? Stehen bleiben oder rennen? Und wenn rennen, wohin?* Sie spürt die zwei Stockwerke über ihr und erahnt sieben unter ihr. Die Insel will sich die Leute vom Buckel schütteln, wie ein großer Walfisch. Dann folgt Sophie ihrem Instinkt: schnell kriecht sie unter den schweren Holztisch im Zimmer. Da hocken schon die Japanerinnen und halten zitternd Händchen.

Langsam lässt das Schwanken nach, die Wände ächzen immer leiser, die Türen hören auf zu knarren und die Lampen schwingen langsam aus. Lehrerin Lü steht ganz entspannt im Türrahmen. Sie hat die Tür während des Bebens aufgehalten.

In der zweiten Hälfte des Kurses ist Sophie damit beschäftigt, jede kleine Bewegung zu kontrollieren. Ist das wieder ein Erdbeben oder ist es nur ihr Herzschlag oder ihr Atem, der ihren Körper schaukeln lässt? Anfängerkurs, Voranfängerkurs oder Anfängeranfängerkurs hin oder her, sie ist am Leben und das mit dem Chinesischkurs wird auch noch irgendwie.

Als Marc zurückkommt, runzelt Lehrerin Lü nicht nur die Stirn, sie schüttelt auch sehr vorwurfsvoll mit dem Kopf.

»Bùxíng a! – Das geht doch nicht!«, tadelt sie ihn.

Sophie grinst schadenfroh, auch wenn sie nicht so recht weiß, warum.

Was ist diesmal schiefgelaufen?

Sophie hat die Lehrerin mit Fräulein und Frau angesprochen. Das ist sicherlich nicht ganz falsch, denn sie ist ja ein Fräulein oder eine Frau. Für Sophie ist sie allerdings die Lehrerin. Und so muss sie auch angesprochen werden – erst der Familienname dann der Titel: *Lǚ lǎoshi.*

Wahrscheinlich hätte Marc Lehrerin Lü mit jedem Titel anreden dürfen. Bei ausländischen jungen Männern schmelzen nicht nur die taiwanischen Frauen, sondern auch die japanischen und koreanischen nur so dahin. Allerdings hat er verspielt, als er Panik verbreitete und zum Aufzug flüchtete, denn der ist bei Erdbeben nicht zu benutzen.

Was können Sie besser machen?

Wie auch in der Familie sind in der Gesellschaft die Positionen und Beziehungen zueinander wichtig und dementsprechend muss die korrekte Form der Anrede gewählt werden. Auch wenn Sie mit Taiwanern auf Englisch oder in anderen Sprachen kommunizieren, halten Sie sich an die korrekte Anrede, zum Beispiel *teacher Lü*. Das gilt nicht nur für Lehrer. Auch Professoren, Vorsitzende, Direktoren, selbst Vorgesetzte müssen je nach Position (in der Rangordnung) mit Titel angesprochen werden.

Taiwan liegt nahe einer Bruchstelle zweier tektonischer Platten. Deshalb wird es immer wieder von Erdbeben erschüttert. Fast täglich gibt es kleinere Wackler, besonders im Osten der Insel. Die Taiwaner haben sich anscheinend daran gewöhnt, mit der Gefahr zu leben. Obwohl manche bei einem Erdbeben im ersten Moment gar panisch reagieren, machen sie danach doch gleich wieder so weiter, als wenn nichts passiert wäre. Aber mit Schrecken erinnern sich alle an *Jiǔ'èryī* 921, wie das große Erdbeben am 21. September 1999 kurz genannt wird, bei dem rund 2.400 Menschen ums Leben kamen. Das hatte damals eine Stärke von 7,6.

Wann es ein Erdbeben geben wird, kann niemand vorhersehen – auch wenn die Taiwaner auf den sogenannten Erdbebenfisch schwören, den Regalecus glesne aus der Familie der Riemenfische, dessen Erscheinen ein Erdbeben vorhersagen soll. Sollten Sie ein Erdbeben erleben, bleiben Sie ruhig. Stellen Sie sich an eine tragende Wand, unter eine Tür oder kriechen unter schwere Möbel. Benutzen Sie keinen Aufzug und bleiben Sie fern von Fenstern. Öffnen Sie die Türen, damit Sie später das Haus verlassen können, auch wenn sich die Türrahmen verzogen haben sollten.

Übrigens wird Sophie bei ihrer Heimkehr ins Haus auf dem Haus bemerken, dass der Vermieter das rote Papier mit dem chinesischen Zeichen für Glück wieder verkehrt herum auf die Eingangstür geklebt hat. Dies ist ein typisches chinesisches Wortspiel. Glück heißt auf Chinesisch *fú*. »Verkehrt herum« heißt *dào*. *Dào* kann in anderer Schreibweise aber mit der gleichen Aussprache jedoch auch »ankommen« heißen. Also bedeutet das Zeichen verkehrt herum angeklebt *fú dào le* – »Das Glück ist angekommen«.

說到 ... apropos ... die chinesische Sprache

Das Hochchinesische hat vier Tonhöhen, wodurch Silben völlig unterschiedliche Bedeutungen annehmen können. Der erste Ton ist gleichbleibend und hoch, fast gesungen, der zweite steigt in der Tonhöhe an, so als würde man die Stimme am Ende einer Frage heben, der dritte fällt erst ab und steigt am Ende der Silbe wieder an und der vierte fällt stark ab. Dazu kommt eigentlich noch ein neutraler fünfter Ton, der nur kurz und leicht auf unbetonten Silben liegt, aber nicht als richtiger Ton mitgezählt wird. So schön wie die Sprache klingt, genauso schwer ist es auch, sie zu lernen. Daran müssen sich ungeübte Ohren und Zungen erst gewöhnen.

Taiwan benutzt übrigens Langzeichen. Das sind die traditionellen Schriftzeichen, die neben Taiwan nur noch in Hongkong und Macau geschrieben werden. In China wurden 1956 Kurzzeichen eingeführt, wobei Schriftzeichen und ihre Bestandteile vereinfacht wurden, um das Erlernen der Schrift und das Schreiben an sich zu erleichtern. Bis 2003 sollen sogar Bücher, die in Kurzzeichen gedruckt waren, in Taiwan verboten gewesen sein.

12 随便! – *Suíbiàn!* – Egal!

Wie man auf Taiwanisch brummt

Für ihre Aufenthaltserlaubnis als Chinesisch-schülerin braucht Sophie ein Gesundheitszertifikat. Mit einer Riesenangst vor Spritzen und dann noch in einem fremden Land versucht sie, zuerst Mei-yin und dann Queenie zu überreden, mit ihr in ein Krankenhaus zu gehen, um ihr beizustehen und auch zur Not zu übersetzen. Das Kapitel »Beim Arzt« kommt im Chinesischbuch erst ganz hinten und wird somit erst im nächsten Semester behandelt werden. Doch beide sind gar nicht begeistert. Mei-yin spricht von negativer Energie, möglicherweise sogar Geistern im Krankenhaus wegen all der Kranken und Sterbenden und schon Gestorbenen. Queenie redet sich mit einer neuen Couchsurferin heraus, die bei ihr wohnt und um die sie sich kümmern muss.

»*Suíbiàn!* – Egal! Geh einfach! Das wird schon«, tröstet sie Sophie, doch die ist ziemlich nervös. Neben Ärzten mit Spritzen und Fachchinesisch gibt es also auch noch negative Energie und Geister.

Wenig später betritt sie dick in drei Pullover gekleidet den Vorplatz des Universitätsklinikums der Staatlichen Universität Taiwan. Das dreistöckige rote Backsteingebäude mit seinen Mansardendächern, vielen korinthischen Säulen, verzierten Balkonen und hohen Fenstern lässt Sophie für einen Augenblick denken, sie sei gar nicht in Asien, sondern irgendwo in England. Dazu kommt auch noch das nasskalte Wetter.

Als Sophie etwas verloren zwischen den vielen Kranken, Besuchern und dem Krankenhauspersonal in der großen Eingangshalle steht und schon die negative Energie und Geister an sich hochkriechen fühlt, kommen drei ältere Damen mit lilafarbenen Jacken auf sie zu. Sophie vermutet erst einen Bibelkreis, aber sie stellen sich als freiwillige Helfer des Krankenhauses vor. Eine der Damen rattert den anscheinend auswendig gelernten Text im gebrochenen Englisch herunter:

»Gesundheitscheck für Aufenthaltserlaubnis zum Chinesisch lernen? Drei Formulare ausfüllen. Drei Passbilder. Ja? Gut! Erst am Schalter vier bezahlen, dann Erdgeschoss Zimmer 204 allgemeine Untersuchung, Blutdruck, Sehtest, Gewicht und Größe, danach Röntgen dritte Etage links, dann Bluttest zweite Etage rechts.«

Ganz sicher ist sich Sophie beim Ausfüllen der englisch-chinesischen Formulare nicht. Ein fragender Blick zur freiwilligen Helferin.

»*Suíbiàn!* – Das ist egal!«, sagt sie, schneidet dabei Sophies Fotos schief zu und klebt sie dann mit viel zu viel Kleber in die dafür vorgesehenen Felder.

»*Suíbiàn!*«, wiederholt Sophie, bezahlt schnell und zieht eine Nummer. Ein Blick auf den Zettel mit der Nummer und ein zweiter auf die Digitalanzeige über dem Behandlungszimmer sagen ihr: dreißig Zahlen liegen dazwischen, also sind dreißig Personen vor ihr an der Reihe und dreißig Vokabeln wollen bis zum Test morgen früh auswendig gelernt werden. Perfekt, denn Sophie hat vorsorglich ihr Vokabelheft mitgenommen.

»Zu viele Leute. Zuerst Blutabnahme«, kommandiert die freiwillige Helferin.

»Aber auf meinem Zettel steht doch zuerst allgemeine Untersuchung.«

»*Suíbiàn!*«

So *egal* ist es Sophie nicht. Auf die Blutabnahme muss sie sich erst innerlich einstellen. Aber schon schiebt sie die freiwillige Helferin energisch auf die Rolltreppe, die Sophie in die zweite Etage bringt. Auch dort steht eine Dame in einer lilafarbenen Jacke, fängt sie ab und geleitet sie zielstrebig zu ... McDonald's. Das denkt Sophie zumindest auf den ersten Blick, denn während man in

Deutschland in einem Behandlungszimmer allein mit der Schwester die Nadel in die Vene geschoben bekommt, gibt es hier mitten auf dem Gang einen langen Tresen, hinter dem fünf Krankeschwestern sitzen, die – statt Hamburger zu verkaufen – Blut abnehmen.

Sophie zieht nochmals eine Nummer und muss diesmal nur auf zehn Leute warten, die vor ihr den Arm hinhalten. Mit weichen Knien setzt sie sich auf einen Plastikstuhl im kahlen Krankenhausflur, zwischen die vielen gebrechlichen, stillen Leute im Rollstuhl und ihre jungen, miteinander schnatternden philippinischen Pflegerinnen. Zwischen den schwarzhaarigen Asiatinnen muss Sophie mit ihren blonden Locken sehr hervorstechen. Und selbst wenn einige hippe Leute ihre Haare in den buntesten Farben präsentieren, so sind es immer noch Sophies grüne Augen und ihre vergleichsweise große Nase, die sie als exotisch auffallen lassen.

Zehn, neun, acht ... der Countdown läuft, und schon ist Sophie an der Reihe.

Mit Handzeichen gestikuliert die Krankenschwester: »Welcher Arm?«.

»*Suíbiàn!*«, antwortet Sophie, die gern wegsehen würde, aber rechts und links neben sich Leute mit Nadeln im Arm erblickt. »Hauptsache, es ist schnell vorbei.« Dann schiebt sie die Ärmel ihrer drei Pullover hoch, senkt den Kopf, macht die Augen zu und wartet auf den Stich.

»Nervös?«, fragt jemand auf Englisch.

»*Nǐ hǎo!* Ja, sehr!«, sagt Sophie und hebt ihren Kopf, um den Mann neben ihr zu betrachten.

»Das geht ganz schnell. Die machen das hier wie am Fließband.«

»Oh ja, und alle sehen zu. Das macht es nicht weniger beängstigend.«

»Ich bin übrigens Herr Li, mein englischer Name ist Frank«, sagt er und lächelt Sophie von der Seite an. Ein Lächeln, das ansteckt und sie sofort ruhiger werden lässt. Als sie Herrn Li genauer ansieht, ahnt sie, warum er hier ist. Aus seinem Hals auf der rechten

Seite wächst eine Beule, so groß wie ein Tennisball. Feine Äderchen zeichnen sich auf dem Geschwür ab, sein Kopf ist leicht zur Seite geneigt, als wolle er einem zweiten Kopf Platz machen. Auf eine Stelle an der Innenseite seines Unterarms drückt er ein Stück Watte.

»Krebs«, sagt er und zeigt auf sein Geschwür. Er muss gemerkt haben, dass Sophie es betrachtet hat. »Im Endstadium – nach der westlichen Medizin«, ergänzt er.

»Nach der westlichen Medizin?«

»Ja, die Ärzte hier haben mir vor einem halben Jahr noch drei Monate gegeben. Ha, und ich lebe immer noch! Dank der traditionellen chinesischen Medizin.«

»Traditionelle chinesische Medizin«, wiederholt Sophie und klingt dabei wahrscheinlich etwas skeptisch.

»Solltest du auch mal probieren, dann würdest du vielleicht nicht hier sitzen.«

»Nein, nein, ich bin nur zum Gesundheitscheck für die Aufenthaltserlaubnis hier.« Aber wenn Sophie es genau bedenkt, kratzt es ihr etwas im Hals – kein Wunder nach den ganzen Temperaturschwankungen der letzten Tage.

»Aber wenn die traditionelle chinesische Medizin so gut ist, warum sind Sie dann heute hier?«

»Ich habe eine Krebsversicherung, da ist das eingeschlossen, und meine Tochter besteht darauf, dass ich hierher komme.«

»Eine Krebsversicherung? Was ist denn das?«

»Die staatliche Krankenversicherung deckt nur die Grundversorgung ab, deshalb habe ich vor einigen Jahren noch eine Extraversicherung für Krebs abgeschlossen.«

»Aua!«, schreit Sophie auf.

»Schon vorbei. Fest auf die Watte drücken«, sagt die Krankenschwester. Herr Li übersetzt und fügt hinzu: »Siehst du, ich hatte recht. Das geht ganz schnell. Und ich habe dich doch gut abgelenkt.«

Dann lädt er Sophie ein, doch nächste Woche mit zu seinem chinesischen Arzt zu kommen, sagt ihr noch schnell Zeit und Treffpunkt und während Sophie sich den Wattebausch auf ihren Arm drückt und mit leichtem Schwindel kämpft, schlurft er den langen Krankenhausgang entlang davon.

Zehn Minuten später schließt Sophie die Tür zu Zimmer 204 hinter sich für die allgemeine Untersuchung.

»Zuerst den Blutdruck«, sagt der junge Arzt im perfekten Englisch hinter seinem Mundschutz, der fast sein gesamtes Gesicht bedeckt.

Sophie beginnt, ihre drei Pullover auszuziehen, denn bis zum Oberarm kann sie die Ärmel nicht hochstreifen.

»Nein, nein, nicht ausziehen. Das geht schon so«, meint er erschrocken, legt die Manschette des Blutdruckmessgerätes über Sophies dicken Pullovern an und misst durch drei Schichten an Kleidung hindurch. Sophie ist erstaunt.

»Naja, etwas hoch«, murmelt er.

»Ich komme ja gerade vom Blutabnehmen«, erklärt Sophie, »da war ich sehr aufgeregt.«

Dann stellt er Sophie die Fragen noch einmal, die sie bereits auf dem Formular beantwortet hat.

»Keine Diabetes, richtig?«

»Ja, richtig.«

»Keine Kreislaufprobleme, richtig?«

»Ja, richtig.«

»Keinen Herzfehler, richtig?«

Sophie antwortet ungeduldig: »Hm-m.«

Er sieht auf. Zieht die Augenbrauen nach oben und sieht sie zum ersten Mal richtig an.

»Herzfehler also.«

»Nein, nein, keinen. Keinen Herzfehler.«

Hinter Sophie geht die Tür auf. Die nächsten Patienten nehmen schon hinter ihr Platz. Eine alte Dame im Rollstuhl und ein Herr im mittleren Alter.

»Gut. Kein Aids, richtig?«

»Hm-m.«

Wieder sieht er sie an.

»Aids?«

»Nein, kein Aids. Sag ich doch. Und das steht doch auch da!«, sagt Sophie und zeigt auf den Fragebogen. Dabei wird sie rot. Schließlich sitzen hinter ihr Leute. Und selbst wenn sie kein Englisch verstehen, so verstehen sie vielleicht doch die Krankheiten, die ja überall ähnliche Namen haben.

Die Schwester öffnet die Tür und unterbricht sie. Zwei weitere Patienten klopfen, auch sie haben Fragen. Während sie mit der Schwester in der offenen Tür stehen und sich weiter unterhalten, wendet sich der Arzt wieder Sophie zu.

»Nicht schwanger?«

»Hm-m.«

»Ja, was denn nun?«, raunt er ungeduldig. Die Patienten und die Krankenschwester spitzen die Ohren. Sophie wird unter ihren drei Pullovern siedend heiß.

Was ist diesmal schiefgelaufen?

Den Kehllaut mit geschlossenen Lippen »Hm-m«, den wir Deutschen als Zustimmung und Bejahung einer Frage von uns geben und der in einer tiefen Tonlage anfängt, kurz pausiert und dann hoch endet, gibt es in Taiwan nicht. Mit diesem Laut kann der Taiwaner nichts anfangen und deutet es als Frage oder Ausdruck von Unverständnis. Sophie hat also statt »ja« zu sagen, immer mit »häh?« oder »wie bitte?« geantwortet. Kein Wunder, dass dem Arzt die Geduld ausging, als nach seinem Verständnis Sophie auf jede seiner Fragen mit einem Geräusch der Gegenfrage antwortete.

Was können Sie besser machen?

Selbst Empfindungswörter oder die Intonation einfacher Laute, wie zum Beispiel der Zustimmung, der Ablehnung, des Schmerzes, des Gutschmeckens, der Überraschung oder des Ekels sind von Kultur zu Kultur unterschiedlich. Wollen Sie in Taiwan Ihrem Gesprächspartner zustimmen oder eine Frage bejahen, dann äußern Sie ein »ng«, ein kurzes Brummen im Hinterhals mit fallender Tonhöhe. Das klingt ganz so, als wolle man durch Brummen seinen Missmut kundtun, aber in Taiwan bedeutet das eben so viel wie »ja«, »richtig«, »verstanden« oder »alles klar«.

Seien Sie nicht überrascht, wenn die Tür des Arztzimmers während der Behandlung weit offen bleibt und ständig andere Patienten mit Fragen hereinschneien – Taiwaner haben ein gewöhnungsbedürftiges Verständnis von Privatsphäre, besonders bei medizinischen Belangen. Blut wird am Tresen im Gang abgenommen und gern sieht man neugierig bei der Behandlung der Person zu, die vor einem dran ist oder neben einem im Krankenbett liegt. Zahnarztpraxen platzieren sogar den Zahnarztstuhl gleich neben dem Schaufenster, sodass auf der Straße Vorübergehende ohne Probleme mit in den Mund des Patienten sehen können.

說到 ... apropos ... medizinische Versorgung in Taiwan

Taipeh ist eine Großstadt mit hoher Luftverschmutzung. Dazu kommen ungesunde Ernährung, das Kauen von Betelnüssen und der Stress bei der Arbeit. Die Krebsrate ist hoch – jährlich sterben etwa 35.000 Menschen in Taiwan an Krebs. Die staatliche Krankenversicherung ist zwar billig und auch gut, aber sie deckt nur die Grundversorgung ab. Viele Taiwaner haben noch eine Extraversicherung, zum Beispiel für Krebsbehandlungen. In den Versicherungen inbegriffen ist neben der westlichen Medizin auch die traditionelle chinesische Medizin. Sie zählt hier nicht als alternative Heilmethode, sondern wird ergänzend zur westlichen Medizin und als Krankheitsprophylaxe in Anspruch genommen.

13 寶貝! – *Bǎobèi!* – Babe!

Zuckersüß geschmollt ist halb gewonnen

Die nächsten Tage hält der Chinesischkurs Sophie ziemlich beschäftigt. Viel anderes gibt es nicht zu tun, denn der Regen hängt knapp zwei Wochen nach dem chinesischen Neujahrsfest über Taipeh fest und die Temperaturen sind auf zehn Grad gefallen. Ohne Heizung und mit undichten Fenstern ist es in ihrem Zimmer, in den Klassenzimmern und auch in der Bibliothek der Universität nicht viel wärmer als draußen. Sophie sitzt in Decken gewickelt oder in Pullover eingepackt tagaus, tagein über Chinesischvokabeln. Sophie wollte sich gerade einen heißen Kakao kochen und sich dann ans Pauken machen, da schaut Queenie vorbei.

»Heute ist Laternenfest. Mein Mann schafft es mal wieder nicht aus China zu kommen und seine Familie ist in Kanada. Du bist auch allein, also sind wir Familie und feiern zusammen«, plappert sie fröhlich drauf los, als sie Sophies kleines Reich betritt. Dann öffnet sie ihre Supermarkttüte und zum Vorschein kommen drei längliche Schachteln. An den unbedruckten Stellen der Verpackung kann Sophie gefrorene graue Bällchen erkennen.

»Es gibt *tāngyuán,* die uns zu einer Familie vereinen werden. Ich brauche Topf und Wasser.«

»Ich kenne nur Brüderschaft trinken«, murmelt Sophie, die nun ihren einzigen Topf spülen muss, denn der ist vom Kakao verklebt.

Nach wenigen Minuten stehen zwei Schalen gefüllt mit heißem Wasser, in dem die taubeneigroßen *tāngyuán* schwimmen, auf dem Tisch.

Kein Wunder, dass die chinesischen Löffel so groß sind – wie ein Schälchen mit Stiel – denn sonst könnte man die Klößchen gar nicht essen, denkt Sophie.

Queenie ruft: »*Mànmàn chī!*«, und fügt auf Englisch hinzu: »Guten Appetit! *Mànmàn chī* bedeutet wortwörtlich zwar »Iss langsam!«, du musst jetzt aber trotzdem schnell essen, denn wir fahren gleich zum Laternenfest nach Pingxi.«

Eigentlich wollte sie für den Chinesischtest lernen, aber Sophie hat mit einem *tāngyuán* im Mund keine Möglichkeit zur Widerrede. Die *tāngyuán* schmecken ein bisschen wie kleine, glitschige Hefeklöße. Sobald Sophie hineinbeißt, fließt die süße Paste heraus und alles wird ein dicker Brei im Mund. Ganz verschiedene Füllungen sind darin: eine aus schwarzem Sesam, eine aus roten Bohnen und eine aus Erdnussbutter. Sophie hat lange nichts so Exotisches und gleichzeitig so gut Schmeckendes gegessen. Leider sind die *tāngyuán* sehr sättigend. Wie gut, dass Queenie zwei der drei gefrorenen Packungen in ihrem Eisfach gelagert hat – für später.

»Pingxi?«, presst Sophie hinter ihrem vorletzten *tāngyuán* hervor.

Doch eine Antwort bekommt sie nicht, Queenie ist am Handy und säuselt und flötet, als wäre sie Marilyn Monroe und würde mit dem Präsidenten sprechen. Sie beendet schließlich das Gespräch mit einem »Bye-bye« in extrem hoher Stimmlage, von dem sie den Ton des letzten »Bye« fünf Sekunden lang hält, so zuckersüß, dass sich Sophie die Härchen auf dem Arm aufstellen.

»Planänderung! Mein *bǎobèi* wollte mich überraschen und ist doch aus China für die Feiertage zurückgekommen.«

Sophie schlussfolgert, dass *bǎobèi* wohl Queenies Mann sein muss. Bisher sprach Queenie aber immer von ihrem Mann als James.

»Und weil *bǎobèi* da ist, holt er mich mit dem Auto ab und wir nehmen dich mit nach Pingxi.«

So so, »wir nehmen dich mit« ... da ist wohl schon Schluss mit der Wahlverwandtschaft, denkt Sophie, fragt aber noch mal nach, wer denn dieser *bǎobèi* sei.

»*Bǎobèi* bedeutet Baby, Babe, Schatz, Liebling ...«

Sophie hat verstanden, auch, dass ihr heute wohl die Rolle des dritten Rads am Wagen zufällt.

Wie schön wäre es, wenn Jan hier wäre und sie zu viert zum Laternenfest nach Pingxi fahren könnten. *Zu viele Konjunktive, das Leben findet im Indikativ statt,* denkt sich Sophie und schluckt ihren Ärger zusammen mit dem letzten *tāngyuán* herunter.

Bǎobèi James spricht wenig Englisch, dafür fährt er einen Audi und Queenie übersetzt geduldig seinen Lobgesang auf Deutschland, die deutsche Qualität und die deutschen Autos. Der kleine verschlafene Ort Pingxi, östlich von Taipeh, liegt eingebettet in eine wunderschöne, bergige Landschaft neben einem Fluss. Ab und an kann man schon aus der Stadt zwischen den Bergen mit den dunkelgrünen Wäldern einen vereinzelten roten Punkt, einen Lampion, in den Himmel aufsteigen sehen. Mitten durch den Ort verläuft eine alte Eisenbahnlinie.

Nach einiger Zeit im Stau und auf Parkplatzsuche, denn wieder scheint ganz Taipeh auf den Beinen zu sein, erreichen sie Pingxi zu Fuß über eine große Steinbrücke. James trägt Queenies Handtasche. Queenie stöckelt in hohen Schuhen in seinen Arm eingehakt nebenher.

Wo ein Fest ist und wo viele Leute sind, da muss es in Taiwan anscheinend auch unbedingt viel Essen geben. Die historische Straße, die zum Platz führt, wo die Laternen steigen sollen, zieren zahllose kleine Buden und Stände mit den interessantesten Köstlichkeiten. An manchen stehen die Kunden in langen Warteschlangen. Genau vor so einem bleibt Queenie stehen. Was sie genau sagt, kann Sophie nicht verstehen, wohl aber, dass sie James bittet, sich eben da einzureihen und ihr marinierte Hühnerfüße zu kaufen. Der allerdings zeigt die Straße hinunter auf einen anderen Stand, der auch diese für Sophie höchst eklige Speise anbietet und an dem nur halb so viele Leute Schlange stehen. Queenie verzieht den Mund wie ein kleines schmollendes Kind und wiederholt, was sie gesagt hat, aber eine Tonlage höher und an seinem Arm kratzend wie ein kleines Kätzchen. Bei manchen Wörtern zieht sie das Ende in die Länge, beim letzten Wort schwingt ihre Stimme mehrmals auf und ab. Dabei blickt sie an James hoch, schlägt ihre Augen immer wieder weit auf und klimpert mit ihren Wimpern. Dann hämmert sie mit ihren kleinen Fäusten kraftlos gegen seinen muskulösen Oberarm und quengelt in dieser Art und Weise so lange, bis James nachgibt – das tut er wahrscheinlich wegen eines Gefühls von bodenloser Peinlichkeit oder von zuckersüßer Rührung. Welches von beidem, da ist sich Sophie nicht sicher. Vor Fremdscham hat sie sich zwei, drei Meter von ihnen entfernt.

Nachdem sie eine Viertelstunde auf James gewartet haben, geht es glücklicherweise an den Ständen für Austernomelett, aufgespießten und gegrillten Oktopus und mit roter Bohnenpaste gefüllten Eierkuchentaschen schneller. Sophie kostet alles anstandshalber und verbleibt bei den frischen Erdbeeren, die mit Kondensmilch übergossen werden. Glücklicherweise ist im Winter Erdbeersaison in Taiwan. Als sie den Laternenplatz erreichen, ist Sophie leicht übel von dem ganzen kulinarischen Durcheinander, und sie beschließt, auf dem Rückweg über die Essensmeile keinen Happen mehr anzurühren.

An einigen Ständen liegen farbige Scheiben auf den Verkaufstischen ausgebreitet. Es sind gefaltete Lampions, wie Queenie erklärt. Sie wählen drei rote und hängen sie an einem Klapptisch neben dem Stand auf.

»Das funktioniert wie mit dem Wunschzettel und dem Weihnachtsmann: Du musst deine Wünsche auf den Lampion schreiben. Wenn wir ihn dann fliegen lassen und er bei den Göttern im Himmel ankommt, gehen sie in Erfüllung«, erklärt Queenie und schreibt mit großen Zeichen auf Sophies Lampion *băobèi,* »Liebling« – so viel kann Sophie nach einigem Grübeln entziffern. Geöffnet gehen die Lampions aus feinem Draht und hauchdünnem Papier Sophie bis zur Hüfte – gerade genug Platz für ihre vielen Wünsche an ihre Zeit in Taiwan. Also macht auch sie sich ans Werk, ihre Bestellliste für die Götter zu notieren – mit Pinsel und Wasserfarben auf ihre rote Laterne.

»Lesen die Götter auch Englisch oder Deutsch? Ich brauche noch einen Job, denn das Geld reicht nur noch etwa ein halbes Jahr. Aber ich weiß nicht, wie man Job auf Chinesisch schreibt«, fragt Sophie vorausschauend.

»*Méi guānxi!* – Macht nichts!« Queenie lässt sie vorsichtshalber von sich abschreiben, denn auch sie ist auf Arbeitssuche und nicht sicher, ob die Götter mehrsprachig sind.

Als sich Sophie umsieht, kann sie an den Nebentischen die interessantesten Wünsche auf den Laternen entdecken: iPhone und iPad, Weltreise und eigene Wohnung, bei James stehen BMW und Geld, bei Queenie ein Kind bekommen und den TOEFL-Test bestehen. Ob die Götter mit solchen neuen Dingen wohl etwas anzufangen wissen?

Als sie fertig sind, befestigt der Standbesitzer ein mit Benzin getränktes Paket am Lampion, während Sophie, Queenie und James ihn an den Ecken startbereit halten. Bald gibt die warme Luft Auftrieb.

»Los!«

Und so fliegt erst Sophies und dann wenig später Queenies und James' Lampion mit ihren Herzenswünschen in der Abenddämmerung davon. Sie sehen ihnen nach, bis sie nur noch ein kleines Pünktchen am Abendhimmel sind und sie sie nicht mehr mit den vielen anderen da oben auseinanderhalten können.

»So, wir haben alles getan, jetzt können wir nur noch hoffen und warten, dass es in Erfüllung geht«, fasst Queenie zufrieden zusammen. »Machen wir uns auf den Rückweg!«

»Aber wir haben doch noch gar nicht den offiziellen Laternenstart gesehen«, jammert Sophie, »den ich auf den vielen Postkartenständen auf dem Weg hierher gesehen habe.«

»Den sehen wir am besten auf dem Rückweg.«

Und recht hat sie. Als sich die drei wenig später auf der historischen Straße zurück zum Parkplatz umdrehen, sehen sie in perfekter Entfernung hunderte von Laternen aufsteigen.

»Hach, wie schön!«, seufzt Queenie. Vor Sophies Augen verschwimmen die kleinen gelben Laternen zu verwaschenen Aquarelltupfen.

»Ja, wunderschön!«, echot Sophie und wischt die Laternen vor ihren Augen wieder zurecht.

In der Mitte eines jeden Lampions leuchtet hell das gelbe Feuer, wie ein kleines Herz, nach außen hin ins Rötlichgelbe und dann ins Braune verblassend. Wie bei einer Explosion in Zeitlupe stieben kleine Funken voller Hoffnungen und Wünsche in den schwarzen Nachthimmel. In der Nähe des Bodens noch eng zusammen gedrängt, schweben sie je höher, desto weiter entfernt voneinander ihren eigenen Weg, ihre eigene Bahn, bis sie nur noch ein klitzekleiner Tupfen am Himmel sind und man sich nicht mehr sicher sein kann, ob es sich nicht doch um einen Stern handelt.

»Mein *bǎobèi*«, wendet sich Queenie an James, der auch ganz fasziniert in den Himmel schaut, »holst du das Auto für uns? Sophie und ich warten hier. Unsere Beine tun so weh.«

James zieht die Stirn kraus.

»Ich könnte schon noch laufen«, meldet sich Sophie leise zu Wort.

»So weh-eh-eh-eh-eh-ehhh«, wiederholt Queenie und setzt ihren Welpenblick auf, kratzt wieder an seinem Arm, bezirzt ihn mit übertrieben großen Augen und dem Schmollmund eines verwöhnten Kindes, tut so, als reibe sie sich mit ihren Fäustchen die Tränchen aus den Äuglein.

»Sieh nur«, sagt sie und blickt dabei auf ihre Füße, die unter ihren schwingenden Händchen jetzt in X-Bein-Stellung vor James stehen: »Ganz wehhh!«

James lässt sich bezaubern von der kokettierenden Art seiner Frau, auch wenn er eigentlich gar keine Lust hat, allein zum Parkplatz zu laufen, sich dann im Auto durch den Stau bis zu Queenie und Sophie durchzukämpfen, um sich wenig später in den Stau in die andere Richtung wieder einzuordnen. Sophie ist verblüfft.

Was ist diesmal schiefgelaufen?

Sājiāo nennt man das, was in Sophie erst Fremdscham und nun Verblüffung hervorruft. Dieses Verhalten wird von vielen Frauen in Asien an den Tag gelegt, und die taiwanischen Frauen haben es zur Perfektion gebracht. Sie stellen sich hilflos, tun und kleiden sich super niedlich und verwandeln sich mit Gesten, Mimik und hoher, quietschiger Stimme in infantile Monster, um die Aufmerksamkeit auf sich zu ziehen und um das zu bekommen, was auch immer sie von ihren Männern, Vätern, Chefs, Professoren und allen anderen männlichen Personen wollen. Was in westlichen Ländern als peinlich und herabwürdigend gesehen würde, ist in Taiwan eine Art, feminin und attraktiv zu sein.

Erstaunlicherweise scheinen es die meisten Männer in Taiwan zu genießen, wenn ihre Töchter, Ehefrauen, Freundinnen, Schwestern oder Kolleginnen sie mit *sājiāo* um den Finger wickeln, denn so können sie der Held sein, der stark, zuverlässig und vertrauenswürdig ist und die Fähigkeiten hat, die Frauen glücklich zu machen.

Was können Sie besser machen?

Sind Sie eine Frau, dann üben Sie sich in *sājiāo*. Wer Erfolg bei den taiwanischen Männern haben will, der muss mit den Wölfen heulen bzw. mit den taiwanischen Frauen zuckersüß mitquengeln. Sind Sie ein Mann, dann erschrecken Sie nicht, wenn sich Ihr Date von einer Minute auf die nächste mental scheinbar um Jahrzehnte zurückentwickelt. Erfüllen Sie der Prinzessin ihren Wunsch, sonst wird es ein unschöner Abend mit einem schmollenden Kleinkind werden.

說到 ... apropos ... Laternenfest

Vierzehn Tage nach dem chinesischen Neujahrsfest ist der erste Vollmond im neuen Jahr, auf den das chinesische Laternenfest Yuánxiāo Jié fällt, das auch Kleines Neujahrsfest genannt wird. An diesem Tag werden *tāngyuán* gegessen. Und auch hier geht es, wie beim Essen zum chinesischen Neujahr, nicht nur um das Essen an sich, sondern auch um seine Bedeutung: *tāngyuán* – die Klößchensuppe – klingt so ähnlich wie *tuányuán,* was so viel wie Familientreffen bedeutet. Damit soll dieses Essen symbolisch die Familie zusammenbringen.

Neben den vielen Laternenausstellungen, die immer an anderen Orten in Taiwan stattfinden, ist das Laternenfest in Pingxi das beliebteste Ausflugsziel. Einmal pro Jahr pilgern halb Taipeh und Umgebung in das Städtchen, das nur etwa 5.000 Einwohner hat und seine Blüte am Anfang des 20. Jahrhunderts als Kohlestadt hatte.

Das Laternenfest markiert auch traditionell für die Bauern den Beginn der Regenzeit und damit den Beginn der Arbeit. Auch für die Stadtbewohner sind nun die Feiertage endgültig vorbei und der Alltagsstress wird sie wieder einholen.

14 不會吧！ – *Bú huì ba!* – Das kann nicht sein!

Ärzte, die gebrochene Herzen heilen

Wie verabredet trifft Sophie Herrn Li vor der MRT-Station Zhishan. Sie laufen fünf Minuten durch kleine Gassen zur Praxis für traditionelle chinesische Medizin. Von außen ist es ein ganz normales Geschäft, das Türrollo ist hochgezogen, dahinter befindet sich eine Glastür mit den Öffnungszeiten. Sie treten ein. Ein scharfer Geruch verschiedenster chinesischer Heilmittel mit Sophie unbekannten Namen durchdringt den Raum. Riesige Ginsengwurzeln in Gläsern mit gelber Flüssigkeit reihen sich in den Regalen über ihren Köpfen. An den Wänden hängen chinesische Rezepte in angestaubten Rahmen.

»Ginseng ist gut für das *qì,* die Energie, die den Körper durchströmt«. Herr Li hat ihren erstaunten Blick bemerkt. Er zeigt auch gleich auf den Arzt und Apotheker in einer Person, der hinten in der Praxis etwas auf eine Waage legt.

»*Bú huì ba!* – Das kann nicht sein!«, flüstert sie erstaunt. Das ist ihr neu erlernter chinesischer Lieblingssatz, den sie nun mit Vorliebe in jeder Situation anwendet. Sophies Erwartung von einem Wurzelmännchen mit langem Bart und mit knorrigem Stock wird nicht erfüllt. Mit seinem auf Falte gebügelten Hemd, der modernen Brille und dem schicken Kurzhaarschnitt könnte er auch ins Universitätsklinikum passen, nur der weiße Kittel und das Stethoskop um den Hals fehlen bei ihm.

»Das ist Doktor Chen. Er kennt mich schon seit zwei Jahren und meine Diagnose auch«, stellt Herr Li den Arzt vor.

»Aber er ist doch Arzt. Wieso trägt er dann eigentlich keinen weißen Kittel?«

»Das würde die Patienten nur abschrecken«, lacht Herr Li laut auf. »Weiß wird hier in Taiwan bei Beerdigungen getragen und ist eine schlechte Farbe in der chinesischen Tradition. Und vor dem Tod soll der Arzt uns Patienten ja schließlich bewahren.«

Routiniert fühlt Doktor Chen Herrn Lis Puls und lässt sich seine Zunge zeigen.

»Das ist die Standarduntersuchung und die ist ausreichend für eine Diagnose in der chinesischen Medizin. Das *qì* kann man fühlen«, sagt Herr Li, »auch ohne Röntgen und Blutbild. Es gibt keine Nadeln und kein Messer. Bei den meisten Taiwanern stößt die westliche Behandlungsweise auf Unverständnis: Man kann doch nicht mit einem Messer heilen: einen Teil herausschneiden aus dem Ganzen, dann chemische Mittel einsetzen und danach hoffen, dass der Krebs sich nicht ausbreitet oder zurückkommt. Während die westliche Medizin sich nur um die Äste und nicht um die Wurzeln kümmert, wie das chinesische Sprichwort *zhì biāo bù zhì běn* sagt, bekämpft die traditionelle chinesische Medizin nicht die Symptome, sondern die Ursachen der Krankheit. Das *qì* muss ungehindert fließen können, der Körper als Ganzes muss im Gleichgewicht sein.«

Doktor Chen ist inzwischen an die verzierte Vitrine mit vielen kleinen Fächern getreten und hat sich ans Werk gemacht, auf einem Blatt Zeitungspapier mit Hilfe einer Handwaage eine Mixtur zusammenzustellen.

»Getrocknete Kräuter, Rinde, Pilze, tote Würmer und Samen für mich«, zeigt Herr Li und Sophie verzieht das Gesicht. »Ein chinesisches Sprichwort sagt: *Liángyào kǔkǒu.* – ›Gute Medizin schmeckt bitter‹.«

»*Bú huì ba!* – Das gibt's nicht! Genau das sagen wir in Deutschland auch: Medizin muss bitter schmecken, sonst nützt sie nichts.«

»Mein westlicher Arzt will nichts mehr machen, außer mir Schmerzmittel geben.«

Sobald Herr Li redet, drückt er seinen Kopf gerade und seine rechte Schulter senkt sich. Es ist sichtlich anstrengend für ihn, die Adern und Sehnen treten noch mehr hervor, sein Mund ist schmal. Es ist ruhig, nur die Neonleuchten surren. Sie machen das Gesicht von Herrn Li noch blasser. Seine nach der Chemotherapie spärlich gewordenen Haare wirbeln im Luftstrom des Ventilators.

»Erst auf das Drängen meiner Frau hin habe ich auf die traditionelle chinesische Medizin vertraut, wie es die meisten Taiwanesen tun. Sie hatte damals von Freunden gehört, dass ein Bekannter der Familie von einem chinesischen Arzt geheilt worden sei. Vor eineinhalb Jahren galten die seltenen sogenannten Sargpilze als das Wundermittel gegen Krebs. Sie wurden aus geöffneten Gräbern geholt, wo sie auf Verstorbenen wachsen. Pro Tag habe ich ein- bis zweitausend Taiwan-Dollar bezahlt, also 25 bis 50 Euro. Mir ging es immer schlechter und bald hatte ich kein Geld mehr. Da habe ich es dann wieder mit der westlichen Medizin versucht.«

Der Apotheker legt das zusammengestellte Medikament neben den abgenutzten Abakus auf den Holztresen mit den vielen Schnitzereien von Pfirsichen und Drachen.

»Symbole für ein langes Leben«, flüstert Herr Li darauf zeigend Sophie zu, dann nimmt er den Beutel Medizin und bezahlt mit zittrigen Händen. »Das wird den Tumor nicht aufhalten, aber mein Lebensgefühl hat sich seither verbessert. Ich glaube, der Tumor wächst auch langsamer.«

Sophie schluckt. Wie viel Zeit Herr Li wohl noch hat?

»Übrigens muss man nicht krank sein, um zum chinesischen Arzt zu gehen. Das kann man auch präventiv tun. Los, lass dich auch mal untersuchen.«

Zögernd legt Sophie ihren Arm auf das kleine Kissen auf dem Tresen. Mit konzentriertem Gesichtsausdruck und gerunzelter Stirn hält Doktor Chen ihren Arm kurz unter dem Handgelenk und fühlt den Puls. Nach einer Minute gibt er ihr mit einem Zeichen zu verstehen, dass er den Puls am anderen Arm auch fühlen muss. Herr Li und Doktor Chen wechseln ein paar Worte.

»Und jetzt die Zunge weit raus strecken«, instruiert Herr Li Sophie. Sie wartet gespannt auf ihre Diagnose.

»Erkältung mit Halsschmerzen, Rückenschmerzen«, übersetzt Herr Li, »und ein gebrochenes Herz.«

Sophie zuckt zusammen. Mit dem gebrochenen Herzen hat er voll ins Schwarze getroffen. Sie ist erstaunt. Nur plagen sie weder Rückenschmerzen noch verspürt sie ein Kratzen im Hals.

»*Bú huì ba!* – Das kann nicht sein! Ich habe keine Rückenschmerzen und auch keine Halsschmerzen oder irgendwelche anderen Symptome einer Erkältung.«

Doktor Chen wird rot, er räuspert sich verlegen. Herr Li runzelt die Stirn.

»Wirklich nicht!«, versichert Sophie noch einmal. Dabei weiß sie insgeheim, dass sie nur von ihrem gebrochenen Herzen ablenken will.

»Schon gut! Schon gut!«, besänftigt sie Herr Li und lächelt dabei Doktor Chen mit niedergeschlagenen Augen an. »Wahrscheinlich spürst du es morgen, wenn die Erkältung mit voller Wucht ausbricht.«

»Ich gebe Ihnen vorsichtshalber ein Pulver zur Vorbeugung gegen Erkältung mit«, schlägt Doktor Chen vor, »neben dem Pulver gegen das gebrochene Herz.«

»Soso, mit einem Pülverchen kann man einfach so ein gebrochenes Herz heilen? *Bù huì ba!* – Das kann doch nicht sein!«, schimpft Sophie und denkt bei sich, dass da schon mehr passieren müsste, wie zum Beispiel, dass Jan sich vielleicht mal meldet.

Doktor Chen wird noch röter, er holt tief Luft und beginnt seiner uneinsichtigen Patientin in gebrochenem Englisch zu erklären: »Wenn das *qì* aus dem Gleichgewicht ist, fühlt man sich desorientiert, schwach und unausgeglichen. Die Trauer kommt durch die Lungen zum Ausdruck in Form von Tränen.«

»Ich weine aber nicht.«

Er räuspert sich wieder und fährt unbeirrt fort: »Unausgesprochene oder unterdrückte Trauer bringt Kopfschmerzen, Husten und Erschöpfung. Die Wut verursacht Schlaflosigkeit. Ist die Wut nach innen gerichtet, wird man deprimiert und hat Probleme beim Einschlafen. Bei einem gebrochenen Herzen ist natürlich das Herz betroffen. Im Herzen befindet sich der Geist *shén* und dort muss er bequem ruhen können. Wenn man emotional leidet, ist *shén* gestört und flattert in der Brust herum, was zu unruhigem Herzklopfen und unterbrochenem Schlaf führt.«

Sophie ist beschämt verstummt. Wie recht er hat! Seit Monaten, ja genau seit der Zeit, zu der sich Jan nicht mehr gemeldet hat, quälen sie Kopfschmerzen, Schlaflosigkeit und Erschöpfung. Sie hat es in Deutschland immer auf das Wetter geschoben, in Taiwan dann auf den Jetlag, dann auf das neue Klima und die Gewöhnung an die neue Umgebung.

»Und nun?«, fragt sie kleinlaut.

»Keine Zigaretten, die sind schlecht für die trauernde Lunge. Die muss kühl und feucht sein. Zigaretten legen einen trockenen Schleier aus Rauch auf deine Trauer und du verdrängst sie. Keine Süßigkeiten. Die belasten die Milz, die die Trauer verarbeitet. Keinen Kaffee. Der baut das *qì* in den Nieren ab und damit innere Angst auf.«

Dann drückt er eine Weile auf einige Stellen an Sophies Unterarm.

»Ich merke nichts.«

Doktor Chen seufzt. Dann mischt er Sophie zehn kleine Packungen mit pulvriger chinesischer Medizin.

»Danke, Doktor Chen«, ruft Herr Li und wendet sich an Sophie. »Ach, ihr jungen Leute, was versteht ihr schon. Ihr denkt, das Leben währt ewig. Dabei ist der Körper wie ein Garten. Damit alles im Garten wächst und gedeiht, muss es harmonisch sein. Das bedeutet physisch, emotional und spirituell – alles muss stimmen, damit man ganz gesund ist.« Dann zwinkert er Sophie zu und knufft sie in die Seite. »Und bei dir ist da einiges aus der Balance gekommen. Du hast es dem armen Doktor Chen ganz schön gegeben.«

Was ist diesmal schiefgelaufen?

Sophie hat die Diagnose des Arztes laut angezweifelt. Sie sagte sogar, dass sie falsch ist. Damit hat sie den Arzt das Gesicht verlieren lassen. Kein Wunder, dass der ganz rot wurde und auch Herr Li peinlich berührt lächelte.

In Taiwan kann man nie laut einen Arzt, einen Lehrer oder gar Professor, generell einen Höher- oder Gleichgestellten auf dessen Fehler oder Mängel hinweisen. Indem man jemanden kritisiert – sei es berechtigt oder unberechtigt –, verliert nicht nur der Kritisierte sein Gesicht, sondern man selbst durch diesen Fauxpas auch.

Was können Sie besser machen?

Die beste Regel, um einen beidseitigen Gesichtsverlust zu vermeiden, ist, sich auf eine Weise zu verhalten, die niemanden vor anderen oder vor Ihnen selbst bloßstellt. Kritisieren Sie nie in der Öffentlichkeit und auch nur im Notfall unter vier Augen. Ist Kritik wirklich vonnöten, dann üben Sie sie indirekt, indem Sie zum Beispiel die Kritik als einen Vorschlag verpacken oder »etwas«, »ein bisschen«, »vielleicht« und »möglicherweise« einfügen, um die Wirkung negativer Wörter abzuschwächen.

Desweiteren sollten Sie in der Öffentlichkeit nie aus der Haut fahren oder Ihren Geduldsfaden reißen lassen. Ein emotionaler Ausbruch ist ein sicherer Weg, das Gesicht zu verlieren, sowohl für Sie selbst als auch für den Verursacher Ihres Ausbruchs und manchmal sogar für die, die sich in der Nähe aufhalten. Taiwaner haben äußerst selten Wutanfälle oder Zornesausbrüche, nie tadeln oder rügen sie direkt. Kein Wunder, dass Fernsehformate wie *Taiwan sucht den Superstar* keinen Erfolg haben oder von der Juryseite her völlig umgestaltet werden müssen. Das bedeutet nicht, dass Taiwaner nicht auch mal böse werden oder schimpfen, sondern nur, dass in Taiwan Selbstkontrolle als eine Tugend gesehen wird.

說到 ... apropos ... Gesicht

Wussten Sie, dass es im Chinesischen allein drei Wörter für »Gesicht« gibt – neben unzähligen Redewendungen, versteht sich? Das Konzept »Gesicht« ist in der taiwanesischen Gesellschaft im privaten wie auch im öffentlichen und besonders im geschäftlichen Leben extrem wichtig. Es spiegelt im Wesentlichen das Ansehen, die Würde und das Prestige einer Person wider. Das Gesicht kann verloren, bewahrt und sogar gegeben und gerettet werden. So kann man durch Komplimente und das Zeigen von Respekt das Selbstwertgefühl einer Person steigern und ihr eben dadurch »das Gesicht geben«, es aber durch Kritik, ein unpassendes Geschenk, das Ablehnen einer Einladung oder einen emotionalen Ausbruch auch wieder »nehmen«.

Für den Fall, dass jemand durch Sie oder durch eine peinliche Situation das Gesicht verloren hat, muss es gerettet werden – am besten durch Sätze wie: »Vielleicht habe ich mich nicht klar ausgedrückt« oder »Oh, das ist mir auch schon passiert«.

15 我受不了! – *Wǒ shòubùliǎo!* – Ich halt's nicht aus!

Göttlicher Radau

Sophie ist reumütig. Kaum ist sie nach Hause gekommen, schon verspürt sie ein Kratzen im Hals und ein Stechen vom Nacken bis hinunter zum Rücken. Doktor Chen hat mit allem ins Schwarze getroffen: mit der Erkältung, den Rückenschmerzen und dem gebrochenen Herzen sowieso. Warum musste sie nur so barsch zu ihm sein? Wenigstens seine Anweisungen will sie nun befolgen: Sie wirft die Zigaretten und die Schokolade in die Mülltüte, obendrauf packt sie Jans Fußball-T-Shirt, das einzige, was sie von ihm behalten hatte, und räumt die Kaffeemaschine in den Küchenschrank ganz weit nach hinten. Dann reißt sie eine der zehn Tütchen auf, wirft den Kopf zurück und schüttet sich die pulvrige chinesische Medizin in den Mund. Sogleich bekommt sie einen Hustenanfall und spült schnell mit Wasser hinunter, was sie noch nicht herausgeprustet hat. Ihre Augen tränen. Sie fühlt sich vom Keuchen ganz schlapp und der Geschmack der chinesischen Medizin will nicht aus dem Mund weichen. Schnell schlüpft Sophie in ihren Schlafanzug und zieht sich die Decke über den Kopf. Wie gut, dass morgen Samstag ist und sie ausschlafen kann. Und tatsächlich schläft sie das erste Mal seit Monaten sofort und ganz tief ein.

Unsanft wird sie aus dem Schlaf gerissen, der doch ihr gebrochenes Herz heilen soll. Sie lauscht. *Da draußen fallen Schüsse,* ist Sophies erster panischer Gedanke im Halbschlaf.

»Maschinengewehrfeuer! Dauerbeschuss! China greift an!«, schreit sie und stürzt mit der Bettdecke über dem Kopf zum Fenster. Nichts zu sehen. Nur ein paar Rauchschwaden steigen von der Straße unten auf. Die kleinen Vögel, die eben noch zum Sonnenaufgang auf dem Baum vor ihrem Fenster gesungen haben, sind erschrocken aufgeflogen.

Als die nächste Salve abgefeuert wird, springt Sophie von der Überraschung und vom Lärm völlig planlos auf, und eilt hinaus auf die Dachterrasse: auf der Straße vor dem Haus explodieren rote Knallkörperketten! Ein unbeschreiblicher Krach. Sophie hält sich die Ohren zu. Die digitale Anzeige der christlichen Kirche schräg gegenüber zeigt *»05:30 o'clock«.*

»Samstagmorgen um halb sechs! Wǒ shòubùliǎo! – Ich halt's nicht aus!«, grummelt Sophie fassungslos.

Kaum ist die Knallerei verklungen, setzt säuselnde Musik am kleinen taoistischen Tempel gegenüber ein. Schlaftrunken beobachtet Sophie das bunte Treiben. Die Figuren aus Keramik auf den rotgeziegelten Turmdächern des Tempels schillern in der Morgensonne: fantasievolle Drachenköpfe, prunkvolle Phönixe, bewaffnete Männer auf Pferden. Gemälde und Schnitzereien zieren die Außenwände. Im Eingangsbereich hängen rote und gelbe Lampions, darunter sammeln sich Menschentrauben. Aus der Esse des Ofens neben dem Tempel steigen weiße Rauchwolken auf. Zwischen den schlichten, modernen Büro- und Wohnhäusern wirkt der Tempel wie aus einer anderen Welt, wie aus einem verträumten Märchen. Aber mit Träumen ist es für den Moment vorbei: Ein Transporter fährt vor, auf seiner Ladefläche sechs junge Männer, die traditionelle Trommeln schlagen, gefolgt von einer Sänfte aus dunklem Holz geschnitzt. Rechts und links sind vier Träger, die die Sänfte schaukeln, sodass jedem, der darin sitzt, speiübel werden würde. Aber es ist wohl niemand darin, denn da würde höchstens ein Kleinkind hineinpassen. Von weitem kann Sophie nur eine hölzerne Götterfigur in der Sänfte erkennen. Kaum sind sie vor den sechs Stufen, die zum Tempel hinaufführen angekommen, schaukeln sie die Sänfte noch stärker und stürmen mit mehrmaligem Anlauf und Gebrüll auf den Tempel zu. Knallkörperketten krachen und lassen Rauchsäulen aufsteigen. Sophies Ohren summen.

Die Sänfte zieht weiter und es folgen ihr eine Marschkapelle aus Bläsern. Etwa zehn Personen blasen in traditionelle chinesische Holzblasinstrumente, die an eine Oboe erinnern. Eine Melodie kann Sophie nicht ausmachen, es erscheint ihr wie ein beliebiges Gedudel: Hauptsache laut und kraftvoll. Der Gruppe folgt ein Kleintransporter, auf dessen Ladefläche Kinder und Jugendliche mit konzentrierten Gesichtern auf Trommeln schlagen. Danach kommen fünf Riesen: Männer, die sich mehrere Meter hohe Puppen mit furchterregenden Gesichtern und buntbestickten Gewändern übergestülpt haben, die Sophie an Geister oder Dämonen erinnern. Wenn sie laufen, schwenken die Arme weit hin und her. Auch sie verbeugen sich vor der Treppe zum Tempel. Knallkörperketten krachen wieder und dann ziehen sie weiter.

Aber das ist noch nicht alles. Auf dem dahinter fahrenden Kleintransporter sind drei Metallstangen befestigt, an denen Gogo-Tänzer zu lauter Technomusik wohl für die Götter tanzen.

Zum Schluss wird noch ein Löwentanz vor dem Tempel aufgeführt: je zwei Personen stecken je unter einem bunten Löwenkostüm – einem hohlen Löwenkopf aus Bambus, der mit den Augen klimpern, mit den Ohren wedeln und das Maul aufreißen kann, und einem langen Stoffüberzug. So sind nur noch die Beine der Tänzer als Löwenbeine zu sehen. Zur Musik »kämpfen« die Löwen gegeneinander auf dem von Knallkörperhüllen roten Asphalt vor dem Tempel.

Dann ist Ruhe, alle ziehen weiter und legen den Verkehr auf der Hauptstraße hinter der kleinen Gasse lahm. Die Show ist vorbei.

Faszinierend, denkt Sophie, die ihren anfänglichen Unmut über diese morgendliche Störung schnell vergessen hat und völlig vom religiösen Spektakel in den Bann gezogen wurde, *so ein kulturelles Schauspiel direkt vor meiner Tür.* Und das Beste ist, dass sie danach gleich wieder zurück ins Bett gehen kann. Entspannt von der chinesischen Medizin lässt sich Sophie wieder in die Federn fallen. Noch mindestens vier Stunden tiefen Schlafs will sie sich gönnen, bevor sie sich an die Hausaufgaben für den Chinesischkurs nächste Woche setzt.

Gerade ist sie am Eindösen, als die zweite »Angriffswelle« anrollt. Die Fester geschlossen, ein Kissen über den Kopf gedrückt, die Ohren zugehalten – einfach nichts will gegen den Lärm der Knallkörperketten, der Blasmusik, der Trommeln und der Gogo-Musik helfen. Sophie hat den Eindruck, die Zeremonie findet in ihrem Zimmer direkt neben ihrem Bett statt.

»*Wǒ shòubùliǎo!* Ich halt's nicht aus!«, schimpft Sophie, klappt genervt ihren Laptop auf und gibt in die Suchmaschine »*Noise in Taipei*« ein. Und da steht es auf der englischen Seite des Department of Environmental Protection von Taipeh: »In Anwohnergebieten ist es verboten, Feuerwerkskörper und Knaller mit Explosionsgeräuschen abzufeuern sowie Tonverstärker in Tempeln und an privaten Altaren zu benutzen und traditionelle Aktivitäten wie Tempelmessen, Hochzeiten und Beerdigungen abzuhalten. Dieses Verbot besteht nicht an traditionellen Feiertagen.«

Sophie blättert im Kalender. Nein, ein traditioneller Feiertag ist heute nicht.

Und nun? Die Polizei rufen? Mit dem Laptop nach unten gehen und den Leuten vor dem Tempel die Webseite zeigen?

Langsam entfernen sich die Knallerei und die Musik. Sophie sinkt erschöpft in die Kissen. Dass Lärm so anstrengend sein kann, hätte sie nicht gedacht. Ihr Puls geht allmählich ruhiger, ihre Augenlider werden schwer, sie atmet ein paar Mal tief ein und aus und ist kurz darauf fest eingeschlafen.

Als dann der dritte Zug aus religiösen Krawallmachern vor dem Tempel ankommt und mit seiner Show beginnt, ist es erst sieben Uhr. Sophie hält es tatsächlich nicht mehr aus.

»Hallo?«, meldet sich Queenie nach etwa zehnmal Klingeln verschlafen.

»Tut mir leid. Aber ...«, schreit Sophie ins Handy hinein. Sie kann kaum ihr eigenes Wort verstehen.

»Jaja, ich höre es schon. Hättest du mich mal gefragt, bevor du den Mietvertrag unterschrieben hast!«

»Jaja. Es hat schon mal für eine Weile aufgehört, aber jetzt machen sie weiter. *Wǒ shòubùliǎo!* – Ich halt's nicht aus! Ich ruf die Polizei.«

»Du kannst doch nicht wegen Göttern die Polizei rufen. Wir haben jetzt April, wahrscheinlich hat die Māzǔ Geburtstag«, sagt Queenie mit Ehrfurcht in ihrer Stimme.

»Wer soll denn das sein, die Māzǔ?«

»Eine Göttin. Die wichtigste in Taiwan. Und die wird wohl im Tempel nebenan einen Wohnsitz haben und viel Besuch bekommen.«

»Wie Besuch?«

»Na, die anderen Götter aus den anderen Tempeln kommt zum Gratulieren vorbei. Du siehst doch bestimmt Sänften mit Götterfiguren, die vor dem Tempel haltmachen und ihr mit einem Tanz die Ehre erweisen.«

»Ja, ach so, jetzt verstehe ich. Aber schon morgens um sechs Uhr?«

»Na klar, und wenn es wirklich die Māzǔ ist, dann kann das auch noch eine Weile dauern, wahrscheinlich den ganzen Tag und morgen noch.«

»Morgen auch noch«, seufzt Sophie. »Naja, einmal pro Jahr kann ich das verkraften.«

»Bestimmt passiert das öfter, wenn es sich als eine aktive Tempelgemeinde herausstellen sollte. Es gibt in einem Tempel schließlich viele Götter und damit viele Geburtstage und andere Feierlichkeiten. Halb so wild. Geh in ein Café.«

»Aber da ist es auch laut! Und ich kann doch nicht im Café wohnen, jedes Mal, wenn ein Gott Geburtstag hat. *Wǒ shòubùliǎo!* – Ich halt's nicht aus! Ich will umziehen! Woandershin in Taipeh, dorthin, wo es ruhig ist, wo man nicht zu jeder Tages- oder Nachtzeit beschallt wird«, jammert Sophie.

Was ist diesmal schiefgelaufen?

Tempellärm hin oder her – noch einmal umziehen kommt in nächster Zeit nicht infrage. Sophies Mietvertrag gilt für ein halbes Jahr, sonst ist die Kaution von zwei Monatsmieten, die in Taipeh üblich ist, auf Nimmerwiedersehen weg. Aber egal, wo man am Ende in Taiwan wohnt, hier gibt es sowieso nicht das, was man in Deutschland gesetzliche Ruhezeiten nennen würde. Es herrscht eine ununterbrochene Lärmkulisse: Autos mit Lautsprechern, die politische Parolen oder Verkaufsslogans abspielen, Klageweiber bei der Familie eines Verstorbenen nebenan, Renovierungen mit Presslufthammer im Haus, Bauarbeiten an einem neuen Haus auf der anderen Straßenseite, Hupen der Taxis auf der Suche nach Fahrgästen, die Müllautos mit ihrer Erkennungsmusik, rasende Sportwagen ohne Schalldämpfer …

Was können Sie besser machen?

Wo so viele Menschen auf so engem Raum zusammenkommen, ist es nun mal laut. Schlagen Sie sich deshalb am besten gleich aus dem Kopf, zu irgendeiner Zeit irgendwo in Taiwan vollkommene Stille und Frieden zu finden. Kaufen Sie Ohropax und finden Sie sich mit dem Lärm ab. Besser noch: Stürzen Sie sich mitten rein! Wo Lärm ist, da tobt schließlich meist das Leben. Die taiwanische Variante von »Schlafen kann man, wenn man tot ist« sollte wohl lauten »Wenn man tot ist, ist es lange genug ruhig«. Obwohl … so ruhig haben es ja die Götter, Geister und Ahnen in Taiwan dann auch wieder nicht.

說到 ... apropos ... *Māzŭ*

Ursprünglich ist Māzŭ die Göttin der Fischer, die ihre Boote mit einer roten Laterne aus dem Sturm heraus sicher nach Hause führt. Aber da Taiwan eine Insel ist, deren meiste Bewohner jahrelang vom Fischfang lebten, wurde Māzŭ zur Schutzgöttin aller Taiwaner und ist nun auch für Landwirtschaft, Gesundheit, Geschäfte, Beziehungen, kurzum alles, was im alltäglichen Leben so anfällt, zuständig. In Taiwan gibt es mehr als tausend Tempel, in denen sie verehrt wird.

Jedes Jahr an ihrem Geburtstag tritt sie symbolisch eine Reise an und inspiziert die Insel. Dabei wird eine Statue von Māzŭ in einer Sänfte vom Jenn-Lann-Tempel in Dajia nahe Taichung über das teils bergige und zerklüftete Gelände durch die Bezirke Changhua, Yunlin und Chiayi getragen, bevor sie in den Jenn-Lann-Tempel zurückkehrt. Auf dieser achttägigen Prozession, vorbei an mehr als 100 anderen Tempeln, wird sie von zwei großen, bedrohlich aussehenden Holzfiguren, die ihre Leibwächter darstellen, sowie 200.000 Pilger bis zu zwölf Stunden pro Tag über eine Strecke von 300 Kilometern begleitet. Der gesamte Weg ist eine einzige Party, auf der fünf Millionen Leute die Vorbeiziehenden anfeuern und am Straßenrand den Pilgern Essen und Tee reichen.

16 沒問題! – *Méi wèntí!* – Kein Problem!

Blonde Menschen sprechen gar kein Chinesisch

Gibt es denn wirklich kein friedliches Plätzchen hier, an dem man mal ein oder zwei Stündchen seine Ruhe haben kann? Sophie, die der Lärmkulisse zu entfliehen versucht, lässt ihre Wohnung mit dem Tempelfest gegenüber hinter sich. Sie geht an den etwa dreißig runden Tischen mitten auf der Straße vor dem Tempel vorbei, wo gerade auch noch eine Karaokemaschine auf einer kleinen Holzbühne aufgebaut wird. Unter ihrem Arm klemmen das dicke Chinesischlehrbuch, das Übungsheft und das Zeichenschreibheft. Der MP3-Player ist bestückt mit den Audio-Dateien dazu.

Nur fünf Bushaltestellen entfernt befindet sich der Da'an Forest Park, der größte Park in der Stadt – sicher nicht mit Central Park in New York zu vergleichen, aber eine grüne Oase in der Großstadtwüste.

Auf dem Weg, der einen Ring außen um den Park bildet, laufen Jogger, stark schwitzend und mit angestrengtem Blick. Auf dem Basketballfeld in der Mitte des Parks haben einige Schüler ihre Schultaschen auf einen Haufen geworfen und spielen noch in Schuluniform – mit Faltenhose und Krawatte – Basketball. Nicht weit davon dudelt neben den Toiletten leise ein Kassettenrekorder, zu dem sich alte Leute im Paartanz drehen. Im Wiegeschritt fliegen sie mit der Musik unter tiefhängenden Baumranken dahin. Von der großflächigen Parkbühne am Eingang des Parks schallt ein weiterer Kassettenrekorder: dort übt eine Gruppe junger Mädchen und Jungen Breakdance. Ein leiser Klangteppich schwingt auf und ab, mit dem sich Sophie aber gut abfinden kann. Sie setzt sich im Schneidersitz auf eine Bank, schlägt ihr Buch auf den Beinen auf: Kapitel zwölf, zwanzig neue Vokabeln.

»Hey, wie geht's?«, hört Sophie eine helle Stimme auf Englisch nach ihr rufen. Sie dreht sich nach rechts und links. Am breiten Weg entlang reihen sich weitere Parkbänke, auf denen junge, herzlich lachende philippinische Mädchen mit Handys sitzen. Vor ihnen stehen Rollstühle mit alten, gebrechlichen Leutchen, eingewickelt in Decken.

»Hallo! Hier!«, eines der philippinischen Mädchen winkt aufgeregt. Sophie erkennt sie wieder. Sie hatte Sophie damals die Sache mit dem Recycling und der alten Müllfrau vor ihrem Haus erklärt.

Ihre alte Dame im Rollstuhl nickt Sophie zu und bietet ihr mit zittriger Hand den Platz neben dem Mädchen auf der Bank an.

»Danke!«

»Ich heiße übrigens Maria. Wirklich Maria.«

»Ich bin Sophie. Aber wieso *wirklich* Maria?«

»Weil wir philippinischen Pflegerinnen hier meistens Maria genannt werden, auch wenn wir einen anderen Vornamen haben«, erzählt sie, während sie die Schnabeltasse mit Tee auffüllt.

»Das kommt aber auch daher, dass wirklich viele von euch Maria heißen. Und weil ihr fast alle Christen seid. Ich bin übrigens Frau Xie«, mischt sich die alte Dame mit rauer Stimme ins Gespräch.

»Oh, Sie sprechen aber gut Englisch!«

Sie beginnt zu husten. Maria klopft ihr auf den Rücken und übernimmt für sie: »Sie hat lange mit ihren Kindern in Boston gelebt. Im Alter wollte sie in ihrer Heimat sein und ist nach Taiwan zurückgekommen. Die Kinder sind aber mit ihren Familien in den USA geblieben. Deshalb hat sie niemanden, der sich hier um sie kümmert. Und das mache ich dann also.«

»Und du machst das gut und geduldig, auch wenn ich alte Frau langsam bin«, lächelt Frau Xie.

»Ich habe es ja mit Ihnen auch gut getroffen«, dann wendet sie sich zu Sophie und fügt hinzu: »Das haben nicht alle. Dort drüben, links, das ist Ann. Der Mann, den sie betreut, lässt sie keine Nacht durchschlafen. Die Kinder des Mannes haben ihren Pass weggenommen. Sie hat kein Bett, nur eine Decke auf dem Boden, und sie hat nicht mal Sonntagnachmittag frei, wenn wir philippinischen Mädchen alle zusammen in die Kirche gehen.«

Die alte Frau Xie sieht nach rechts und hat die Augen halb geschlossen. Manchmal summt sie, wiegt sich leicht, hustet. Maria und Sophie kommen ins Gespräch, immer wieder unterbrochen von piependen Handykurznachrichten anderer philippinischer Mädchen, die wie sie hier sind, um Alte und Kranke zu betreuen oder sich um Haushalt und Kinder anderer Familien zu kümmern.

Sophie erfährt, dass Maria 27 Jahre alt ist und schon seit zwei Jahren in Taiwan arbeitet. Zuhause, in einem Vorort der Hauptstadt Manila, wartet ihre vierjährige Tochter bei ihren Großeltern auf sie. Obwohl Maria einen Bachelor-Abschluss in Management hat, kann sie hier in Taiwan mehr Geld als Altenpflegerin verdienen – trotz der horrenden Gebühren der Arbeitsvermittler, für deren Rückzahlung sie das ganze erste Jahr praktisch umsonst gearbeitet hat. Aber nun überweist sie den größten Teil des hartverdienten Geldes nach Hause zu ihrer Familie.

»Mir ist kalt. Ich will nach Hause. Wir gehen jetzt. Sofort!«, unterbricht sie Frau Xie.

Maria springt auf.

»Probier mal den Fußmassageweg. Das ist sehr gesund«, sagt Frau Xie zu Sophie, während Maria schnell den Tee und den Sonnenschirm zusammenpackt. Sie zeigt auf den Weg hinter der Bank, aus dem hühnereigroße Steine ragen, daneben eine Tafel, die die Fußreflexzonen auf Chinesisch erklärt. Und schon sind die zwei verschwunden.

Sophie schlägt erneut ihr Buch auf und widmet ihre ganze Aufmerksamkeit den chinesischen Vokabeln. Vier kann sie noch, drei hat sie wieder vergessen. Sie flüstert die widerspenstigen Wörter vor sich hin, immer und immer wieder, bewegt den Tönen nach den Kopf dazu. Doch schon bald fühlt sie sich beobachtet und blickt auf. Vor ihrer Bank ist ein älteres Ehepaar stehen geblieben.

Die beiden haben weißes Haar, tragen einfache, dunkle Kleidung. Nur die neongelben Laufschuhe wollen nicht so recht zu ihnen passen.

»Wie geht's?«, fragt der Mann in gebrochenem Englisch.

»Danke, gut. Und Ihnen?«, fragt Sophie auf Chinesisch zurück.

Seine Frau zieht ihren Mann zu sich hin und raunt ihm auf Chinesisch zu: »Frag sie mal, was sie hier in Taiwan macht.«

»Was machst du hier in Taiwan?«, übersetzt der Mann ins Englische.

»Ich lerne Chinesisch und möchte hier arbeiten, vielleicht Deutsch unterrichten«, erwidert Sophie auf Chinesisch.

Der Mann wiederholt für seine Frau Wort für Wort nochmals auf Chinesisch, was Sophie bereits auf Chinesisch geantwortet hat.

»Frag sie, wie alt sie ist und ob sie verheiratet ist.«

Sophie wartet diesmal nicht die Übersetzung ab und antwortet sofort auf Chinesisch.

Wieder spricht der Mann ihre Antwort auf Chinesisch für seine Frau nach, dann fragt er selbst auf Englisch: »Und wie findest du Taiwan?«

»Fantastisch«, antwortet Sophie auf Chinesisch.

»Fantastisch«, sagt er zu seiner Frau auf Chinesisch und *»Bye!«* zu Sophie, die ganz bedrückt ist. Ihr Chinesisch muss wirklich noch grottenschlecht sein, dass der Mann alles wiederholen und übersetzen musste. *Da hilft nur eins: lernen, lernen und nochmals lernen,* denkt Sophie und macht sich weiter eifrig ans Vokabelpauken mit Kopfnicken.

»Ich kann dich abfragen und du kontrollierst meine Englischhausaufgaben für die Uni.«

Ein junges Mädchen, vielleicht 20 Jahre alt, hat sich zu Sophie auf die Bank gesetzt und sieht sie freundlich, aber bestimmt an. Sophie klappt etwas genervt ihr Buch zu.

»Ich weiß nicht, ich bin noch nicht so weit. Ich lerne noch«, entschuldigt sie sich leise mit einem asiatisch schüchternen Lächeln.

»*Méi wèntí!* – Kein Problem! Dann fangen wir mit meinen Hausaufgaben an und ich frage dich später ab.«

»Englisch ist auch gar nicht meine Muttersprache«, versucht Sophie Ausflüchte zu finden.

»*Méi wèntí!* – Kein Problem! Dein Englisch ist aber auf jeden Fall viel besser als meins. Das ist mein Aufsatz zum Thema *Mein Traumberuf.*«

Sie hält Sophie ihr Heft hin. Sophie seufzt, liest den ersten Abschnitt und schüttelt den Kopf. Es würde mindestens eine halbe Stunde dauern, allein um den ersten Abschnitt durchzugehen.

»Tut mir leid. Ich kann das wirklich nicht.«

Das Mädchen lächelt gezwungen, nimmt ihr Heft, seufzt, streicht ihre Haare und ihren Rock glatt, wartet einige Sekunden, scheinbar, ob Sophie vielleicht ihre Meinung ändern würde, dann steht sie auf und geht.

Sophie seufzt auch, schlägt ihr Chinesischbuch noch einmal auf und beginnt von vorn. Endlich schafft sie es, zwanzig Minuten am Stück ungestört zu lernen.

»Na, was sagst du, wenn du einen Ausländer siehst?«, hört Sophie eine Stimme ganz nah vor ihr fragen. Als sie aufsieht, steht da eine Mutter mit ihrem Sohn im Kindergartenalter vor ihr. Der Kleine zuckt widerwillig mit den Schultern. Die Mutter fragt noch einmal, diesmal strenger:

»Was sagt man zu einem Ausländer?«

Das Kind schiebt trotzig die Unterlippe nach vorn. Sophie lächelt ihm aufmunternd zu, auch wenn sie selbst nicht weiß, was man zu einem Ausländer sagt. An seinen plötzlich leuchtenden Augen erkennt Sophie, dass es ihm wohl eingefallen ist.

»*Hello! How are you?*«

Die Mutter nickt stolz und zufrieden.

»*Fine, and you?*«

Doch da sind die zwei schon eilig weitergegangen. Der kleine Junge dreht sich noch ab und an zu Sophie um und winkt.

Gar nicht so schlecht, dass es heute ein Tempelfest gibt. Im Park zu lernen, stellt sich als ganz unterhaltsam, wenn auch wenig effektiv heraus, denkt Sophie bei sich und schon hat sie einen neuen Gast. Damit es aber etwas effektiver wird, beschließt Sophie diesmal auf Chinesisch als Konversationssprache zu beharren. Ein Schüler vom Basketballfeld hat sich zu ihr getraut, wippt in seiner Schuluniform neben ihr auf der Bank und sieht sie mit großen Augen stumm an.

»Hey, ich bin Sophie. Alles okay? Warum siehst du mich so an? Habe ich etwas im Gesicht oder zwischen den Zähnen?«, fragt sie auf Chinesisch und sieht ihn dabei verschmitzt an. Er zuckt zusammen. Im Hintergrund hört sie seine Klassenkameraden kichern. Sie haben ihn vorgeschickt.

»Wow! Du sprichst ja Chinesisch! Aber du siehst gar nicht so aus, als würdest du Chinesisch sprechen«, staunt er.

Sophie zieht die Stirn kraus.

»Ach ja, wie sieht man denn aus, wenn man Chinesisch sprechen kann?«

Was ist diesmal schiefgelaufen?

Sophie bewertet ihr Chinesisch mit Hilfe des Feedbacks der Taiwaner um sie herum. Kein Wunder, dass sie da total verunsichert wird. Taiwaner können sich aus unerfindlichen Gründen nicht daran gewöhnen, dass manche Ausländer auch Chinesisch sprechen können, und ihre Reaktionen darauf können im Moment der Überraschung ganz unterschiedlich ausfallen. Oft ist es so, dass Taiwaner es entweder meiden, mit Ausländern ins Gespräch zu kommen, weil sie sich für ihr schlechtes Englisch schämen, oder das Gespräch mit Ausländern suchen, um eben dieses zu trainieren. Dabei gehen sie davon aus, dass der Ausländer Amerikaner sein muss und jeder Ausländer garantiert perfekt Englisch spricht. Das liegt daran, dass früher die meisten westlichen Ausländer amerikanische Englischlehrer auf Taiwan waren. Heute ist es aber mittlerweile so, dass man in Taiwan Menschen aus der ganzen Welt findet, die hier Chinesisch lernen oder als Sprachlehrer oder Expats arbeiten.

Trifft ein Taiwaner also einen Ausländer, der verständliches Chinesisch spricht, ist er manchmal so überrascht, dass er das gar nicht versteht und nach einem Übersetzer sucht. Auf der anderen Seite ist es aber schon vorgekommen, dass er den Ausländer wegen seiner Chinesischkenntnisse gar für einen Taiwaner hält – selbst wenn der blonde Haare hat und ihn um einen Meter überragt.

Oft genügen auch schon ein einfaches *»Nǐ hǎo!«* und *»Xièxie!«*, um Begeisterungsstürme unter den taiwanischen Mitmenschen auszulösen und sie zu Lobpreisungen zu animieren wie: »Du sprichst aber fantastisch Chinesisch!«

Was können Sie besser machen?

Wundern Sie sich nicht über eine große Bandbreite an Reaktionen, von denen keine einzige ihr tatsächliches Chinesischniveau widerspiegelt. Lassen Sie sich von erfolglosen Kommunikationsversuchen nicht entmutigen und werden Sie von positiven nicht zu überschwänglich. Egal, welche der Reaktionen Sie von den Taiwanern erleben, es zeigt auf jeden Fall, dass Chinesisch keine einfache Sprache ist und dass das die Taiwaner auch wissen. Mit einem dreimonatigen Sprachkurs ist es nicht getan. Bleiben Sie ein halbes bis ein Jahr und lernen Sie intensiv, dann können Sie schon einiges in dieser schweren aber wunderschönen Sprache kommunizieren.

說到 ... apropos ... Migranten in Taiwan

Über eine halbe Million Arbeitsmigranten leben in Taiwan. Die meisten kommen aus Indonesien, Thailand, Vietnam und den Philippinen. Angezogen von höheren Löhnen arbeiten sie in

Fabriken, auf Fischerbooten oder in Privathaushalten als Pflegehilfe für alte Familienangehörige und Kinder. Monatelang müssen sie die Arbeitsvermittlungsgebühren abarbeiten – meist ohne einen freien Tag in der Woche. Auch ein Bleiben nach Ablauf des meist zwei- bis dreijährigen Arbeitsvertrages bleibt ihnen verwehrt. Viel besser stehen die sogenannten Expats, Fachleute oder Facharbeiter ausländischer Firmen, und Fremdsprachenlehrer da: mit hohen Gehältern, gutem Ansehen, kaum Diskriminierung und der Möglichkeit, nach fünf Jahren eine unbeschränkte Aufenthaltserlaubnis zu erhalten.

17 好煩啊! – *Hǎo fán a!* – So mühsam!

Da ist eine Hausaufgabe, die Sophie nun schon seit Tagen mit sich herumträgt, die nicht unbedingt drängt, aber irgendwann gemacht werden muss: nach dem Chinesischkurs müssen alle Schüler jedes Mal mit dem Namen ihre Anwesenheit eintragen, um das Anrecht auf die Aufenthaltserlaubnis als Chinesischschüler nicht zu verlieren. Jedes Mal sieht Lehrerin Lü etwas unmutig auf das Papier, wo sie noch immer Sophies deutscher Name auf dem weißen Papier anstrahlt. Die meisten Taiwaner haben neben ihrem chinesischen Namen noch einen englischen, der sogar mit im Pass steht. Ebenso haben die meisten Ausländer in Taiwan – wie auch jeder von Sophies Mitschülern im Sprachkurs – einen chinesischen Namen. Aber wie findet man einen richtig guten, schön klingenden, nicht zu gewöhnlichen aber auch nicht zu exotischen, passenden chinesischen Namen?

Auch wenn jeder Ausflug mit ihr ein Abenteuer ist und Sophie sie unheimlich gern hat – die etwas egozentrische und zuckersüße Queenie will Sophie doch lieber nicht fragen. Sie findet, schon bei der Auswahl ihres englischen Namens hat sie über die Stränge geschlagen. Ihre andere beste Freundin ist da bestimmt eine viel bessere Ratgeberin. Mei-yin hat Geschmack, ist stets wohlüberlegt, kennt ihre eigene Kultur und auch etwas die von Sophie durch ihr Work&Travel-Jahr in Deutschland.

»Das will gut durchdacht sein«, meint Mei-yin, sichtlich davon geschmeichelt, dass Sophie sie in so einer wichtigen Angelegenheit um Hilfe bittet, und erklärt das Ganze zu ihrer persönlichen Mission.

»Dann sollten wir vielleicht erst mal einen Familiennamen für dich suchen und dann von dort aus weiterarbeiten.«

Mei-yin betet die Müller-, Meier-, Schulze-Namen Taiwans herunter, sie schreibt Sophie das Zeichen auf und übt mit ihr die Aussprache. So groß ist die Auswahl an Familiennamen verglichen zu der großen Zahl an Taiwanern auf kleinstem Raum nicht.

Sophie wählt nach Klang und Aussehen des chinesischen Zeichens aus, doch zu jedem Familiennamen fällt Mei-yin ein Politiker ein, der wegen Korruption oder einer anderen Schandtat im Gefängnis sitzt, oder eine prominente Person aus den Medien, die durch einen Sexskandal bei den Taiwanern in Ungnade gefallen ist.

»Wie wäre es mit Ye?«

»Nicht schlecht. Nicht zu alltäglich aber auch nicht zu ungebräuchlich. Und dazu fällt mir auch keine Person ein, die kürzlich negative Schlagzeilen gemacht hat. Allerdings würde ich dir auch nicht zu diesem Namen raten.«

»*Hǎo fán a!* – So mühsam! Was stimmt denn mit dem Namen Ye nicht?«

»Ye bedeutet Blatt, also wie ein grünes Blatt am Baum.«

»Na super! Ich liebe Pflanzen.«

»Ja, aber Blätter welken. Willst du bald Falten bekommen? Mit diesem Namen alterst du schnell und stirbst vielleicht schon früh.«

Damit ist Sophie überredet. Nomen ist ja bekanntlich Omen.

»Xiao? Xiao! Das ist ein guter Name, schreibt sich etwas kompliziert, aber das schaffst du schon!«, klopft Mei-yin ihr auf die Schulter. Flink hat sie das Zeichen auf ein Stück Papier gekritzelt.

»Xiao, ja das klingt nett und das Zeichen sieht interessant aus«, stimmt ihr Sophie zu. »Und als Vornamen?«

Sophie weiß aus dem Chinesischkurs, dass in Taiwan der Name meistens aus Familiennamen, dem ersten Zeichen und dann aus zwei weiteren Zeichen für den Vornamen besteht. Also ist mit dem Familiennamen nur ein Drittel der Arbeit getan.

»Du könntest einfach die Silben deines deutschen Vornamens ins Chinesische übertragen. Wenn es eins zu eins keine solche Silbe gibt, nimmst du eine, die ähnlich klingt. Da es schon einige Frauen namens Sophie vor dir gab, ist das nicht schwer. Die nannten sich meistens *Sū-fēi*. So wie auch aus Sarah *Shā-lā,* aus Tom *Tāng-mǔ* und aus Mark *Mǎ-kè* wird.«

»Und die Bedeutung?«

»*Sū* ist der Name einer Blume, eines Krautes, so was in der Art. Das musst du mal genau nachsehen. Und *fēi* bedeutet ›duftend‹. Duftendes Kraut also – *Sū-fēi.*«

»Klingt eher wie Soufflé«, mault Sophie, »und ein richtiger chinesischer Vorname wäre das ja dann doch nicht. *Hǎo fán a!* – So mühsam!«

»Stimmt. Er soll also nicht so klingen wie dein deutscher Vorname?«

»Nein, eher nicht. Lieber etwas richtiges. So einen, wie du hast. Was heißt eigentlich dein Name: Mei-yin?«

»*Měi* bedeutet ›schön‹ und *yīn* bedeutet ›Klang‹ oder ›Gesang‹. Meine Eltern hofften, ich würde in die Fußstapfen meiner Mutter treten, Gesang studieren und vielleicht irgendwann professionelle Opernsängerin werden. Ich bin aber total unbegabt. Zu mehr als dem Schulchor und einem schlechten Soloauftritt im letzten Jahr an der Oberschule hat es nicht gereicht. Vielleicht ändere ich mal meinen Namen. Aber zurück zu dir – hättest du gern was mit Jade oder Gras? Das sind typische Radikale für Mädchennamen.«

Mit Radikalen meint Mei-yin den semantischen Teil des Zeichens, den man meistens links oder oben im Zeichen findet und der oft die Bedeutung bestimmt. Auch das hat Sophie bereits im Chinesischkurs gelernt und ist mächtig stolz, dass sie so schon mit fachsimpeln kann.

»Etwas mit dem Gras-Radikal wäre toll. Du weißt, ich ...«

»... liebe Pflanzen«, beendet Mei-yin den Satz lachend. »Gut, dann schicke ich dir Listen mit Namen von Kommilitoninnen aus meinen Uni-Kursen. Da kannst du ja mal sehen, ob du was findest. Ich muss leider los.«

Die nächsten Tage verbringt Sophie damit, Namenslisten im Internet und die, die ihr Mei-yin zur Verfügung stellt, zu durchforsten. Welcher chinesische Name klingt gut, ist feminin und hat vor allem eine tiefsinnige Bedeutung? Welche Kombination aus Schriftzeichen im Namen sieht auch schick geschrieben aus? Sobald Sophie denkt, auf etwas Brauchbares gestoßen zu sein, konsultiert sie Mei-yin, die ihr mit einer Engelsgeduld die Vor- und Nachteile des Namens erklärt. Oft gibt es das Problem, dass der mühevoll ausgewählte und zusammengesetzte Name im Klang einem schlechten Wort homophon oder auch nur ähnlich ist. Einmal zum Beispiel kommt *Wĕi-xuán* in Sophies engere Auswahl – *wĕi* für »kostbar« und *xuán* für »wunderschöne Jade«, aber Mei-yin winkt ab.

»*Wĕi-xuán* klingt wie *wéixiăn* und das bedeutet ›gefährlich‹; mit dem Namen wird dich kein Junge ansprechen und keine Firma anstellen.«

»*Hăo făn a!*«, stöhnt Sophie immer wieder, bis sie schließlich eine Top-10-Liste zusammengestellt haben.

»Kommen wir zur nächsten Instanz – dem Internet«, verkündet Mei-yin. »Wir lassen auf einer Website die Strichzahl der Schriftzeichen berechnen und sehen so, welcher der Namen eine gute Balance hat und damit Glück bringt.«

Wie genau die Website das berechnet, ist Sophie nicht klar – alles ist auf Chinesisch und alles basiert irgendwie auf den fünf Elementen: Metall, Holz, Erde, Wasser und Feuer. Aber Mei-yin scheint zu wissen, was sie da tut, und schon ist ihre Top-10-Liste durch die flimmernde und blinkende Website auf eine Top-3-Liste geschrumpft.

»Und nun?«

»Die nächste Instanz ist ein Wahrsager.«

»*Hǎo fán a!*«, meint Sophie entgeistert. »Wie viele Instanzen gibt es denn?«

»Das ist die letzte. Der Wahrsager sieht, ob einer der drei Namen auch zu deinen *bā zì* passen würde.«

»*Bā zì*? Acht was? Acht Schriftzeichen? Was soll denn das sein?«

»Das bezieht sich auf deine Geburt: das Jahr, den Monat, den Tag und die Stunde; diese vier Angaben sind die vier Säulen deines Schicksals, je durch zwei Zeichen dargestellt, also acht Zeichen«, referiert Mei-yin, aber genauer kann sie es auch nicht erklären. Sophie beschließt, es so wie mit dem Horoskop zu halten: Wo welcher Stern steht, ist egal, das Interessante ist, was man daraus liest und interpretiert. Morgen geht es auf zum Longshan-Tempel.

Was ist diesmal schiefgelaufen?

Die Namenswahl, die Sophie als *hǎo fán* – so mühsam oder nervig – empfindet, ist eine noch wichtigere Angelegenheit in Taiwan als in Deutschland. Der Name ist nicht nur ein Identifikationsmerkmal, in ihm verpackt sind meistens auch die Wünsche der Eltern für den Lebensweg und den Charakter ihres Kindes. Der Name bestimmt die Zukunft und entscheidet über Heil und Unheil im Leben, so glauben es die Taiwaner. Sophie hat ganz richtig einen Muttersprachler zu Rat gezogen. Eine solch komplizierte Angelegenheit kann man als Außenstehender einer Kultur nicht ohne Hilfe bewältigen.

Was können Sie besser machen?

Bitten Sie am besten wie Sophie einen taiwanischen Freund um Hilfe. Es gibt zwei Methoden, einen Namen zu wählen. Die erste besteht darin, die Silben Ihres deutschen Vornamens ins Chinesische zu übertragen. Allerdings wird jeder Taiwaner sofort am Namen erkennen, dass sie Ausländer sind.

Die zweite Methode führt Sie zu einem waschechten taiwanischen Namen und beinhaltet mehrere Schritte: die Bedeutung, der Klang, die Glück oder Unglück bringende Anzahl der Striche beim Schreiben der Schriftzeichen, die Kompatibilität zum Schicksal, das von der Geburtsstunde bestimmt wird. Und natürlich sollte es kein zu gewöhnlicher Name sein. Haben Sie all das beachtet, können Sie mit ihrem Namen jeden Taiwaner beeindrucken. Sie werden bei jedem Antrag, den Sie ausfüllen, und bei jedem Vorzeigen Ihrer Identifikationskarte Lob für die gute Namenswahl hören.

Seien Sie auf jeden Fall vorsichtig, dass Sie nicht aus Versehen einen Namen mit einer schlechten oder peinlichen Bedeutung auswählen – sei es im Klang oder im Schriftzeichen. Das macht Sie nicht nur lächerlich, es bringt auch Unglück – ob Sie nun abergläubisch sind oder nicht, denn die Taiwaner werden Sie entsprechend Ihres Namens behandeln. So kann er zum Beispiel das entscheidende Kriterium bei einer Arbeitsanstellung sein.

說到 ... apropos ... Namen

In Taiwan gibt es nur knapp 2.000 Familiennamen. Die Top 10 der Familiennamen tragen über die Hälfte aller Taiwaner. Auf Platz eins liegt Chen gefolgt von Lin, Huang, Zhang, Li, Wang, Wu, Liu, Cai und Yang. Zum Vergleich – während Müller, der häufigste Name in Deutschland, von knapp einem Prozent der Bevölkerung getragen wird, sind es beim Namen Chen in Taiwan über elf Prozent. Die Top 100 machen allein 96,11 Prozent aller Namen in Taiwan aus.

Im Normalfall behalten die Ehepartner bei einer Heirat ihren Familiennamen und die Kinder bekommen den Familiennamen des Vaters.

Seinen Namen kann man im Laufe seines Lebens zweimal problemlos ändern. Viele Taiwaner machen das, einfach weil ihnen ihr Name zu alltäglich scheint, Unglück gebracht hat oder ein Wahrsager ihnen dazu rät.

Auch lässt sich die Geschichte Taiwans in den Vornamen ablesen. In den 50er-Jahren waren zum Beispiel Vornamen beliebt,
die übersetzt »Vermögen«, »Wohlstand« und »mehr Geld«
bedeuten, denn es war eine Zeit der Armut und die meisten
Eltern wünschten sich für ihre Kinder ein reiches und wohlha-
bendes Leben. In den 60er- und 70er-Jahren waren Vornamen
beliebt, die »ein klares Ziel im Leben haben« oder »seine Ziele
im Leben erreichen« bedeuten. Die Eltern hatten mit dem Wirt-
schaftswunder in Taiwan eine gewisse finanzielle Sicherheit
erreicht und hofften nun, ihr Kind möge seine Ziele, was auch
immer diese seien, erreichen.

Noch ein letztes Wort zu englischen Namen in Taiwan. Die meisten Taiwaner haben neben ihrem chinesischen Namen auch
einen englischen Namen. Auf den meisten Formularen gibt es
ein Feld dafür. Nicht in der Lage zu sein, dort einen englischen
Namen einzutragen, wäre manchen ebenso peinlich wie zuzu-
geben, dass man weder eine E-Mail-Adresse noch eine Handynummer besitzt. Manche erhalten ihren englischen Namen von
ihrem ersten Englischlehrer, andere wählen ihn selbst und sind
dabei oft ungemein kreativ. Wundern Sie sich nicht, in Taiwan
neben Tina, Andy und Zoe auf Cream, Wasabi, Energy, Dicky,
Ant, Shadow, Apple oder gar Rainbow zu treffen.

18 不錯啊! – *Bù cuò a!* – Nicht schlecht!

Am nächsten Morgen bittet Mei-yin Sophie am Telefon, ihr nicht böse zu sein, aber sie hat am Nachmittag wieder ein Date und würde gern vorher zum Friseur. Deshalb müsste sie heute den Besuch im Longshan-Tempel absagen. Sophie ist sehr neugierig. Wer ist der neue Mann an Mei-yins Seite? Aber Mei-yin will noch nicht mehr verraten. Noch neugieriger ist Sophie nach so mühevoller Suche und so langem Abwägen darauf, welchen der drei chinesischen Namen der Wahrsager für sie am besten finden wird. Also bittet sie kurzerhand Queenie mitzukommen, die meint, dass sie dort sowieso noch eine Sache zu erledigen habe.

Der Tempel liegt in einer kleinen Gasse etwas abseits von der dröhnenden Hauptstraße zwischen zweistöckigen, mit Efeu bewachsenen Wohnhäusern. Davor lungern Männer, die wahrscheinlich arbeitslos sind, und Rentner auf Bänken im Park und am Eingangstor in der Mittagssonne, die sich endlich mal blicken lässt. Während Queenie links neben dem Tempel am Gemüsestand noch etwas kauft, geht Sophie schon voraus. Das große Haupttor ist geschlossen. Sophie schlendert zum linken kleinen Tor hinüber.

»Stopp!«, hört sie plötzlich Queenie hinter sich streng rufen. »Wir müssen das rechte Tor nehmen.«

Sophie weicht erschrocken zurück und beschließt, heute keinen Schritt mehr ohne Queenie zu tun. Sophie hat, seit sie in Taiwan ist, immer den Eindruck falsch zu laufen oder im Weg zu stehen. Auf der Rolltreppe links laufen und rechts stehen, beim Busfahren muss man mal beim Einsteigen vorn bezahlen und hinten aussteigen, mal kann man hinten einsteigen und muss dafür beim Aussteigen vorn bezahlen. Kompliziert! Mit einem großen weißen Rettich in der Hand kommt sie angelaufen, nimmt Sophies Arm und zieht sie zum rechten Tor in den Tempel hinein.

Am Tempeleingang im Wahrsagerstand schläft ein hageres Männchen in einer schwarzen Jacke auf einem Klappstuhl, lächelnd im Traum mit der Stirn an die Wand gelehnt. Auf seiner linken Wange sitzt ein Leberfleck, aus dem zwei sich kräuselnde graue Haare wachsen.

»Das ist Meister Xu«, flüstert Queenie Sophie zu. »Wir lassen ihn lieber schlafen und kommen später wieder, denn da wir schon mal hier sind, können wir uns gleich noch um ein paar andere Dinge kümmern.«

Queenie spricht eine der alten Frauen an, die die Uniform der ehrenamtlichen Helfer tragen. Sophie versteht nur *bàibài,* »beten«, dreht sich zum Hauptaltar mit den roten, böse blickenden Götterfiguren und hört Queenie hinter ihr weiter säuseln. Wenn sie nicht gerade mit James Chinesisch spricht, dann klingt ihre Stimme leise und anmutig, ganz im Gegensatz zu ihrem energischen Englisch.

»Los! Zwölf Götter, zwölf Räucherstäbchen. Von vorn rechts über die Mitte nach hinten und von der anderen Seite wieder nach vorn.«

Sie hält Sophie mit einer Hand zwei Bündel Räucherstäbchen entgegen, in der anderen Hand balanciert sie einen roten Plastikteller, auf dem sich die Gaben befinden – zwei Coladosen und eine Packung Kekse, die sie mit Sophie eben noch bei 7-Eleven gekauft hat. Der Rettich vom Gemüsestand befindet sich noch in ihrer Tasche. Queenie platziert den roten Plastikteller bedächtig zwischen den anderen mit Obst und Süßigkeiten beladenen Tellern auf dem großen Tisch vor dem Hauptaltar, so weit vorn wie möglich.

Langsam schlurfen sie zum Bunsenbrenner in der Ecke und zünden die Räucherstäbchen an. Sie beginnen vorne rechts, Queenie faltet die Hände um die Räucherstäbchen, senkt ihren Kopf und verbeugt sich nach einer kurzen Weile dreimal, bevor sie ein Räucherstäbchen in die Schale steckt. Beim nächsten Gott tut Sophie es ihr gleich. Bald sind ihre Hände rot von den Stielen der Räucherstäbchen, der Rauch beißt in den Augen. Kaum kann sie mehr sehen, wohin sie ihr Räucherstäbchen steckt. Sobald es zu schräg in der Schale steckt, rückt Queenie es gleich kerzengerade.

»Dieser Gott hier ist für das gute Abschneiden bei Tests zuständig«, erklärt Queenie und holt den großen Rettich aus der Tasche. »Auf Chinesisch klingt Rettich genauso wie klug, deshalb opfern wir den jetzt, damit du bei den nächsten Chinesischdiktaten besser abschneidest.«

Sie legen den Rettich für Sophie zu den anderen Rettichen, wippen mit den Räucherstäbchen, stecken eins in die Opferschale und Sophie sieht sich den Gott noch einmal genauer an. Er heißt Wénchāng Wáng und sitzt mit seinem langen schwarzen Bart und zusammengekniffenen Augen böse blickend mit roter Haube und goldenem Gewand auf seinem Thron und erinnert sie in seiner Körperhaltung an ihren Lateinlehrer.

Vor dem Altar des Gottes stecken in einem durchsichtigen Kasten zerknitterte Kopien von Testanmeldungen und Schüler- und Studentenausweisen. Alles zur Information des Gottes – damit er auch weiß, wem er wann und wo bei welchem Test ein bisschen Intelligenz, Wissen und Glück zukommen lassen soll.

Am nächsten Altar hinter Glas und vor dem bunten Bild eines Phönix sitzen gleich drei wohlgenährte Damen aus gelbem Holz mit runden Gesichtern, die Augen halb geschlossen, in geschnitzten Kleidern, die elegant mit Goldfarbe bemalt sind. Über dem Glas ist ein Schild mit dem Namen der Göttin in der Mitte angebracht: Zhù Shēng Niáng Niang.

»Moment, hier brauche ich eine Weile«, flüstert Queenie. »Es ist nämlich so, James und ich sind nun schon drei Jahre verheiratet, aber es hat sich noch kein Nachwuchs angekündigt, und da will meine Mutter, dass wir hier im Longshan-Tempel beten, denn hier gibt es eine Göttin, die besonders für das Schwangerwerden zuständig ist.«

Sophie nickt überrascht.

»Und das da ist sie. Das rechts und links sind assistierende Göttinnen, denn allein kann Zhù Shēng Niáng Niang gar nicht alles schaffen.«

Assistentinnen? Soso, die Taiwaner sind wirklich sehr praktisch, wenn es zur Religion und zum Glauben kommt, denkt Sophie bei sich und beobachtet, wie Queenie sich auf einen niedrigen, schrägen Hocker vor dem Altar kniet und sich tief und lange verbeugt.

»Erledigt!« Nach etwa zwei Minuten Schweigen, plappert die gesprächige Queenie weiter. »Zhù Shēng Niáng Niang hat übrigens auch eine Seite auf Facebook. Du musst nur ihren chinesischen Namen eingeben und schon findest du sie. Du kannst ja ›Gefällt mir‹ klicken.«

Sophie schüttelt energisch den Kopf. »Lieber nicht – reine Vorsichtsmaßnahme. Meine Oma hat immer davor gewarnt, mich vom Klapperstorch in die Waden zwicken zu lassen. Hier in Taiwan zwicken ja vielleicht die Göttinnen. Und glaubst du daran?«

»Dass die Göttinnen zwicken?«

»Nein, dass die Göttinnen dir ein Kind bringen, meine ich.«

»Naja, ein bisschen vielleicht. Schaden kann es jedenfalls nicht.«

Das war also eins der Dinge, um die Queenie sich gleich mit kümmern wollte. Aber da ist noch eine Sache, die es zu erledigen gibt.

Hinten links im Tempel stehen sie vor einem sehr kleinen Gott, der – anders als die meisten, grimmig dreinschauenden Götter hier im Tempel – ihnen verschmitzt zulächelt. Endlich mal ein lustiger Geselle – kein Wunder bei seinem Aufgabengebiet.

»Er ist für die Liebe zuständig und heißt Yuè Lǎo, auf Chinesisch offiziell auch *Yuè Xià Lǎorén* genannt: »alter Mann unter dem Mond«. Bei sich trägt er einen Gehstock und das Hochzeitsbuch, in dem geschrieben stehen soll, wer für wen bestimmt ist. Ein unsichtbares rotes Band verbindet die, die bestimmt sind, sich zu treffen, egal wann, wo oder wie. Das Band kann sich spannen und verknoten, aber es wird nie reißen«, erklärt Queenie.

Er ist sozusagen der Cupido unter den chinesischen Göttern, nur dass er nicht mit Pfeil und Bogen arbeitet, sondern mit einem kleinen roten Band, mit dem er die Liebenden am kleinen Finger zusammenbindet.

Queenie hat auch noch ein paar Blumen gekauft, um den netten Alten für Sophies Liebesglück zu bestechen. Nachdem sie die vor dem Zaun am Altar abgelegt hat, weist sie Sophie kurz in die Kunst ein, die Götter zu befragen. Sie nimmt zwei rote halbmondförmige Hölzer, die auf der einen Seite flach und auf der anderen Seite gewölbt sind. Sophie kennt die bereits vom chinesischen Neujahr bei Mei-yins Großeltern. Damals hatte sie die Großmutter benutzt, um die Ahnen zu fragen, ob diese schon fertig gegessen haben. Auch diesmal zählt eine nach oben zeigende flache und eine nach oben zeigende gewölbte Seite als »ja«. Dann darf man sich ein kleines rotes Band aus dem Kasten vor dem Altar abholen.

Sophie wirft: beide Hölzer zeigen mit der gewölbten Seite nach oben, also »nein«.

»Und nun?«

»Noch einmal werfen«, meint Queenie unbeirrt, »so oft wie du willst. Wenn Yuè Lǎo wirklich dagegen ist, dass du dir ein rotes Band nimmst, stehst du morgen früh noch hier und wirfst.«

Dass Sophie bis zum nächsten Morgen hier steht, will der alte kleine Gott offensichtlich nicht, denn schon beim nächsten Wurf klappt es.

»Volltreffer!«, jubelt Queenie laut. Sophie blickt sich erschrocken um. Aber so still und andächtig wie in einer christlichen Kirche muss man anscheinend hier im Tempel nicht sein. *Man kann es ja mal versuchen,* denkt Sophie und steckt das kleine rote Band in ihr Portemonnaie.

Als sie endlich bei allen zwölf Göttern vorgesprochen haben, setzen sie sich in den Schatten und reden über die Götter und die Welt. Ihre Schatten sind länger geworden in der Nachmittagssonne. Queenie gähnt und nippt an der schon lauwarmen Cola, die sie mit den Keksen wieder vom Opfertisch eingesammelt haben.

Letzte Station ist Meister Xu. Der ist inzwischen aufgewacht. Nur der Abdruck der Wand an seiner Stirn zeugt noch von seinem Nickerchen. Mit seinem bestimmt drei Zentimeter langen, gelblichen Fingernagel am rechten kleinen Finger fährt er die Seiten in dem dicken zerfledderten Buch vor sich ab. Zum ersten Namen schüttelt er entschieden den Kopf. Die grauen Härchen an der Wange fliegen energisch hin und her. Bleibt nur noch ein Name. Was, wenn der auch nicht zu Sophies *bā zì* passt? Ein kurzes Schnaufen und lächelnd mit kratziger Stimme sagt er das erlösende Urteil:

»*Bù cuò a!* – Nicht schlecht! Das geht!«

Sophie ist glücklich, im Chinesischen nicht mehr namenlos zu sein.

»Mein Name ist Xiao Xuan-yin«, ruft sie übermütig, steigt auf die hohe Türschwelle des Tempeltores, springt jauchzend hinunter und aus dem Tempel hinaus. Queenies tadelnder Blick lässt sie erstarren. Das war wohl dann doch zu wenig andächtig.

Was ist diesmal schiefgelaufen?

Queenies schnelle Reaktion und strenger Ruf bewahrten Sophie davor, schon beim Betreten des Tempels ein Stirnrunzeln oder einen strafenden Blick der Götter zu ernten. Man betritt einen Tempel nie durch das Tor auf der linken Seite oder durch die Mitte. Es gilt als sehr respektlos. Das mittlere Tor eines Tempels ist den Göttern vorbehalten und nur sie können durch dieses Tor ein- und ausgehen. Sterbliche wie Sophie und Queenie haben die Seitentore zu benutzen. Und auch hier ist die Reihenfolge festgelegt, wie das Erscheinungsbild des mystischen Drachen: Drachenkopf und Tigerfüße: hinein durch das rechte Tor, auch das Drachentor genannt, heraus durch das linke Tor, das Tigertor.

Aber auch das ist noch nicht alles. Sophie ist auf die erhöhte Türschwelle getreten, die sich an Tempeleingängen befindet. Dabei fungiert die doch als Barriere, um böse Geister fernzuhalten und die guten Geister im Tempel zu bewahren. Man glaubt, dass Geister nicht über sie hinweg springen können. Wenn Sie als Mensch auf diese Schwelle treten, könnte sich ein Geist an sie hängen und so diese Schwelle überwinden. Sie würden also mit einem Schritt auf die Schwelle das Schlechte hinein- und das Gute heraustragen.

Was können Sie besser machen?

Auch wenn die Tempeletikette in Taiwan lockerer ist als anderswo in Asien, so gibt es doch einige Regeln zu beachten, die für das fremde Auge nahezu unsichtbar sind. So unsichtbar wie die Geister und Götter, denen sie Respekt verschaffen.

Folgen Sie beim Eintritt der Trennung nach Sterblichen und Unsterblichen, vom Drachen zum Tiger. Heben Sie zur spirituellen Hygiene Ihre Beine über die erhöhte Türschwelle. Platzieren Sie außerdem Ihre Räucherstäbchen gerade in der Schale und nicht krumm. Sie würden ja auch nicht Ihrem Chef zum Geburtstag eine Torte mit krummen Kerzen präsentieren.

說到 ... apropos ... Tempel in Taiwan

In Taiwan gibt es mehr als 5.000 Tempel. Zwischen modernen Hochhäusern der Städte, in kleinen Gassen, auf den umliegenden Inseln und besonders auf Hügeln und an Berghängen findet man Orte zur Götteranbetung – von kleinen Schreinen bis zu mehrstöckigen Tempelanlagen. Sollte sich ein Tempel durch den erfüllten Wunsch eines Besuchers als besonders »wirksam« erweisen, wird er zum Pilgerort, der von heute auf morgen Busse voll mit Gläubigen aus ganz Taiwan anzieht.

Es gibt drei Hauptarten von Tempeln: buddhistische, taoistische und konfuzianistische. Taoistische Tempel sind hell und farbenfroh, mit breiten, geschwungenen Dächern, die mit Keramikfiguren geschmückt sind. In der Mitte des Tempels gibt es einen Ofen zur Verbrennung von Geistergeld. Buddhistische Tempel haben in der Regel eine große Buddhafigur, oft durch ein Paar von Heiligen flankiert. Es geht wesentlich ruhiger zu als in taoistischen Tempeln. Konfuzianische Tempel sind ummauerte Komplexe und im Vergleich zu taoistischen oder buddhistischen Tempeln sehr einfache, strenge Orte mit wenig Dekoration und ohne Gottheiten oder Heiligenfiguren, ohne Weihrauch oder Böllerketten. Nur einmal im Jahr – am 28. September, dem Geburtstag des Konfuzius – findet eine einfache Zeremonie statt.

19 笨蛋! – *Bèn dàn!* – Dummes Ei!

Wie man unwissentlich Geld in den Müll wirft

Gleich am nächsten Tag soll Sophies neuer Name seine Feuertaufe haben. Am Stundenanfang verkündet sie ihre Namenswahl. Da es mehr Zeichen als Silben und Töne gibt, muss sie auch dazu erklären, welches Zeichen nun genau gemeint ist, und so rattert sie ihren auswendig gelernten Namenstext herunter.

»Mein Name ist Xiao Xuan-yin, *xuān* wie in *xuāncǎo,* ›gelbrote Taglilie‹, *yīn* wie in der Redewendung *lücǎo rú yīn,* ›grünes Gras wie ein Kissen‹.«

Wie sonst sollten andere sonst wissen, dass der Teil *xuān* in Sophies Namen »Lilie« und nicht »schöne Jade« oder »hell« oder »hoch« bedeutet – alles wird *xuān* ausgesprochen, hat aber ein anderes Zeichen und damit eine andere Bedeutung.

Auch das alltägliche Chinesischdiktat am Stundenende läuft super – Dank sei dem Rettich im Longshan-Tempel. Langsam lässt sich Sophie immer mehr vom Aberglauben der Taiwaner anstecken. Sie atmet auf und legt Bleistift und Radiergummi nieder. Das wird wohl das erste Diktat mit einer Note von bestimmt über 90 Prozent werden und sie könnte vielleicht sogar an die superfleißige Japanerin links neben ihr herankommen. Doch dann stockt Sophie. An das Zeichen für den Familiennamen kann sie sich noch erinnern. Aber wie schreibt man gleich noch mal gelbrote Taglilie und Graskissen?

»*Bèn dàn! –* Ich dummes Ei!«, schimpft sich Sophie selbst. »Ich bin wirklich ein Idiot.« Wie peinlich! Sophie hat tatsächlich vergessen, wie ihr eigener Name geschrieben wird, und gibt den Test mit hochrotem Gesicht und ohne Namen ab.

Am Nachmittag verkriecht sie sich in ihr Zimmer und schreibt eine Menge A4-Seiten damit voll. Als es draußen schon dunkel wird, ist Sophie endlich überzeugt, dass sie im Schlaf und mit links und vierzig Fieber und so weiter ihren chinesischen Namen auch wirklich schreiben kann. Als sie gerade Stift und Papier beiseitegelegt hat und ihre schmerzende recht Hand ausschüttelt, klingelt ihr Handy. Es ist Mei-yin, die wohl ein schlechtes Gewissen hat, dass sie am Vortag nicht mit zum Tempel gekommen ist. Sie lädt Sophie ein, etwas Wichtiges für ihren Namen zu kaufen. Was, will sie noch nicht verraten.

Sie treffen sich in der Nähe von Sophies Universität. In der Heping Road reihen sich Läden mit Zubehör für Malerei und Kalligrafie. Mei-yin zieht sie in einen kleinen Laden, in dessen Schaufenster Sets aus Schreibpinsel, Reibstein und Tuschestäbchen stehen. Dahinter hängen Schriftrollen und Tuschezeichnungen. So schön wie die Grautöne mit den einzelnen Farbtupfern und den Schriftzeichen am Rand des bräunlichen Papiers auch sind, Sophie, die für heute genug vom Schreiben chinesischer Zeichen hat, zieht erst die Stirn kraus.

Mei-yin sagt etwas zu der älteren Frau hinter dem Ladentisch. Daraufhin holt sie unter der Glasvitrine einige der Schachteln mit vielen kleinen Klötzchen hervor. Die scheinen aus Stein zu sein, einige schimmern wie buntes Glas und sind vielleicht gar aus Jade.

»Wir machen dir einen *yìnzhāng,* einen Namensstempel, ein Siegel«, eröffnet ihr Mei-yin, »denn wenn du schon einen chinesischen Namen hast, dann muss auch ein passendes Siegel dazu her. Das ist nicht nur schick und typisch taiwanisch, sondern hat auch noch einen ganz praktischen Zweck: Damit lassen sich auch Bankkonto, Krankenversicherung und so einiges mehr viel leichter beantragen, denn auf vielen Formularen im alltäglichen Leben gibt es immer noch ein Feld für den Siegelabdruck.«

Sophie ist nun Feuer und Flamme. Als sie ihren Namen auf einen Zettel schreiben soll, fliegt die Mine des Stifts nur so über das Papier dahin – mühelos und ohne das kleinste Zögern. Sophie strahlt glücklich. Das Üben hat sich gelohnt. Auch Mei-yin und die Ladenbesitzerin nicken mit anerkennenden Blicken.

So problemlos das Schreiben des Namens, so schwierig die Auswahl des Steins. Sophie fährt mit den Fingerspitzen über die kühlen, glatten Oberflächen. Alle Steine sind länglich, aber manche rund wie ein Zylinder, manche eckig wie ein Quader. Einige schillern, als wäre Silberstaub darin eingeschlossen, andere haben Maserungen, als hätte sich Holz zu Stein verwandelt, ganz andere wiederum sind milchig. In einer Schachtel haben die Steine obenauf Figuren wie Schlangen oder Drachen, in anderen Schachteln sieht man sie mit bunten verknoteten Bändern verziert.

Mei-yin wartet geduldig und unterhält sich mit der Frau, während Sophie auf ihren Fingernägeln kaut. Schließlich entscheidet sie sich für einen länglichen, blassgrünen Stein, den an einem Ende eine kleine Drachenfigur schmückt und der am anderen Ende flach ist. An dem flachen Ende soll nun ihr Name eingraviert werden. Ganz erstaunt ist Sophie, dass es auch im Chinesischen verschiedene Schriftarten gibt. Mei-yin hilft ihr, eine schön geschwungene und trotzdem einfach lesbare herauszusuchen. Dann müssen sie warten. Während hinten in der Werkstatt des Geschäfts der Name eingraviert wird, nehmen sie auf zwei Hockern bei einer Tasse Tee vor langen Schriftrollen Platz.

»Ich habe einen Mann kennen gelernt«, rückt Mei-yin bei dieser Gelegenheit endlich mit der Sprache raus. »Wir sind letzte Woche jeden Tag abends miteinander ausgegangen. Er arbeitet als Mathematiklehrer hier an einer Oberschule. Er heißt Ming-lun und er ist fantastisch«, schwärmt sie.

Sophie freut sich für sie, gleichzeitig muss sie aber auch an Jan denken. Ob er wohl weiß, dass sie sich wie er ins Abenteuer gestürzt hat? Ob er noch in Südamerika ist oder gar schon zurück in Deutschland? Sophie versinkt in Gedanken, Mei-yin erzählt begeistert weiter von ihrem Ming-lun. Als das Wort »Hochzeit« fällt, horcht Sophie auf.

»Wowowow, Moment! Wer heiratet?«

»Noch niemand. Ich bin doch kein *bèn dàn*. Aber wir sind beide Ende zwanzig, Anfang dreißig. Das ist ziemlich alt, da muss man in Taiwan schon in festen Händen sein und langsam an eine Hochzeit denken. Wer bis Mitte dreißig nicht verheiratet ist, bleibt übrig.«

»Ziemlich alt. Übrig. Soso …«

Bevor Sophie noch weiter nachfragen kann, bringt die Ladenbesitzerin schon den fertig gravierten Stein. Sophies Name aus drei Schriftzeichen ziert wunderschön die viereckige Fläche des Steins. Nach einem Probeabdruck mit roter Tusche, kauft Sophie noch ein Tuschekissen dazu. Sauber abgewischt und in ein Papiertaschentuch gewickelt verschwindet der Stein in Sophies Tasche. Noch ganz versunken in Gedanken daran, dass sie *übrig* bleiben könnte, bemerkt Sophie Mei-yins erschrockenen Gesichtsausdruck nicht. Sie nimmt den Kassenbon und schlendert zum Ausgang. Sie fragt sich gerade, ob sie den Namensstempel auch für die Anwesenheitsliste im Chinesischkurs benutzen kann und lächelt bei dem Gedanken, wie ihr australischer Mitschüler sie dabei neidisch ansieht, vor sich hin. Mei-yin folgt ihr wenig später aus der Puste.

»Hier, für dich«, sagt sie und überreicht Sophie feierlich ein kleines, buntes Kästchen mit seidenem Stoffbezug, »für den Namensstempel. Sei bloß vorsichtig, dass der äußere Rand nicht abbricht!«

Sophie bedankt sich natürlich, auch wenn sie das Kästchen eigentlich etwas kitschig findet. Sie holt den Stein wieder aus der Tasche und er passt perfekt in die vorgesehene Aussparung. So ist er wirklich gut verwahrt. An der Bushaltestelle vor der Tür findet Sophie auch einen Abfalleimer und entsorgt den Kassenbon.

»Nein! *Bèn dàn!*«, ruft Mei-yin und springt heran. Doch der Bon ist schon zwischen alten Flaschen und Papier verschwunden. Dann wird sie rot. Dass sie ihre Freundin dummes Ei genannt hat, ist ihr ziemlich peinlich. »Du kannst doch nicht den Kassenbon wegwerfen!«, fügt sie mit einem Kichern hinzu, das die unangenehme Situation überspielen soll.

»Wieso? Ich habe doch bestimmt keine Garantie auf den Stempel. Aha, ich habe bestimmt falsch recycelt. Oder ist das gar wieder ein Opfereimer, in den ich meinen Abfall geworfen habe? Der sah aber gar nicht so aus«, stammelt Sophie erschrocken.

Was ist diesmal schiefgelaufen?

Schon richtig, das war diesmal ein Abfalleimer. Und auch der Stempel hat weder Garantie noch hat Sophie die Recyclingregeln gebrochen. Aber mit dem Kassenbon wirft Sophie sozusagen Geld in den Müll. Und das auch nicht, weil sie etwa den Stempel von der Steuer absetzen kann, sondern weil der Kassenbon, der sogenannte *fāpiào,* mit der oben aufgedruckten Kassenbonnummer ihr Ticket für die Kassenbonlotterie in Taiwan ist. Im schlechtesten Fall hat sie gerade mir nichts, dir nichts zehn Millionen Taiwan-Dollar weggeworfen.

Geld könnte sie aber auch verlieren, weil sie sehr unachtsam mit dem Namensstempel umgegangen ist. Bricht dort nämlich der äußere Rand der Gravur ab, ist das ein sehr schlechtes Omen – es geht ab da finanziell bergab, so glauben die Taiwaner. Kein Wunder also, dass Mei-yin so erschrocken zusah, wie Sophie den Stein einpackte und ihr deshalb gleich ein Kästchen dafür kaufte.

Was können Sie besser machen?

Geht es in Taiwan um den schnöden Mammon, dann schützen Sie den Rand Ihres Namensstempels und heben Sie alle Ihre Kassenbons auf, die Sie bei jedem noch so kleinen Einkauf bekommen. Die Kassiererinnen werden Sie sowieso dazu anhalten, diese mitzunehmen. Jeder einzelne ist ein Lotterieticket mit einer achtstelligen Losnummer oben auf dem Bon gedruckt. Am 25. jedes zweiten Monats werden auf der Website des Finanzministeriums die Zahlen der Kassenbon-Lotterie bekannt gegeben. Man beginnt mit dem

Vergleichen der Zahlen von hinten. Stimmen die letzten drei Zahlen überein, hat man 200 Taiwan-Dollar, etwa 5 Euro, gewonnen, stimmen die letzten vier Zahlen überein, sind es 1.000 Taiwan-Dollar, also etwa 25 Euro, und so weiter. Neuerdings gibt es dazu sogar eine App für Smartphones, die den Code Ihrer Kassenbons einscannt und dann automatisch für Sie auf Gewinnlose überprüft.

Mit der Kassenbonlotterie erreicht die Regierung, dass die Bürger beim Einkauf nach dem Kassenbon fragen und damit die Geschäftsleute alle Verkäufe versteuern. In vielen Geschäften kann man nach dem Einkauf gleich seine Kassenbons an wohltätige Organisationen spenden, indem man sie in eine Kiste neben der Kasse wirft.

Pro Monat können es bei einem Normalverbraucher schon mal 200 bis 400 Taiwan-Dollar sein, oft ist es auch gar nichts. Aber die Möglichkeit zu gewinnen zählt! Der Nervenkitzel! Die Spannung! Das lieben die Taiwaner.

說到 ... apropos ... Spielen und das liebe Geld

»Geldgeil« sind die Taiwaner schon ein bisschen. Das beginnt bei den Ahnen, für die Papiergeld verbrannt wird, sodass sie auch im Jenseits finanziell versorgt sind, und endet bei der Korruption der Regierung und dem herausstechenden Beispiel des Ex-Präsidenten Chen Shuibian, der es schaffte, sich während seiner Regierungszeit von 2000 bis 2008 eine Rekordsumme von 15 Millionen US-Dollar unter den Nagel zu reißen. Überall sind japanische Winkekatzen, die das Geld heranwinken sollen. Briefumschläge auf der Straße mit viel Geld dagegen lässt der Taiwaner liegen: Es könnte sich um ausgelegtes »Brautgeld« handeln, mit dem man so mal schnell, ohne es zu wissen, mit einer oder einem Toten verheiratet wird. Früh verstorbenen, unverheirateten Frauen und Männern wird mit solch einem »Brautgeldköder« von ihren Angehörigen geholfen, doch noch den Bund der Ehe einzugehen und damit die Familienlinie noch nach dem Tod fortzusetzen.

Zum chinesischen Neujahr wünscht man sich gegenseitig *fācái*, »reich zu werden«, und sogar am Taipei 101 sind außen Zierelemente in Form von chinesischen Münzen angebracht.

Der ganze Trubel um Geld und Reichtum endet beim Volkssport Wetten und Spielen um Geld. Sei es Lotto – sowohl legal als auch illegal –, die Sportwetten, die immer neue Skandale wegen Wettmanipulation besonders in der Baseballliga hervorbringen, oder das »auf dem Tisch schwimmen«, wie man so schön auf Chinesisch das Mischen der Majiang-Steine und damit das Spiel Majiang selbst bezeichnet.

Majiang-Spielen um Geld ist aber nach der »Bestimmung über das Glücksspiel« nur im Familienkreis hinter geschlossenen Türen gestattet. Spielen in aller Öffentlichkeit kann mit bis zu 250 Euro bestraft werden. Das hat seine Gründe. Schon im 17. Jahrhundert florierte das Spielen um Geld auf der Insel so sehr, dass zum Höhepunkt im Jahre 1896 viele Taiwaner dem Spielen total verfallen waren und bis zum Hals in Schulden steckten. Sie wurden Räuber und verkauften sogar ihre Töchter an Bordelle. Wissenschaftler sprechen heute von 460.000 Spielsüchtigen bei einer Bevölkerung von 23 Millionen. In jeder Familie gibt es ein bis zwei schwarze Schafe, die sich und ihre Lieben mit ihrer Spielsucht in tiefe Schulden und damit ins Unglück gestürzt haben.

Auch online wird gespielt. Nächtelang graben zehntausende Taiwaner nach Schätzen, erfinden Zaubertränke, erkämpfen Schwerter und Rüstungen, die sie dann eintauschen oder weiterverkaufen, scheren Schafe, fangen Pferde, vernichten Monster. Viele von ihnen sind dabei enge Freunde geworden – Online-Freunde, die sich noch nie im richtigen Leben gesehen haben. Sollte man mal ein Leben verlieren, kann man sich ein neues kaufen – bei 7-Eleven an der Kasse oder von Online-Freunden per Banküberweisung.

20 漂亮哦! – *Piàoliang ò!* – Wunderschön!
Es ist nicht alles Jade, was glänzt

»Der Mai ist gekommen«, summt Sophie vor sich hin. Kein Wunder. Der blaue Himmel und die strahlende Sonne am Sonntagmorgen nach tagelangem Regen machen gute Laune. Nur schlagen auf ihrer Dachterrasse noch keine Bäume aus. Da ist es nämlich ziemlich leer und grau. Sophie lehnt sich über die Terrassenmauer. Die kleine Gasse unter ihr erwacht langsam. Die ersten gehen mit Hunden Gassi. Vom Tempel her wehen Gongs herüber, von der Kirche am anderen Ende der Gasse Glockenschläge. Vor der Karaokebar schräg gegenüber nehmen die letzten Gäste ein Taxi nach Hause. Auf dem Dach nebenan flattert die Wäsche auf der Leine. Sophie hält ihr Gesicht in das laue Lüftchen, atmet tief ein. Dann singt sie leise weiter: »Da bleibe, wer Lust hat, mit Sorgen zu Haus«, nimmt ihre Tasche und geht los.

Heute ist Markttag und als erstes steht der Blumenmarkt auf ihrer Liste, der jedes Wochenende unter einer Hochstraße stattfindet, wo sonst ein riesiger Parkplatz ist. Ein feiner Nebel von versprühtem Wasser hüllt die grüne Oase inmitten zweier Hauptstraßen ein. Hier geht es zu wie im Bienenstock, es wird eifrig bestaunt, diskutiert, beraten und verhandelt. Niemand verlässt den Markt mit leeren Händen. Alle tragen Tüten gefüllt mit Blumen und Pflanzen davon, manche ganze Handwagen. In fast jedem Taiwaner steckt anscheinend ein kleiner Hobbygärtner, der für Grün auf seinem Balkon, seiner Dachterrasse oder auch am Seitenstreifen vor dem Haus Platz findet. Und hier gibt es alles, was sein grüner Daumen begehrt: von Blumensamen, über Rollen von Rasen und Topfpflanzen, bis hin zu mittelhohen Bäumen. Taipeh mag eine Großstadt sein, aber an jeder Ecke überrascht sie Sophies Auge mit grünen Pünktchen und Tüpfelchen.

Der haben es sofort die bunten Orchideen angetan: elegant und zerbrechlich stecken sie in kleinen Töpfen in Reih und Glied oder hängen an Rinde- oder Korkstücken, in allen erdenklichen Farben und Größen.

»Orchid«, sagt eine etwa 50-jährige quirlige Taiwanerin in Gummistiefeln und Gärtnerschürze in gebrochenem Englisch zu Sophie, die ihren Blick bemerkt hat.

»Piàoliang ò! – Wunderschön!«, haucht Sophie fasziniert.

Als sie Sophie Chinesisch sprechen hört, beginnen ihre Augen zu leuchten und sofort legt sie zu einem Verkaufsgespräch los. Sophies Botanikvokabular ist ziemlich beschränkt, aber sie versteht, dass es sich bei der »Haltung« einer solchen Orchidee um eine komplizierte Angelegenheit handelt. Wahrscheinlich wäre ein Hundewelpe großzuziehen dagegen ein Kinderspiel und nur halb so viel Arbeit. Vielleicht kommt es aber einfach mal auf einen Versuch an. Sophie prägt sich die Anweisungen, die sie versteht, ein und fragt mutig nach dem Preis.

»For you 100 Taiwan-Dollar.«

Für circa drei Euro kann man das Experiment ja mal wagen, denkt sich Sophie, auch wenn sie in der Vergangenheit selbst bei robusten Gewächsen keinen grünen Daumen bewiesen hat. Mit gespielter Kennermiene wählt sie eine kleine lila Orchidee als Opfer, die ihr flink eingepackt wird. Die Verkäuferin wünscht Sophie viel Freude damit, als sie ihr die Tüte in die Hand gibt.

Mit einer Orchidee ist es aber bei so einer großen Dachterrasse nicht genug. Sophie möchte eine kleine grüne Insel haben. Die restlichen Pflanzen müssen pflegeleichter sein, besonders falls die Orchidee sie vorzeitig verlassen sollte. Beflügelt vom ersten Einkauf geht alles ganz schnell, als sie zum Stand mit Pflanzen kommt, die alle etwa so groß sind wie sie. Perfekt für eine Terrasse. Sie kauft drei Palmen und zwei Bananenbäume. Dann entscheidet sie sich noch für Bambus, denn der soll Glück bringen und wächst immer und überall. Sophie hofft, dass unter den Tugenden, die dem Bambus nachgesagt werden, besonders die Beharrlichkeit vielleicht ein bisschen auf sie abfärbt, denn die lässt gerade bei ihr nach, was das Pauken chinesischer Vokabeln angeht.

Schwer ist es, sich bei der Auswahl und den billigen Preisen zu beherrschen. Dazu kommt, dass alle Einkäufe am Abend bequem und kostenlos ins Haus geliefert werden. Jetzt aber Schluss, sonst wird die Terrasse keine grüne Oase sondern ein Urwalddickicht!

Das Rauschen der Autoräder auf dem nassen Asphalt sagt Sophie, dass es in Strömen gießt. Also läuft sie unter der Hochstraße weiter zum Jademarkt, der gleich an den Blumenmarkt anschließt. Unter den wuchtigen Eisenträgern der Hochstraße hängen kleine Lampen und darunter sind Tische in mehreren Zeilen aufgereiht, um die im Schummerlicht ein munteres Treiben herrscht. Wie oft hat sie schon in der MRT und im Bus die einfachen aber eleganten Jadereifen an den Armen der taiwanischen Frauen bestaunt – ein generationsübergreifender Trend. Jung und Alt trägt hier gleichermaßen den blass- bis tiefgrünen Schmuck. Jetzt liegen sie hier in Hülle und Fülle neben Jadeamuletten, Jadeohrringen und Jadeketten vor Sophie. Um dazuzugehören, kann so ein Schmuckstück nicht schaden. Außerdem ist das doch mal ein dezentes Kleinod im Vergleich zu den für westlichen Geschmack meistens eher kitschig anmutenden Dingen der traditionellen Volkskunst.

Ermutigt vom erfolgreichen Blumenkauf fragt sie nach dem Preis, denn fragen kostet ja nichts und ein Preisschild ist, wie bei allen anderen Ständen, nicht zu entdecken. Sie zeigt dabei auf einen der matt glänzenden Jadearmreifen, der bestimmt hervorragend auf ihrer bereits leicht gebräunten Haut aussehen würde.

»Wǔwàn wǔqiān«, meint knurrig der alte Mann, der gerade seine typisch taiwanische Lunchbox mit Reis und Fisch neben der Auslage lautstark hinunterschlingt. Er reicht ihn Sophie mit der linken Hand, in der rechten hält er die Essstäbchen fest. Geschmeidig gleitet die

kühle Jade über ihre Haut, als sie ihn über das Handgelenk streift. Er passt wie angegossen und fühlt sich glatt und leicht an, obwohl er doch aus einer Art Stein ist. Perfekt. Sofort hat Sophie im Kopf alle daheim mit einem solchen Weihnachtsgeschenk bedacht. Nur, wie war das nun gleich noch mit dem Preis? *Wŭ* heißt »fünf«. In ihrem Gehirn kramt sie nach *wàn* und *qiān*. *Qiān* fällt ihr schnell ein: »eintausend«. Dann kann *wàn* nur »zehntausend« sein. Dann würde das gute Stück fünfmal zehntausend plus fünfmal eintausend, also 55.000 Taiwan-Dollar kosten – über den Daumen gepeilt 1.300 Euro.

»*Xièxie!*«, Sophie bedankt sich für die Auskunft und legt vorsichtig, nun mit zitternder Hand, das teure Stück an seinen Platz – zwischen all die wunderschönen, grünschimmernden Geschmeide auf den kleinen, mit Samt bespannten Tisch zurück. Man muss ihr wohl ansehen, dass der Jadereifen außerhalb ihrer Möglichkeiten liegt, denn der alte Mann nickt nur kurz.

Sophie bedankt sich noch einmal leise und schlendert weiter an Tischen vorbei, auf denen entweder wenige auserwählte Jadestücke ausliegen, manche mit Silber oder Gold eingefasst und zu den verschiedensten Schmuckstücken verarbeitet, oder an Tischen, die überhäuft sind mit einem Chaos an kleinen Jadeteilchen, verbunden mit meist roten Fäden, die kompliziert geknüpft ein Muster um die Jade ergeben und manchmal sogar ganze Tiere oder Figuren.

Zwischen der vielen grünen Jade gibt es Farbtupfer aus roter Koralle und anderen Schmucksteinen, die zum Verkauf stehen. Sophie beobachtet fasziniert, wie Einheimische eifrig mit Verkäufern über den Preis feilschen. Bald halten sie die Jade gegen das schwache Licht der Hängelampen, bald ganz nah ans Auge, verziehen kritisch ihre Mienen, streichen prüfend über das Stück ihrer Begierde. Verkäufer gestikulieren wild, tippen eifrig Preise in die riesigen Taschenrechner ein und suchen hektisch nach Alternativen, die den potentiellen Käufern auch gefallen könnten.

Sophie beschließt, noch einen Versuch zu starten. Wenn es schon kein Armreifen wird, vielleicht reicht es ja für einen kleinen Kettenanhänger. Sie bleibt vor einem Stand mit kleineren Kostbarkeiten stehen und erspäht einen Anhänger in Form eines Tropfens. Der würde super zu ihren grünen Augen passen.

»*Piàoliang ò!*«, flüstert auch eine Taiwanerin, die sich für eben dieses Stück interessiert. Sophie belauscht das Gespräch: echte Jade, in Handarbeit eingefasst, 1.800 Taiwan-Dollar. Schon wendet sich die Taiwanerin dem nächsten Verkaufsstück zu. Doch Sophie kann nicht wegschauen. Wenn der Armreifen 1.300 Euro kostet, dann ist der Kettenanhänger für etwa 50 Euro ein Schnäppchen. Nach wochenlangem Einsiedlerdasein in ihrem Zimmer und täglichem Vokabelpauken möchte sich Sophie belohnen. Schon will sie ja sagen und sucht in der Tasche nach ihrem Portemonnaie.

»Moment, 1.800 sind zu viel«, hört sie da plötzlich einen jungen Mann auf Chinesisch sagen. Er steht mit verschränkten Armen neben Sophie und schüttelt ungläubig den Kopf, während er den Tropfen näher betrachtet. »600 vielleicht, 700 höchstens.«

Sophie weiß, dass sie eigentlich hätte feilschen sollen, aber 1.800 schien ihr ein guter Preis zu sein und im Handeln ist sie gar nicht gut. Zu schnell sieht man ihr an, dass sie dieses Stück unbedingt haben will, und schon ist sie dem Händler hoffnungslos ausgeliefert.

»Was? Sie scherzen doch sicherlich! 700? 1.500. Mein erstes und letztes Angebot.«

»700.«

Er bleibt stur. Sophie jubelt innerlich.

»Wie wäre es mit 1.200? Es ist ein wirklich schönes Stück, so schön wie Ihre Freundin.«

Sie bemerkt, wie ein leichtes Lächeln auf seinen Lippen liegt.

»Sie ist wahrlich schön – und außerdem viel echter als Ihre Jade. 700.«

Der Verkäufer wirft Sophie einen entnervten Blick zu, als wolle er sagen: So einen Bengel hast du dir angelacht, Mädchen?

»1.000«, sagt er schließlich zerknirscht, »tiefer kann ich nicht gehen.«

»Abgemacht!«

Sophie bezahlt. Ganz heiß ist ihr bei diesem Duell geworden. Zum Tropfen dazu reicht er Sophie versöhnlich ein grünes geknüpftes Band, an dem sie den Anhänger tragen kann.

»*Xièxie!*«

Als sie sich umdreht, um sich auch bei ihrem Helfer zu bedanken, ist der schon in der Masse an Leuten verschwunden. Und im Portemonnaie kann sie das rote Bändchen vom kleinen Liebesgott Yuè Lǎo nirgendswo mehr entdecken.

Was ist diesmal schiefgelaufen?

Hätte ihr Held sie nicht gerettet, hätte sich Sophie auf dem Jademarkt glatt über den Tisch ziehen lassen. Um echte Jade von unechter Jade zu unterscheiden, dann hohe Qualität von niedriger zu trennen und dann auch noch den richtigen Preis für die Jade zu erfeilschen, braucht es schon einen Experten. Was für das Auge eines Laien zwei gleiche Armreifen sind, können für das Auge des Kenners zwei Armreifen sein, die sich preislich um das zehnfache unterscheiden. Taiwaner betrügen Ausländer so gut wie nie. Und auch in diesem Fall lag es nicht daran, dass Sophie Ausländerin ist, sondern einfach eine Unwissende unter vielen Unwissenden auf dem Jademarkt.

Was können Sie besser machen?

Egal was Sie auf dem Jademarkt erspähen, versuchen Sie bei größeren Käufen nie mehr als 60 Prozent des Originalpreises zu bezahlen. Wenn Sie wirklich ein Schmuckstück aus Jade kaufen wollen, lassen Sie sich von Ihren taiwanischen Freunden mit einem Jade-Experten bekannt machen. Sollten die keinen kennen, dann gehen Sie ins Taiwan Handicraft Promotion Center in der Nähe des Universitätsklinikums der Staatlichen Universität Taiwan. Das wird von einer Non-Profit-Organisation geführt. Neben vielen anderen kunstgewerblichen Artikeln finden Sie hier Jade, die auf jeden Fall echt ist und zu normalen Preisen angeboten wird. Richtige Jade mit guter Qualität ist aber leider nie billig.

說到 ... apropos ... geknotete Bänder

In Verbindung mit Jade findet man oft Bänder mit vielen kleinen Knoten, wie jenes, das der Verkäufer Sophie geschenkt hat. Die dekorativen Knoten, die an Makramee erinnern, sind oft aus einzig und allein einem Band gefertigt. Diese traditionelle chinesische Volkskunst nennt sich *Zhōngguó jié*, Chinesischer Knoten. Im Chinesischen steht der Knoten für Zusammenkommen und Vereinigung. Deshalb werden Chinesische Knoten oft verwendet, um gute Wünsche, einschließlich Glück, Harmonie, Wohlstand, Liebe und das Abwenden des Bösen zum Ausdruck zu bringen.

說到 ... apropos ... Regen im Frühling

Ende Mai setzt der sogenannte Pflaumenregen *(méiyǔ)* ein und bringt in Taiwan vier bis fünf Wochen fast unaufhörlich warme Regengüsse. Überhaupt scheint es besonders in Taipeh ständig zu regnen – nur der Name des Regens wechselt. Nach dem Regen ist quasi vor dem Regen und das Rauschen des Wassers wird zum Tinnitus im Ohr. Die Wäsche hängt auf überdachtem Balkon klamm wegen der hohen Luftfeuchtigkeit wochenlang auf der Leine und wenn man aus dem Fenster sieht, scheint es, als würden Glasnudeln aus den Wolken herabhängen. Alles schimmelt: im Schrank die Kleidung, im Bad die Fliesen und der Duschvorhang, sogar auf Mousepads und Lederschuhen wächst der Schimmel stumm vor sich hin. Deshalb wird der Pflaumenregen auch oft Schimmelregen (ebenfalls *méiyǔ*) genannt. So nervend er ist, so wichtig ist er aber auch: Er füllt die Wasserreservoirs Taiwans. Trotzdem gibt es im Sommer oft Wassersparmaßnahmen, das heißt an manchen Tagen wird dann das Wasser einfach abgestellt.

21 超可愛喔! – *Chāo kě'ài ō!* – Super niedlich!
Wenn man keine Schlange sieht, muss man brüllen

»*Chāo kě'ài ō!* – Super niedlich!«, ist Mei-yins
Reaktion auf Sophies kleinen Dachgarten. Sie
sitzen gemeinsam auf zwei Klappstühlen unter Palmen- und Bananenbaumblättern auf der
Terrasse und beobachten, wie die Sonne langsam hinter den Hochhäusern der Stadt verschwindet und sich dabei blutrot in den Fens-
terfronten der Bürohäuser spiegelt. Langsam gehen die Lichter der
Stadt wie Schwärme kleiner Glühwürmchen an und das Licht der
Autoscheinwerfer rauscht wie ein Fluss aus Gold durch das Laub
der Allee. Sophie ist zufrieden. Sicher hätten es einige Pflanzen
mehr sein können, aber für den Anfang ist es schon ganz gut – und
bestimmt besser als jeder Palmenstrand in Südamerika. Der grüne
Tropfen aus Jade an Sophies Hals ist Mei-yin sofort aufgefallen
und als Sophie dessen Geschichte erzählt, findet sie auch das *chāo
kě'ài* – super niedlich – und total super mega romantisch dazu, aber
leider eben auch genauso hoffnungslos.

»Du weißt also nicht einmal den Vornamen deines Jadehelden?
Und er hat auch keinen Schuh aus Jade verloren à la taiwanisches
Aschenputtel?«

Sophie schüttelt ratlos den Kopf. »Ich glaube, der Yuè Lǎo treibt
Unfug mit mir und hat dabei unheimlich viel Spaß.«

Mei-yin wehrt ab: »Nein, nein, der weiß schon, was er tut. Und
wenn es das Schicksal so will ...«

»Du hast Physik studiert und sprichst von Schicksal?« Sophie
zieht die Augenbrauen hoch. »Selbst wenn ich den Vornamen wüsste, wäre es in Taipeh und Vororten mit über sieben Millionen Einwohnern wie nach einer Nadel im Heuhaufen zu suchen. Oder, wie

man hier sagt, eine Nadel aus dem Meer zu fischen. *Dà hǎi lāo zhēn*.«

»Alle Achtung! Dein Chinesisch wird immer besser. Auf der Dachterrasse geht Fischen auf jeden Fall schlecht. Hier wird dein Jadeheld bestimmt nicht vorbeilaufen. Da hilft nur eins: ins Meer springen. Ich bin dafür, dass wir ein Bad in der Menschenmenge auf dem Nachtmarkt nehmen und erst mal etwas essen.«

Gesagt, getan und so bummeln sie von der MRT-Station Jiantan die Ladenstraße entlang zum Shilin-Nachtmarkt.

»Tada, der größte und bekannteste Nachtmarkt in Taipeh! Ab spätem Nachmittag bis weit nach Mitternacht sind hier über 500 Essensstände geöffnet. Ringsum gibt es noch unzählige kleine Geschäfte, von Kleidung bis zu Haustieren ist da alles dabei. Das Paradies schlechthin! Es kann ja nicht sein, dass du schon über vier Monate in Taipeh bist und noch nie auf einem Nachtmarkt warst«, schwärmt Mei-yin und zieht Sophie gleich zu einem Stand, an dem es unglaublich stinkt.

»Und es kann noch weniger sein, dass du noch keinen *chòu dòufu*, also noch keinen stinkenden Tofu, probiert hast.«

Das hat Sophie wirklich noch nicht. Nicht weil sie sich nicht herangewagt hätte, sondern weil nie jemand mitessen wollte, allen voran die Einheimischen. Und alleine essen und stinken macht einfach keinen Spaß.

Sie stellen sich ganz hinten an die etwa 50 Meter lange Warteschlange – ein gutes Zeichen, meint Mei-yin: Je länger die Schlange desto leckerer der Tofu. Sophie hätte allein nie so viel Geduld gehabt, sich so weit hinten in eine Warteschlange zu stellen. Den Taiwanern scheint das gar nichts auszumachen. Und nicht nur denen – vor ihnen in der Schlange entdeckt Sophie in einer Gruppe kichernder japanischer Mädchen eine Mitschülerin aus dem Chinesischkurs. Sophie ist überrascht: Stinkender Tofu und japanische Mitschülerinnen, das will so gar nicht zusammenpassen. Rechts und links von Sophie wird im Chinesischkurs nicht nur gestrebt, sondern auch gepudert, gebürstet und der Rock glatt gestrichen – ganz vornehm fein, kindlich, aber adrett, zuckersüß und dabei äußerst reinlich. Wahrscheinlich sind sie weniger wegen des kulinarischen Genusses, sondern mehr wegen einer Mutprobe hier.

»Stinkender Tofu, zwei Portionen«, bestellt Mei-yin, als sie endlich an der Reihe sind.

Der schwitzende Verkäufer neben der jungen Frau fischt mit einer Kelle mehrere gelb-braun frittierte, in Würfel geschnittene Tofustückchen aus einem Kübel mit siedeheißem Öl. Sofort wird der sowieso schon starke Geruch noch stärker, eine Dampfwolke treibt ihnen Schweißperlen auf die Stirn. Mit einem schwungvollen Löffelschlag verteilt der Verkäufer noch Sojasoße und sauer eingelegtes Weißkraut über die übelriechende Delikatesse. Dann nehmen Sophie und Mei-yin an einem Klapptisch Platz.

»Und?«

Überwindung braucht es nicht viel, denn Sophie hat einen Riesenhunger.

»Ha-ha-ha-heiß!«, haucht sie bald und hechelt wie verrückt. Ja, klar, der wird ja auch frittiert. Nach zwei Minuten startet sie einen zweiten Versuch.

Es ist von der Konsistenz ein bisschen so, als würde man in einen Schwamm beißen. Das ist schon gewöhnungsbedürftig, aber im strengen Geschmack und Geruch nicht weit von Käse entfernt: das macht die Würze aus.

»Sehr lecker!«

»Willkommen in Taiwan!«, lacht Mei-yin. »Jetzt bist du richtig angekommen.«

Während sich beide Tofu essend umsehen, wundert sich Sophie, wie Leute in der Nähe eines solchen Essensstandes wohnen können. Aber vielleicht gewöhnt man sich daran und riecht es nach einer Weile nicht mehr. Sie jedenfalls beschließt, sobald sie zu Hause ist, ihre Kleidung von heute in die Waschmaschine zu stecken, denn es muss ja nicht jeder wissen, was sie am Vortag gegessen hat.

»Du musst *xiāncǎonǎichá* versuchen. Das ist Milchtee mit einem Gelee aus sogenannten unsterblichen Kräutern«, meint Meiyin, noch bevor ihr Teller leer ist.

Sophie ist noch mit dem Tofu befasst, aber sie weiß mittlerweile nur zu gut, wie wichtig Essen in Taiwan ist. Egal welchen der vielen Nachrichtensender sie in den letzten Wochen angeschaltet hat, selten hat sie wichtige politische, wirtschaftliche oder kulturelle Nachrichten gesehen. Viel öfter ging es um Nudelsuppen, Restauranteröffnungen, Rotebohnenfüllung und Gemüsepreise.

»Da drüben ist der Stand. Du isst fertig und holst uns dann einen solchen Milchtee. Ich gehe schon mal los und kaufe eine frische Papayamilch.«

»*Xiāncǎonǎichá, xiāncǎonǎichá, xiāncǎonǎichá ...*«, wiederholt Sophie still für sich auf, nachdem sie aufgegessen hat. Dabei sucht sie mit den Augen den Stand nach dem Ende der Warteschlange ab. So richtig kann sie das System nicht erkennen. Einer nach dem anderen ruft den Frauen am Stand seine Bestellung zu, einer nach dem anderen bekommt seinen Tee abgepackt in einer Tüte mit Strohhalm in die Hand. Sophie steht mitten in der Traube, die sich um den Stand gebildet hat.

»*Xiāncǎonǎichá, xiāncǎonǎichá, xiāncǎonǎichá ...*« Nur den Namen nicht vergessen! Wieder ruft einer neben ihr seinen Wunsch laut nach vorn. Jetzt schreit hinter ihr eine Frau laut: »*Xiāncǎonǎichá!*«

Ja, diesen Tee will ich auch, nur wie bestellen?, denkt Sophie. Aber so laut auf Chinesisch und dazu bestimmt mit den falschen Tönen die Bestellung zu brüllen, getraut sie sich nicht. Vielleicht würde sie sich gar vordrängeln. Aber wann ist sie denn an der Reihe und vor allem, wo *ist* die Reihe?

»Was möchtest du denn bestellen?«, fragt sie plötzlich eine Stimme neben ihr. Der Jadeheld!

Er bestellt, indem er einfach mit fester, lauter Stimme Sophies Wunsch nach vorn durchgibt, und bald nippen sie am Milchtee und ziehen durch einen dicken Strohhalm das süß duftende Gelee. Der

Jadeheld – nun auch ein Teeheld! Alles Schicksal. Und die Hilfe des roten Bändchens.

Was ist diesmal schiefgelaufen?

Schlange oder nicht Schlange, das ist hier die Frage. Sophie hat auf jeden Fall richtig damit gelegen, sich nicht vordrängeln zu wollen, denn hätte es eine Warteschlange gegeben, so wie am Tofu-Stand, dann wäre das bei den Taiwanern äußerst schlecht angekommen. Am Teestand aber gab es keine Schlange. Sophie hat vergeblich darauf gewartet, an die Reihe zu kommen.

Was können Sie besser machen?

Achten Sie auf Linien am Boden und auf Absperrseile, sollten Sie keine klare Warteschlange erkennen. Ein gutes Beispiel sind aufgezeichnete Wartelinien am Boden der MRT-Stationen. Sollten Sie sich aus Versehen vordrängeln, entschuldigen Sie sich am besten sofort und stellen Sie sich hinten wieder an. So etwas bringt sogar die sonst so aufs Gesichtbewahren bedachten Taiwaner aus der Ruhe und einer von ihnen wird garantiert seinen Unmut lautstark äußern. Diese peinliche Erfahrung musste schon so mancher Tourist vom chinesischen Festland machen. Drängeln ist gleich ganz verpönt. Selbst zu Stoßzeiten in der MRT läuft das Anstellen und Ein-und Aussteigen verhältnismäßig geordnet ab.

Lassen Sie sich auf dem Nachtmarkt nicht von langen Schlangen abschrecken. Die Hände der Verkäufer arbeiten flink und Sie werden in Handumdrehen Ihre Bestellung bekommen.

Taiwaner warten überhaupt gern in Schlangen für richtig gute Sachen. Das macht das Objekt der Begierde am Ende noch wertvoller. Als vor vielen Jahren die Kette Mister Donut nach Taiwan kam und eine Hysterie nach dem ringförmigen Gebäck ausbrach, machten sie sogar daraus ein Geschäft: Junge Leute boten an, für Geld in der Schlange zu stehen, für Leute, die keine Zeit oder einfach keine Lust hatten. Ja, so geschäftstüchtig sind die Taiwaner.

Um viele Stände scharen sich die Leute einfach und rufen dem Verkäufer ihre Bestellung zu. Es gibt kein »An-der-Reihe-sein«. Rufen Sie einfach mit. Laut und deutlich. Der Verkäufer macht das seit Jahren tagein, tagaus und konnte sich bisher zu jedem Gesicht die Bestellung merken. Beim Gesicht eines Ausländers dürfte es da erst recht keine Probleme geben.

說到 ... apropos ... Nachtmärkte, stinkender Tofu, Perlenmilchtee und Co.

Nachtmarktbesuche sind ein beliebter Zeitvertreib der Taiwaner. Neben leckerem Essen kann man hier zwanglos Freunde treffen und bis spät in die Nacht dem Einkaufen frönen. Jede Stadt in Taiwan hat mindestens einen großen Nachtmarkt. Seit Kurzem beschweren sich allerdings Anwohner, denen der Lärm, der Geruch von Essen und die Menschenmassen jeden Abend auf die Nerven gehen. Das hat zur Schließung vieler Geschäfte und Restaurants besonders am Rande von Nachtmärkten geführt.

Chòu dòufu, also stinkender Tofu, ist ein traditioneller Snack, der aus fermentiertem und mariniertem Tofu besteht. Durch die Fermentation hat er einen intensiven Geruch und Geschmack angenommen. Oft wird er frittiert, manchmal auch gedämpft oder gegrillt. Wenn Sie in Taiwan keinen *chòu dòufu* probieren, sind Sie nicht richtig da gewesen. Selbst die Taiwaner sind sich allerdings uneinig über den Geschmack – die einen lieben ihn, die anderen trauen sich nicht einmal in die Nähe des Standes.

Auch das Austernomelett mit süßer Soße und der Schweineblutkuchen mit Erdnusskrümeln bestreut scheinen auf den ersten Blick eklig, sind aber ebenso ein Muss und eine Gaumenfreude, sofern man nicht Vegetarier ist.

Der Perlenmilchtee, der sich seit einiger Zeit auch in Deutschland großer Beliebtheit erfreut, kommt ursprünglich aus Taichung, der Mitte von Taiwan, und ist von der Nachtmarktspeisekarte nicht wegzudenken.

哎呀! – *Āiya!* – Oje!

Mit der Wimper zuckend durch den Verkehr

Am Samstagnachmittag steht das Kleine Ein-
maleins des Datings in Taiwan auf dem Plan.
Die selbst ernannten Expertinnen Mei-yin und
Queenie geben sich ein Stelldichein auf der
Dachterrasse und wollen Sophie in die Dos and Don'ts einweihen.
Nachdem aus dem Jadehelden am Vortag noch ein Teeheld geworden ist, weiß Sophie, dass er Yi-fan heißt, mit englischem Namen
Evan. Er hat sie eingeladen, ihr morgen den Wolkenkratzer 101 zu
zeigen. Ein Date also. Und Sophie ist nervös. Nicht nur, dass es
das erste Date in Taiwan ist, es ist auch das erste Date seit Jan und
damit seit sehr, sehr langer Zeit.

Das Teewasser ist angesetzt, die Kekse stehen auf dem Tisch. Sie
hat auch schon Papier und Stift bereitgelegt, was Queenie extrem
belustigt. Sophie ist etwas beunruhigt, schließlich treffen mit Mei-
yin und Queenie zwei Frauentypen aufeinander, die unterschiedlicher nicht sein könnten. Aber sie will beide Perspektiven hören.
Schaden kann es ja nicht. Doch im Moment sieht es so aus, als
würde Sophie nur die Sicht von Queenie erfahren, denn Mei-yin
lässt, ganz untypisch für sie, auf sich warten.

»Fangen wir schon mal an. Auf jeden Fall Minirock, hohe Schu-
he und die Haare offen. So geht das schon mal nicht«, kritisiert
Queenie, die sich scheinbar sowieso lieber in der Rolle als einzige
Frau vom Fach sieht.

Sophie schluckt, meint dann aber mit fester Stimme: »Ich glaube, über Kleidung müssen wir nicht sprechen.« Queenie zieht sofort die Augenbrauen hoch, so, als wäre das wohl doch dringend
nötig. »Viel wichtiger wäre mir zu wissen ...«

Weiter kommt Sophie nicht, denn es klingelt. Mei-yin ist da. Und sie sieht gar nicht gut aus – ganz verheult, mit zerzausten Haaren und verschmiertem Make-up.

»Tut mir leid, dass ich zu spät komme, aber Ming-lun hat heute Morgen angerufen und ganz plötzlich Schluss gemacht. Aus und vorbei!« Dabei macht sie eine Handbewegung, die zeigen soll, dass sie sich nicht mehr bei den Händen halten werden. *Fēnshǒu le* – die Hände getrennt, wie man wortwörtlich auf Chinesisch sagt, weiß Sophie.

»*Āiya!* – Oje! Hat er gesagt, warum?«, fragt Queenie, die nun Oberwasser hat und ihren Platz als einzige Datingspezialistin bestätigt fühlt. Sophie ist sprachlos.

»Nein, gar nichts. Nur, dass wir eine Pause brauchen.«

Aus und vorbei also, einfach so, und so schnell, zumindest auf Probe. Da gibt es ja noch Hoffnung. Sophies Gedanken rasen.

»Tja, so macht man das hier erst mal. Erstens kann man dann sehen, ob man sich wirklich nicht vermisst – aber meistens tut man das natürlich nicht – und zweitens ›behalten beide ihr Gesicht‹, es wird niemand bloßgestellt. *Miànzi* – das Gesicht – ist in Taiwan ganz wichtig«, erläutert Queenie gnadenlos.

Mei-yin sinkt auf den Klappstuhl nieder. Die Tränen laufen nun wie Sturzbäche und schmieren den Mascara noch weiter an ihren Wangen herunter. Sophie sucht nach Taschentüchern und bringt ihr heißen Tee.

Inzwischen fährt Queenie fort, über die Heimtücken der chinesischen Sprache zu referieren und darüber, welche Gefahren diese innerhalb einer romantischen Beziehung in Taiwan darstellen.

»Teile dir nie mit deinem Liebsten eine Birne!«, beschwört sie Sophie.

»Und warum? Birnen sind doch lecker.« Besonders die Nashi-Birnen aus Japan, die es hier in jeder Größe und Preislage im Supermarkt gibt, haben es Sophie angetan und sie beschließt, gleich morgen welche zu kaufen.

»Die Aussprache der chinesischen Wörter *fēn* für ›teilen‹ und *lí* für ›Birne‹ ist dieselbe wie für ›sich trennen‹, *fēnlí*. Wenn man sich also als Paar eine Birne teilt, wird das unausweichlich zur Trennung führen«, erklärt sie im Brustton der Überzeugung und wendet sich an Mei-yin. »Habt ihr euch denn eine Birne geteilt?«

Die schüttelt nur schluchzend mit dem Kopf.

»Hm, wart ihr vielleicht auf der romantischen Maokong-Gondel?«

Mei-yin nickt.

»Und habt ihr dort auch den Zhinan-Tempel besucht?«

»Nein, natürlich nicht. Ich weiß doch, dass dort Lǚ Dòngbīn die Hauptgottheit ist, der wegen seiner unerfüllten Liebe zur unsterblichen Hé Xiāngū aus Eifersucht alle Liebenden auseinanderbringt«, erzählt Mei-yin im respektvollen Flüsterton.

Sophie ist erstaunt – über die Geschichte und besonders darüber, dass auch Mei-yin fest daran zu glauben scheint.

»Habt ihr euch einen Regenschirm geteilt?«, führt Queenie die Diagnose der gescheiterten Beziehung weiter durch.

»Ja, letzte Woche nach dem Kino hat er mich nach Hause gebracht, als es mal wieder in Strömen geregnet hat. Dann wollte er zur MRT-Station weitergehen, und da habe ich ihm meinen Schirm gegeben.«

»*Āiya!* – Oje! Da haben wir's!«

»Und wo liegt das Problem, wenn man sich einen Regenschirm teilt?«, fragt Sophie verdutzt.

»Ähnlich wie bei der Birne: ›teilen‹, *fēn,* und ›Schirm«, *sǎn,* verursacht ›auseinandergehen‹ – *fēnsàn*«, seufzt Queenie theatralisch. »Dagegen kann selbst das rote Fädchen vom Tempel nichts ausrichten.«

Sophie schluckt. Mei-yin nickt, als habe sie nun verstanden, woran es gelegen hat.

»Das wird schon!«, tröstet Queenie. »Und wenn es wird, verschenke keine Schuhe. Wenn du deinem Liebsten Schuhe schenken musst, dann *verkaufe* sie ihm für einen symbolischen Betrag von einem Taiwan-Dollar. Denn aus ›schenken‹, *sòng,* und ›gehen‹, *zǒu,* wird *sòngzǒu,* was so viel bedeutet wie ›jemanden wegschicken‹.«

»*Āiya!* – Oje! Ist das kompliziert! Und ihr denkt wirklich, dass es am Regenschirm lag?«

»Klar, woran sonst? Alles lief super, bis dahin«, schimpft Mei-yin. »Aber keine Angst. Bei deinem Date wird es nicht regnen.«

Jaja, und wir werden auch keine Birne essen und Schuhe verschenken. Aber was gibt es denn noch alles, von dem ich noch nichts weiß?, denkt Sophie panisch.

Doch dafür ist keine Zeit mehr. Sie stellt ihren zwei Beraterinnen noch eine Packung Kekse hin und gießt neuen Tee auf. Mei-yin und Queenie haben ins Chinesische gewechselt. Sophie versteht, dass Queenie ganz hingebungsvoll Mei-yin tröstet.

»Bis später!«

»Viel Glück!«, wünschen die beiden und sehen kurz auf.

»Schönes Outfit«, fügt Mei-yin noch hinzu, bevor Sophie die Terrassentür hinter sich schließt.

Der Himmel ist hellblau und wolkenlos – ein perfekter Tag für Taipei 101. Vor dem Wolkenkratzer wartet schon Yi-fan. Während Sophie auf ihn zugeht, hat sie endlich Zeit, ihn länger anzusehen. Bisher ist er immer so schnell wieder verschwunden, wie er aufgetaucht ist. Seine modische Frisur sitzt perfekt, trotz des Mopedhelms, den er in der Hand hält – hinten ganz kurz, vorn etwas länger und mit Gel seitlich nach oben gestylt. Mit buntem T-Shirt und verwaschener Jeans lehnt er lässig an seinem Moped.

»Ich hatte Angst, dass ich zu spät komme und wir uns dann verfehlen. Deshalb habe ich noch mein Moped dabei. Wartest du bitte? Ich muss noch kurz parken.«

Mit »mal kurz parken« ist es aber nicht so einfach.

Sie suchen lange nach einem Parkplatz, aber es will sich einfach keine Lücke finden. Dann sagt Yi-fan plötzlich: »Halte mal bitte kurz meinen Helm.«

»*Āiya!* Hier ist keine Lücke.«

»Doch«, meint er und zeigt auf ein klitzekleines Lückchen, wo man mit viel Mühe vielleicht ein Fahrrad hineinquetschen könnte.

Mit seinem Helm in der Hand sieht Sophie gespannt zu, wie er die Mopeds rechts und links am Sattelgriff packt und hin und her hebt, sodass sie sich langsam zur Seite schieben lassen. Das lässt ihn ganz schön schwitzen, aber nun stehen die Mopeds Trittbrett an Trittbrett und die Lücke ist größer. So passt sein Moped hinein.

Wortlos schreiten sie zum Eingang von 101 – eine unangenehme Stille. Sophie sucht verzweifelt nach einem Gesprächsthema, aber ihr Kopf ist leer. Und Yi-fans Kopf ist knallrot. Sophie weiß nicht, ob es an der Hitze und dem Mopedheben oder an ihr liegt. Er besteht darauf, Sophies Ticket für den Aufzug zu bezahlen. Nach kurzer Widerrede gibt sie nach. Innerlich ärgert sie sich: Genau solche Dinge hätte sie Mei-yin und Queenie fragen sollen.

Im Aufzug zum 89. der 101 Stockwerke knacken ihnen die Ohren vom Luftdruck, und in weniger als 30 Sekunden befinden sie sich laut Anzeigetafel in 508 Meter Höhe auf der Aussichtsplattform.

Unter ihnen erstreckt sich die riesige Stadt Taipeh in Miniaturformat im Dunst der brütenden Nachmittagssonne. Autos sind auf Stecknadelkopfgröße geschrumpft, Hochhäuser haben Streichholzschachtelformat und die Sun-Yat-sen-Gedächtnishalle neben ihnen ist nur noch ein gelbes Quadrat auf einem grünen Fleckchen Wiese. Weit in der Ferne am Horizont erheben sich die Berge des Yangmingshan-Nationalparks mit kleinen weißen Schönwetterwolken bestückt. Sophie fühlt sich wie Gulliver in Liliput.

»Wir haben wirklich Glück. Ein Taifun zieht an Taiwan vorbei und saugt alle Wolken in sich auf. Deswegen haben wir so klare Sicht. Lass uns mal sehen, ob wir den Jademarkt finden!«, schlägt Yi-fan vor. Mit Hilfe der Karten vor den Aussichtsfenstern suchen sie die Stadt ab.

»Da ist er, glaube ich!«, ruft Sophie und tippt an die Glasscheibe vor sich. Ihre feuchten Hände hinterlassen Spuren.

»Und jetzt den Nachtmarkt von Shilin«, schlägt Sophie schnell vor, um über ihre Fingerabdrücke auf dem Glas hinwegzuspielen. Doch Yi-fan zeigt schon auf die Mitte der Aussichtsplattform, wo sich eine riesige vergoldete, aus einzelnen Scheiben zusammengesetzte Metallkugel befindet, die an dicken Stahlseilen hängt. Dann legt er los:

»5,5 Meter Durchmesser, 660 Tonnen schwer, mit ölhydraulischen Dämpfungselementen an den Seiten, um den Schwankungen des Gebäudes entgegenzuwirken, soll die Schwingungen reduzieren, die durch Erdbeben und Taifune hervorgerufen werden, das größte und einzige der Öffentlichkeit zugängliche Pendel der Welt, das die Schwingungen abfangen und ausbalancieren soll.« Dann holt er Luft und sieht Sophie stolz an. Sophie hat schon lange die Informationstafel entdeckt, wo eben das so ähnlich geschrieben steht.

»Da Taipei 101 schon eine Weile steht, scheint das auch gut zu funktionieren«, pflichtet sie Yi-fan bei, der wieder sehr stolz nickt und gleichzeitig noch röter im Gesicht wird.

»Möchtest du noch im Einkaufszentrum von 101 einen Schaufensterbummel machen?«

Ein bisschen komisch findet es Sophie schon, bei einem Date mit einem Mann einkaufen zu gehen. Viel lieber hätte sie sich noch ein bisschen die Stadt von oben angesehen. Aber sie willigt ein. Und während sie an den Luxusmarken der Welt vorbeispazieren, erzählt Yi-fan, dass er aus Tainan kommt, gerade seinen Masterabschluss in Wirtschaft hier in Taipeh gemacht hat und im Moment auf Arbeitssuche ist. Sophie, die von der Klimaanlage schon Gänsehaut bekommen hat, auch wenn Yi-fan in ihrem Herzen eine angenehme Wärme auslöst, ist froh, als ihr Handy klingelt und es Mei-yin und Queenie sind. Den Trick, mit einem gespielten Notruf der Freundin die Möglichkeit zu geben, sich von einem Date zurückzuziehen, gibt es wohl auch hier.

»Es tut mir leid, aber ich muss langsam los. Eine Freundin braucht meine Hilfe. Sie hat Liebeskummer«, entschuldigt sich Sophie bei Yi-fan. Ihr hat das Date viel Spaß gemacht, aber die Aufregung, das Suchen nach Gesprächsstoff und das Ausschauhalten nach Fettnäpfchen haben sie erschöpft. Yi-fan bietet ihr sofort an, sie auf dem Moped nach Hause zu bringen.

»*Get on!*«, sagt er, seine alte Lässigkeit wiedergefunden, als wäre sein klappriges Moped eine schicke Harley, und schon düsen sie unter blauem Himmel die dichtbefahrenen Straßen entlang. Sophies T-Shirt flattert im Fahrtwind, doch die heiße Nachmittagsluft baut sich bei jedem Anfahren erneut vor ihnen auf wie eine dicke Mauer. An jeder roten Ampel drängen sich die Mopeds um einen schattigen Platz unter einem Baum oder einem Haus, um die ein bis zwei Minuten bis zum grünen Licht nicht in der flimmernden Sonnenhitze zu braten.

Ein ständiges Slalomfahren, bei dem Sophie zu tun hat, sich rechtzeitig in die richtige Richtung zu lehnen. Ihre Knie streifen einmal sogar andere Knie. Sofort krallen sich ihre Finger noch fester in Yi-fans T-Shirt. Sie wähnt schon, Stoßstangen im Rücken oder Reifen an den Beinen zu spüren und sieht sich um Haaresbreite dem Tod entrinnen. Doch Yi-fan zuckt nicht einmal mit der Wimper.

»Da war noch sooo viel Platz!«, behauptet er inständig.

»Ach, wo denn?«, kreischt Sophie ganz bleich und zittrig vor Schreck.

Als sie ihr Haus erreichen, tun Sophie die Hände vom Festklammern weh und sie ist froh, von der Höllenmaschine absteigen zu können. Yi-fan schaut verärgert über ihre Erleichterung, festen Boden unter den Füßen zu haben.

Was ist diesmal schiefgelaufen?

Sicherlich ist Yi-fan nicht wie bei der Rallye Monte Carlo gefahren. Wie in den meisten asiatischen Großstädten ist auch der Verkehr in Taipeh chaotisch und gewöhnungsbedürftig. Da gibt es beim Mitfahren mit Einheimischen nur eins: Augen zu und durch. Neben der Kränkung seiner Ehre als Mann und als guter Fahrer hat Yi-fan auch noch aus einem anderen Grund das Recht, sauer zu sein: Übertriebenes Festkrallen und panisches Kreischen verunsichern und erschrecken den Fahrer und sind daher sehr gefährlich.

Was können Sie besser machen?

Sollte ein Einheimischer anbieten, Sie mit dem Moped mitzunehmen, überlegen Sie genau, ob Sie Ihre Reflexe unter Kontrolle und Ihre Angst im Zaum halten können. Wenn Sie sich dafür entscheiden und einmal daran gewöhnen, wird es Ihnen helfen, bei sozialen Events mit dabei zu sein – wie schnell mal mit Freunden essen zu fahren, an den Strand oder in die Berge um Taipeh zu kommen und außerhalb des MRT-Netzes von Taipeh sowie in anderen Städten Taiwans beweglich zu sein.

Übrigens hat sich Sophie instinktiv beim Bezahlen ganz richtig verhalten. In Taiwan bezahlt der Mann bei einem Date. Beim Ausgehen mit Freunden sollte man dagegen länger diskutieren und darüber streiten, wer letztendlich bezahlen darf.

說到 ... apropos ... Verkehr

Täglich bohren sich tausende von Mopeds und sogar einige mutige Radfahrer zwischen die Autos, Kleintransporter, Taxis und Busse. Kinder schlafen stehend hinter dem Mopedlenker ihrer Eltern ein, Frauen sitzen im Damensitz – also mit beiden Beinen auf einer Seite – hinten auf den Mopeds und telefonieren freihändig. Verkehrsschilder, Ampeln und sogar Verkehrspolizisten auf Kreuzungen geben nur eine grobe Orientierung. Hier herrscht das Recht des Stärkeren. Für den Fußgänger gilt: Wenn das kleine grüne Männchen auf der Fußgängerampel beginnt, immer schneller zu flitzen, dann tut man ihm das besser gleich. Sobald die Ampel umschaltet, braust der Verkehr sofort wieder los, und Gnade Gott dem, der da nicht die andere Seite

der Straße erreicht haben sollte. Die Mopedfahrer haben nämlich auch schon die Poleposition eingenommen – auf dem mit
einer weißen Linie umrahmten Wartefeld, direkt vor der Kreuzung.

Chaos hin oder her, auf den ersten Blick scheint es erstaunlich
wenig schwere Unfälle zu geben. Vielleicht klappt das ja so gut,
weil Taiwaner oft und gern Computerspiele spielen und damit
ein gut trainiertes Reaktionsvermögen besitzen. Und sollten
sich Moped und Moped oder Moped und Auto doch mal leicht
anrempeln, wird kurz der Schaden begutachtet. Sollte der mini-
mal sein, wird gar nicht erst die Polizei gerufen, sondern munter
weitergefahren.

說到 ... apropos ... Taipei 101

Das Taipei Financial Center, kurz Taipei 101, wie es die Taiwaner meistens nennen, führte bis 2007 die Liste der höchsten
Gebäude der Welt an. Das Gebäude sticht aber nicht nur durch
seine Höhe aus dem Stadtbild hervor, sondern auch durch sein
Design, das Moderne mit Tradition verbindet: Die gesamte Fassade besteht aus Glas, welches das Blau-Grau des Himmels
und die Röte der Sonnenuntergänge widerspiegelt. Taipei 101 ist
einem Bambus aus acht Teilen nachempfunden, denn er ist ein
Symbol für Aufrichtigkeit, Beharrlichkeit und Integrität. Außerdem hebt den Bambus seine Eleganz und Schlichtheit hervor.
Auch die Acht, eine chinesische Glückszahl, hat seine Bedeutung: das Wort acht, *bā,* klingt für das chinesische Ohr ähnlich
wie das Wort *fā,* was kurz für »reich werden«, *fācái,* steht. Doppelt hält bekanntlich besser, und was tut man nicht alles für das
liebe Geld: An der Fassade des Gebäudes gibt es auch riesengroße chinesische Glücksmünzen zu sehen.

23 來不及! – *Lái bù jí!* – Ich schaffe es nicht mehr rechtzeitig!

Jetzt sind erst mal 30 Minuten Krieg

Aus vollem Halse singt Sophie *Honey* von Cindy Wang im Radio mit und räumt den Balkon auf. Noch lange haben Mei-yin, Queenie und sie am Abend auf der Terrasse zusammengesessen und gefeiert: Sophies erstes Date mit Yi-fan, Mei-yins Single-Dasein – laut Queenie wird der dumme Ming-lun die Trennung von so einer Traumfrau wie Mei-yin schon bald bereuen – und Queenies Neuigkeit: Sie ist endlich schwanger. Der Besuch bei der rundlichen Göttin der Schwangerschaft vor einem Monat scheint im wahrsten Sinne des Wortes Früchte getragen zu haben.

Doch plötzlich entdeckt Sophie zwischen den Blumentöpfen das rote Bändchen. Hat das zu bedeuten, dass Yi-fan doch nicht Mr. Right ist und sie der kleine Yuè Lǎo noch gar nicht verknüpft hat? Dabei findet Sophie Yi-fan ganz nett, auch wenn er ziemlich mürrisch war, als sie vor ihrem Haus hinten von seinem Moped abstieg. Außerdem war er die ganze Zeit sehr schüchtern. Aber so seien die taiwanischen Männer nun mal und besonders ausländischen Frauen gegenüber, hatte ihr Queenie erklärt, und Mei-yin hatte seufzend zugestimmt.

Als sie schließlich das Radio ausstellt, hat sie sechs verpasste Anrufe auf dem Handy – fünf von ihrer Mutter und einen von Yi-fan. Sie hört ihre Mailbox ab: Yi-fan lädt sie zu einem zweiten Date ein und ihre Mutter, die die Nachrichten gesehen hat, denkt, dass China kurz davor sei, Taiwan anzugreifen und zu besetzen. Hier in Taiwan weiß Sophie von nichts, und als sie besorgt bei Mei-yin anruft und nachfragt, lacht die nur. Ja, aber das würde doch Krieg bedeuten! Was gibt es da zu lachen?

Sophie schaltet die vielen taiwanischen Nachrichtensender durch, aber da kommen nur Berichte darüber, was der Präsident zu Mittag gegessen hat, über einen Autounfall, über Schönheits-OPs in Korea, die beste Rindfleischnudelsuppe in Taiwan und dann über eine Affäre eines ihr unbekannten Schauspielers.

Sophie ruft erst mal ihre Mutter zurück und erklärt, dass China nicht gleich anzugreifen scheint. Die Taiwaner haben da scheinbar die Ruhe weg: Erdbeben, Taifune, China ... nichts lässt sie so leicht blass werden.

Wäre ja auch schlecht, wenn China angreifen würde, jetzt, wo gerade alles so gut läuft, denkt sich Sophie und versucht auch, die ganze Sache auf die leichte Schulter zu nehmen. Auf ihrer Terrasse grünt und blüht es nur so, sie hat ein zweites Date mit Yi-fan und heute hat sie ein Vorstellungsgespräch als Deutschlehrerin an einer Sprachschule am Stadtrand von Taipeh. Vor Wochen schon hatte sie die Bewerbung abgeschickt. Gestern Abend erhielt sie die Einladung zum Vorstellungsgespräch für den nächsten Tag um 15 Uhr per E-Mail.

Auf dem Weg dahin schlendert Sophie wenig später die Straße zur MRT entlang. Es ist zwei Uhr nachmittags und es ist noch Zeit, Zeit für einen ihrer geliebten, kalten Passionsfruchttees. Plötzlich wehen Sirenenklänge durch die Stadt. Der Wind reißt sie mal ab, mal trägt er sie lauter herüber. In Wellen legt das Heulen die Stadt lahm. Sophie steht nur da und staunt. Taipeh, zwei Uhr, Montagnachmittag, und alles um sie herum bewegt sich langsamer.

Die kalte Luft des Supermarktes bläst Sophie in den Rücken. Alles um sie bewegt sich langsamer, friert ein, dünnt sich aus, zieht sich zurück, hinterlässt ein Watt aus geparkten Autos, abgestellten Mopeds, liegengelassenen Fahrrädern. Darüber flackern unbeirrt die Neonleuchten aus chinesischen Zeichen. Sophie bewegt sich nicht, dann schließlich doch, geht drei Meter auf die Kreuzung zu, die zwischen ihr und ihrer Wohnung liegt. Vor ihr rennen zwei Mädchen in Schuluniform kichernd über die Straße. Sophies Schritte werden nun auch schneller, sie hüpft über die Busspur wie über einen Fluss, springt von Zebrastreifen zu Zebrastreifen, zwei Minuten nach zwei und noch etwa fünfzig Meter bis zur MRT-Station.

Der schrille Klang einer Trillerpfeife trifft Sophie bis ins Mark. Da ist niemand mehr, der vor ihr läuft. Die Schulmädchen sind schon längst weg. Ihr erster Reflex ist Losrennen. Als sie zuckt, pfeift es noch einmal, diesmal länger und energischer. Taipeh ist plötzlich so ungewohnt leer, dass sie sich einbildet, ein Echo zu hören.

»Verzeihung, *wàn'ānyǎnxí!*«

Ein kleiner, dicker, junger Mann in einer Uniform mit der Aufschrift *Volunteer* steht neben Sophie. Im ersten Moment versteht Sophie gar nichts mehr. Er zeigt auf einen Zettel und liest übertrieben langsam und laut vor: »*Wàn'ānyǎnxí*«.

Sophie kennt alle Wörter: *wàn'ān* heißt »völlig sicher« und *yǎnxí* bedeutet »Übung« – doch Sinn macht es für sie nicht. Sophie sieht ihn fragend an.

»Ich bin doch völlig sicher, oder?«

»Jaja, sicher, sicher ... aber wir üben jetzt nicht sicher sein. Es ist zwei Uhr und wir üben jetzt ... hm ... Krieg.«

Sophie schweigt und versucht zu verstehen.

»Verzeihung«, fügt er nochmals hinzu.

»Jetzt kann aber kein Krieg sein. Ich habe ein Vorstellungsgespräch. *Lái bù jí!* – Ich schaffe es nicht mehr rechtzeitig! Ich kann doch nicht zu spät kommen.«

Zwei Uhr und schon drei Minuten geübter Krieg. Sophie bekommt Panik. So schafft sie es nie pünktlich bis zur Sprachschule. Die Luft über dem Teer flimmert, die Ampel zählt die Sekunden zur nächsten Rotphase herunter. Auf der Straßenseite gegenüber klingeln Handys. Eine Frau schminkt sich im Seitenspiegel eines Autos, andere schlafen auf den Sitzen ihrer Mopeds.

Krieg gegen wen eigentlich? Als Sophie fragen möchte, bemerkt sie, dass der Ehrenamtliche schon nicht mehr neben ihr steht. Er flitzt hinter dem nächsten her, der sich auf der Kreuzung unwissend in Unsicherheit begibt.

»Wer greift denn an?«, fragt Sophie den schwitzenden Mann im Anzug neben sich, und es klingt so banal, als würde sie sich in Deutschland an der Bushaltestelle nach dem Fußballergebnis vom letzten Abend erkundigen.

»Na, niemand. Das ist nur eine Luftschutzübung. Niemand greift an. Aber es könnten die Chinesen angreifen, also die vom Festland. Aber das ist Politik und über Politik rede ich nicht.« Und damit schweigt er.

Ein Palmenblatt weht über den Asphalt, wo vor kurzem noch Busse, Autos und Mopeds dahinpreschten.

So platt wie ein schlechter Western, denkt Sophie und wird immer zappliger.

Als es zehn Minuten nach zwei ist, bewegt sich nichts mehr. Alle sind am äußersten Punkt angekommen – so weit es geht, so weit sie dürfen, bis an die nächste Straße, die sie auf ihrem Weg überqueren müssten. Nur noch die Sonne ist draußen. Rund um die Kreuzung warten Menschen unter den Vorbauten der Häuser im Schatten wie am Rande eines Spielfeldes, an jeder Ecke ein Polizist mit Walkie-Talkie als Schiedsrichter, dazwischen Ehrenamtliche. Die Cafés und Geschäfte haben ihre Eisenjalousien an den Türen heruntergelassen und das Licht ausgeschaltet. Wer konnte, der hat sich noch zuvor hineingerettet. Sophie starrt auf das Warnblinken der Busse, auf die anderen neben sich, dann auf ihre Uhr. Viertel nach zwei. Wenn sie jetzt nicht losgeht, kommt sie garantiert zu spät. Sie trommelt mit den Fingern auf ihrer Umhängetasche. *Lái bù jí!*

»Ist ja nur einmal im Jahr«, murmelt die alte Frau mit dem Körbchen voller duftender Magnolienblüten zum Verkauf beruhigend. Sophie hat sie schon oft gesehen. Sie sitzt wie jeden Tag auf ihrem Klapphocker neben dem Eingang der Bank.

Ja, aber ausgerechnet heute?

Zehn vor halb zwei. Polizeiautos fahren Patrouille. *Lái bù jí!*
Lái bù jí! Lái bù jí! Sophie kann den Gedanken nicht abstellen.
Lái bù jí! Die Deutschen sind berühmt für ihre Pünktlichkeit und
nun kommt sie glatt zu spät zu ihrem ersten wichtigen Termin in
Taiwan.

Das Walkie-Talkie des Polizisten rauscht. Wieder versucht ein
Geschäftsmann schnell zum Bürohaus auf die andere Seite zu ren-
nen – ein Katz-und-Maus-Spiel mit den Polizisten, wie aus einem
Film von Charlie Chaplin.

Da macht sie eben mit, denkt Sophie. Bis zur MRT-Station sind
es nur wenige Meter. Der Geschäftsmann hält den Polizisten beschäftigt, da kann sie schnell zur MRT-Station huschen. Sie läuft
los, geduckt an der Häuserwand entlang, setzt den ersten Fuß auf
die Kreuzung, als plötzlich ein Polizeistab vor ihrer Nase aufleuch-
tet. Dahinter, nur zehn Meter entfernt, sieht Sophie den Eingang der
MRT-Station mit der Bahn, die sie innerhalb von 40 Minuten noch
pünktlich zum Ziel bringen könnte.

»Stopp!«, brüllt ein Polizist laut.

Was ist diesmal schiefgelaufen?

Was an ein Katz-und-Maus-Spiel erinnert, ist bitterer Ernst. Wer
raus ist, bezahlt natürlich bei einer Luftschutzübung nicht mit dem
Leben, aber im schlimmsten Fall mit umgerechnet 200 Euro Strafe.
Hätte Sophie in der Sprachschule angerufen, dann hätte sie wahrscheinlich erfahren, dass auch die Direktorin später kommt – wie
alle an diesem Tag, die zur falschen Zeit draußen auf der Straße waren. Auch wenn die Taiwaner die Luftschutzübungen wie auch die
Drohungen Chinas auf den ersten Blick nicht sehr ernst nehmen,
so folgen die meisten doch den Anweisungen der ehrenamtlichen
Helfer und besonders denen der Polizei.

Was können Sie besser machen?

In der Zeitung und im Fernsehen wird die Luftschutzübung wenige Tage vorher angekündigt. Meistens wird die Meldung dann auch in Internetforen, auf Facebook sowie in E-Mails von Arbeitgebern verbreitet. Trotzdem erwischt es die meisten Leute unerwartet. Sollten auch Sie zu den Ahnungslosen gehören, bleiben Sie ruhig. Sie verpassen nichts. Alle stecken fest, die ganze Stadt. Folgen Sie den Anweisungen der Polizei und der ehrenamtlichen Helfer. Warten Sie einfach und genießen Sie das oft so hektische Taipeh mal von einer ganz anderen Seite. Nach dreißig Minuten ist der Krieg auf Probe vorbei. Dann wird sich der Polizist bei den zögernd herumstehenden Passanten zum letzten Mal entschuldigen und auf die Kreuzung laufen, um den anrollenden Verkehr zu regeln.

說到 ... apropos ... wenn China einmal angreifen sollte

Wie lange würde dann eigentlich ein Krieg dauern? Monate, Jahre? Experten rechnen zwischen zehn Minuten und drei Tagen bis maximal zwei Wochen, sollte China wirklich Taiwan angreifen. Daher ist diese Luftschutzübung schon irgendwie paradox. Sie erinnert die Taiwaner aber jedes Jahr im Juni daran, dass Taiwan sich 1949 im Bürgerkrieg von China gelöst hat und jederzeit mit Gewalt zurückgeholt werden kann.

In Taiwan kämpfen zwei große Parteien um die Macht: die Nationale Volkspartei Chinas (KMT), die als Ziel in weiter Ferne zwar immer noch die Wiedervereinigung mit China hat, aber im Moment erst einmal eine engere wirtschaftliche Zusammenarbeit mit China befürwortet, und die Demokratische Progressive Partei (DPP), die für die Unabhängigkeit Taiwans ist und China in jeder Art von Zusammenarbeit misstraut. Je nachdem welche der beiden Parteien gerade Taiwan regiert, sind Chinas Drohgebärden größer oder kleiner.

24 加油! – *Jiā yóu!* – Toi toi toi!

Wenn ein Lächeln weniger sagt als tausend Worte

»*Bǔ-xí-bān*«, liest Sophie langsam die Zeichen auf der Werbetafel zwischen all den Neonschildern hoch über ihr am Haus. *Bǔxíbān* bedeutet eigentlich »Nachhilfeschule«, in Taiwan wird aber fast alles so genannt, was außerhalb der Schulen und Universitäten privaten Unterricht in allen möglichen Fächern gibt, weiß Sophie aus ihrem Sprachkurs.

Es ist kurz vor halb vier. In der gesamten achten Etage gibt es hier von nachmittags bis spät abends Kurse für Schüler aller Klassenstufen in allen Schulfächern sowie Sprachkurse für alle Lern- und Wissbegierigen. An der Rezeption herrscht Getümmel. Alles Schüler, erkennt Sophie an den Schuluniformen. Sie drängen sich an den Rezeptionstisch, füllen Formulare aus, reden wild durcheinander, manche bezahlen, andere telefonieren und schreiben Nachrichten mit ihren Handys. Die vier Sekretärinnen haben alle Hände voll zu tun, aber schließlich hat eine von ihnen Sophie entdeckt, die alles erstaunt beobachtet und dabei an der Eingangstür stehen geblieben ist.

Sie winkt Sophie heran und führt sie in einem engen Gang an Türen und Fenstern vorbei, die in Klassenzimmer blicken lassen. Darin stehen Lehrer, die meisten dem Aussehen nach wahrscheinlich Amerikaner, die erklären, dabei gestikulieren und an die Tafel schreiben. Schüler sitzen auf Stühlen mit klappbaren Schreibplatten dicht beieinander. Einige tragen Uniformen verschiedener Schulen, andere sind in Alltagskleidung, vielleicht Studenten.

»Hier sind die Kopierer, da die Stechuhren und daneben die Klassenbücher«, weist die Sekretärin auf das Ende des Ganges hin.

»Danke, aber ich weiß ja noch gar nicht, ob ich die Stelle bekomme.«

»*Jiā yoú!* – Toi toi toi! Das wird schon!«

Sie führt sie ins Büro der Leiterin Frau Huang.

»Ah, da sind Sie ja! Entschuldigen Sie! Ich hatte die Luftschutzübung heute ganz vergessen. Sonst hätte ich Sie schon gewarnt«, meint die etwa 50-jährige Frau im strengen, dunkelblauen Kostüm.

Frau Huang ist schnell begeistert von Sophie und beginnt einen kurzen Small Talk auf Englisch mit ihr über eine Reise an den Titisee im Schwarzwald vor vielen Jahren. Dabei hatte Sophie noch nie etwas von einem Titisee gehört. Wenigstens kann Sophie etwas zur Kuckucksuhr sagen, die Frau Huang dort gekauft hat und die hinter ihr in dem kleinen Büro hängt.

Kurz vor halb fünf bricht Frau Huang abrupt ab.

»Okay, ich zeige dir noch schnell das Klassenzimmer, damit du gleich pünktlich um Viertel vor fünf anfangen kannst.«

»Wie anfangen? Heute?«

»Sicher. Die Schüler sitzen bestimmt schon im Raum. Die vorherige Deutschlehrerin hat schon vor einer Woche aufgehört, ohne den Kurs zu Ende zu bringen. Ach ja, und ab nächster Woche gibt es auch nach dieser Klasse eine neue Anfängerklasse, also noch um 19.30 Uhr. Und die letzte Klasse endet um 22 Uhr. Die Sekretärin druckt dir nachher noch deinen Stundenplan aus.«

Sophie ist überrumpelt, weiß nicht recht, ob sie sich freuen oder lieber schnell gehen soll.

»Und die Arbeitserlaubnis?«, stammelt sie.

»*Méi guānxi!* – Macht nichts! Die beantragen wir gleich, aber bis sie kommt, kann es ein paar Tage dauern.«

Dann geht alles ganz schnell. Frau Huang drückt Sophie das Lehrbuch und einen CD-Player in die Hand, ruft: »Seite 123. Und nicht vergessen, pro Unterrichtseinheit drei Seiten behandeln. *Jiā yoú! Jiā yoú!*«, und schiebt sie in ein volles Klassenzimmer.

Vierzehn Augenpaare sehen Sophie an. Sie spürt, wie sie wieder einmal rot wird.

»Guten Tag!«

»Guten Tag!«

Na super, denkt Sophie, *die Begrüßung können sie schon mal.* Auf dem Buch steht A1 – also Anfänger. Sophie schlägt Seite 123 auf und versucht sich zu erinnern, ob sie vor Frau Huang erwähnt hat, dass ihre Unterrichtserfahrungen gleich null sind. Ja, das hatte sie – im Anschreiben und eben auch im Vorstellungsgespräch. Immer natürlich verbunden mit dem Satz, dass sie schnell lernt, flexibel ist und es auch gewohnt ist, mit jungen Menschen zu arbeiten.

Jetzt sitzen 14 junge Menschen vor ihr.

»Äh, hallo, ich heiße Sophie. Seite 123, bitte!«

Bin ich blöd, was für ein Einstieg, überstürzter ging's wohl nicht, denkt Sophie, während alle nach der Seite blättern.

Sophies Blick schweift durch die Klasse: ein bunt gewürfelter Haufen. Vorn links drei etwa 14- bis 16-Jährige, hinten von links nach rechts alles Studenten, vorn rechts zwei Frauen, vielleicht dreißig – das einzuschätzen fällt ihr bei den Asiaten immer noch schwer. Definitiv sagen kann sie aber, dass das Kind in der Mitte noch nicht lange die Grundschule besucht.

»Vielleicht sollten wir uns alle erst einmal vorstellen«, wechselt Sophie das Thema. »Wie heißt du?«, sagt sie langsam und laut und nickt dabei einem der Studenten in der hinteren Reihe zu.

Schultern zucken und betretenes Schweigen, dann Lächeln, schließlich Kichern.

»Das ist Tim und er lernt Deutsch nicht lange. Ich heiße Veronika, ich bin 20 Jahre alt und studiere Maschinenbau. Ich lerne zwei Jahre Deutsch, weil will ich studieren in Deutschland.«

»Weil ich in Deutschland studieren will«, verbessert Sophie. »Aber warum bist du dann im Anfängerkurs?«

Auf Englisch erklärt sie Sophie, dass es hier keinen weiterführenden Kurs nach diesem gäbe und sie deshalb – sobald der Kurs das Buch beendet hat – immer wieder von vorn anfange. Zwei weitere nicken, das muss dann also auch auf sie zutreffen. Na super, bunter gewürfelt als Sophie gedacht hat.

Nachdem sich alle mehr oder weniger kurz vorgestellt haben, beginnt Sophie mit Seite 123: Akkusativ, unbestimmter Artikel, Thema Möbel. Mit einigen Spielen à la Kofferpacken – »Ich habe einen Schrank, ein Regal, eine Lampe ...« – und einigen Dialogübungen sitzt der Akkusativ, denkt Sophie zufrieden. Alle lächeln sie an.

»Verstanden?«

Zwei nicken, der Rest lächelt.

»Alles klar?«

Zwei nicken wieder, der Rest lächelt immer noch.

Sophie ist erleichtert: die Schüler sind freundlich und wissbegierig, wenn auch sehr schüchtern, und sie haben den Akkusativ anscheinend verstanden.

Die Unterrichtsstunde ist fast vorbei, aber Sophies Arbeitspensum von drei Seiten pro Unterrichtsstunde mit einer halben Seite nicht mal zu einem Drittel erfüllt. *Jiā yóu! Jiā yóu!*, denkt sie sich. Im auszufüllenden Kurstagebuch rundet sie großzügig auf zwei Seiten auf und hofft, wegen einer fehlenden Seite nicht gleich nach dem ersten Tag gekündigt zu werden. Dann widmet sie sich der letzten Aufgabe.

»Nummer vier. Sehen Sie die Fotos an! Welche Möbel gehören zu welchem Zimmer?«, liest Sophie laut vor.

Veronika meldet sich. Sophie ist glücklich. Endlich Aktivität, eine Frage, eine Rückmeldung, eine Reaktion ...

»Was bedeutet ›gehören zu‹?«

Sophie zermartert sich das Gehirn, sucht nach einer Erklärung oder wenigstens einem Beispiel.

»Gehören zu ... *go with, be a part of* ... ähm ... wie in ... wie zum Beispiel ... Taiwan gehört zu China.«

Veronikas freundliches Gesicht verzieht sich. Sie runzelt die Stirn und schaut Sophie finster an.

»Ich suche dir noch ein Beispiel«, versucht Sophie die ihr unsichtbaren Wogen zu glätten. Doch Veronika blickt nur hinab auf ihr Buch. Wie gut, dass es in diesem Moment zur Pause klingelt.

Was ist diesmal schiefgelaufen?

Sophie spricht hier im Kurs ein sensibles Thema an. Ob nun Taiwan zu China gehört oder nicht, ist eine Frage, die selbst oft in Familien nicht diskutiert wird. Jeder hat dazu seine eigene Meinung und diese Meinungen gehen oft so weit auseinander, dass sie Unfrieden bringen würden und daher Tabu sind. Viel lieber spricht man über Essen, das Wetter oder die neuste Technik. Besser wäre Sophie mit dem Beispiel gefahren: Sojasoße gehört zum Austernomelett.

Außerdem lässt sich Sophie wieder einmal vom Gesichtsausdruck ihres Gegenüber in die Irre führen. Sie verlässt sich beim Feedback auf das Lächeln ihrer Schüler. Lächeln heißt aber auf keinen Fall, dass sie den Akkusativ verstanden haben. Wie so oft in Taiwan soll das Lächeln über Unsicherheit hinwegtäuschen. Nie würde jemand vor allen anderen zugeben, etwas nicht verstanden zu haben und damit womöglich sogar eine Wiederholungsübung heraufbeschwören und den Lernfortschritt der anderen aufhalten.

Was können Sie besser machen?

Halten Sie sich mit Ihrem politischen Standpunkt in Taiwan zurück und lassen Sie sich auf keine Diskussion ein. Bei politischen Meinungsverschiedenheiten sind die Taiwaner schnell auf 180. Im Fernsehen sieht man oft Schlägereien zwischen Parlamentariern und in den Garküchen und Restaurants gibt es Schilder mit der Aufschrift »Politik diskutieren verboten!«.

Die meisten Taiwaner sind weder für eine Wiedervereinigung noch für die Unabhängigkeit. Sie halten den Status quo für den besten. In der als Erdbeer-Generation verschrienen Jugend – weil die so leicht Flecken bekommen soll, wenn man sie zu hart anfasst – haben sich die älteren Taiwaner allerdings wohl getäuscht. Im Frühling 2014 besetzte die vorwiegend studentische Sonnenblumen-Bewegung das Parlamentsgebäude 24 Tage lang. Sie zeigten damit ihre Unzufriedenheit mit der Regierung und deren engen Beziehungen zu China und betonten öffentlich ihre taiwanische Identität in Abgrenzung zu China.

說到 ... apropos ... *Bǔxíbān* und Arbeitserlaubnis

Um als Sprachlehrer an einer der vielen *bǔxíbān* eine Arbeitserlaubnis und damit eine legale Anstellung zu bekommen, benötigt man einen BA-Abschluss und die Staatsangehörigkeit eines Landes, in dem die zu unterrichtende Sprache gesprochen wird. Man kann also in Deutschland Anglistik studiert haben und perfekt Englisch sprechen, wird aber nie eine Arbeitserlaubnis für eine Englischlehrerstelle bekommen. Wiederum kann man als Deutscher Maschinenbau studiert haben und noch nie etwas von Akkusativ und Konjunktiv II gehört haben und erhält relativ leicht eine Arbeitserlaubnis als Deutschlehrer. Taiwanische Schüler sind allerdings fordernd – merken sie, dass man nur Deutsch spricht, aber seine Muttersprache nicht im Unterricht vermitteln kann, sitzt man schnell ohne Schüler im Klassenzimmer und wenig später mit Kündigung auf der Straße und damit wieder ohne Arbeitserlaubnis, denn die ist an die Stelle gebunden.

Einige Ausländer arbeiten illegal in Taiwan. Sei es, dass die *bǔxíbān* es zu aufwendig findet, eine Arbeitserlaubnis zu beantragen, sei es, dass derjenige keinen BA-Abschluss hat oder aus einem Land mit einer anderen Landessprache kommt. Kontrollen durch die Polizei finden statt – in der Hauptstadt mehr als in den Vororten oder im Süden der Insel. Allerdings arbeitet die Polizei oft mit den *bǔxíbān*-Ketten zusammen: Pro Monat wird dann eine Schule von der Polizei »gestürmt«, nachdem die illegalen Lehrer die Schule bereits durch die Hintertür verlassen haben. Erwischen lassen sollte man sich aber trotzdem nicht, denn dann kann man des Landes verwiesen werden, und das für die nächsten fünf Jahre.

25 好厲害! – *Hǎo lìhài!* – Beeindruckend!

Wie man sich in rote Tinte setzt

Die Götter meinen es besonders gut mit Sophie. Nicht nur Gruppenkurse stehen auf ihrem Stundenplan von der *bǔxíbān,* sondern auch Einzelunterricht in den Räumlichkeiten der Schule sowie außerhalb. Einer von Sophies ersten Einzelschülern ist Herr Wang. Er besitzt eine Textilfirma, die in China und Indonesien produziert und ihre Ware in die ganze Welt und auch nach Deutschland verkauft. In der Mittagspause möchte er in seinem Büro eineinhalb Stunden pro Woche Deutsch lernen.

Mit Lehrbüchern gewappnet macht sich Sophie auf den Weg in eine der beliebtesten und teuersten Gegenden Taipehs: die Anhe Road. Das Büro liegt im zehnten Stock und aus dem Korridorfenster bestaunt sie das unter ihr in der Mittagssonne tosende Büroviertel. Hunderte Angestellte durchsuchen rege die Gassen wie kleine Ameisen den Wald nach Gelegenheiten für ein Mittagessen. Schlangen bilden sich vor den Garküchen, Trauben von Menschen vor den Cafés und den Mini-Märkten. Grüppchen in dunklen Anzügen und Kostümen schlendern mit Tüten voller Essen in der Hand lachend über Zebrastreifen und Fußwege in die dunklen, schattigen Bürohäuser zurück.

Das Großraumbüro von Herrn Wangs Firma liegt im Halbdunkel, Ventilatoren wehen Sophie kühle Luft entgegen, ein Türglöckchen schellt leise, als sie die Glastür hinter sich schließt. Nur das Flackern der Bildschirmschoner auf den Computermonitoren bewegt sich im Raum. Sophie wähnt sich erst allein und steht hilflos im Gang. Wo soll denn nun ihr Schüler sein? Aber bei genauerem Hinsehen bemerkt sie, dass auf jedem Schreibtisch eine Angestellte ihren Kopf zu einem Schläfchen auf die Tischplatte gelegt hat. Sophie ist verdutzt. Wie bei Dornröschen ist alles im Tiefschlaf – wahrscheinlich sogar die Fliegen an der Wand.

»*Ah, there you are! Hǎo lìhài! – Impressing! On time! That is German, they are always on time!* Guten Tag!«, ruft es mit einem Mal laut, sodass Sophie zusammenzuckt. Die Schlafenden stört das kaum. Vor ihr steht Herr Wang, ein ziemlich großer, weißhaariger Taiwaner, die Krawatte weit aufgezogen.

»Gehen wir in mein Büro«, sagt er in fast perfektem amerikanischen Englisch und weist auf die hintere Tür. »Was wollen Sie trinken, Kaffee, Tee, Wasser oder etwas anderes? Ich habe alles da und wenn nicht, kann es jemand schnell besorgen. Also, was möchten Sie gern?«

»Wasser, wenn es nicht zu viele Umstände macht, bitte.«

Mit ein paar befehlenden chinesischen Worten lässt er eine der eben noch tiefschlafenden Dornröschen aufspringen, um Sophie Wasser zu holen.

»*Xièxie! Xièxie!* – Danke! Danke!«, stammelt Sophie ihrem netten, verschlafenen Lächeln und ihrer leichten Verbeugung entgegen.

Gleich danach kehrt die Angestellte an ihren Platz zurück und bettet ihren Kopf wieder auf ihren Schreibtisch.

»Sie müssen wissen, ich liebe Deutschland«, fährt Herr Wang fort, während er seine Bürotür hinter sich schließt und sich auf den großen Bürostuhl an der Stirnseite des noch größeren Schreibtischs fallen lässt. »Und ich will so schnell wie möglich Deutsch lernen.«

Sophie weist er den Stuhl an der rechten Seite seines Schreibtischs zu.

»Ich bin oft in Deutschland auf Geschäftsreise, denn ich habe meine besten Kunden dort. Und da ist mir einmal aufgefallen ... neben meinem Hotel war eine Baustelle. Als ich das erste Mal dort war, haben sie gerade die Grube ausgehoben. Als ich dann über ein halbes Jahr später das zweite Mal dort war, war gerade mal das Fundament fertig. Nach über einem halben Jahr. Da wäre in Taiwan das Haus schon fast bezugsfertig.«

»Vielleicht ist ihnen das Geld ausgegangen? Der Denkmalschutz? Die Bauaufsicht? Wer weiß, was sie in der Grube gefunden haben«, spekuliert Sophie.

»Nein, nein, nein, ich habe meinen deutschen Geschäftspartner gefragt und er meinte, es liegt am Fundament! Das Fundament ist wichtig, ja, das Fundament! Und so ist das bei den Deutschen. Die machen alles genau und gründlich. Einfach bewundernswert! Auf Chinesisch sagen wir: *Hǎo lìhài!* – Einfach beeindruckend!«

Er will gar nicht aufhören zu schwärmen und Sophie, die so viel Lob auf ihr Heimatland gar nicht gewohnt ist, wird schon ganz verlegen.

»Auch Hitler! *Hǎo lìhài!*«

»Ähm ...«, Sophie schluckt, »beeindruckend?«

»Ja, und der Rommel, *hǎo lìhài!* Ja, gar die Japaner ... eine Gründlichkeit. Davon können wir in Taiwan nur träumen, mal ganz abgesehen von Indonesien und China. Da haben sie mir letzte Woche in der Fabrik eintausend Jacketts mit rosa Fäden zusammengenäht. Das wäre in Deutschland nie passiert. Meine deutschen Kunden achten nicht nur genau darauf, ob jede Naht die richtige Farbe hat, sondern auch, ob jede Naht an meinem Produkt picobello an der richtigen Stelle sitzt. Sonst reklamieren sie sofort alles. In Taiwan würde man das pingelig nennen, ich sage aber: genau so gründlich muss es sein. Und mit so einer deutschen Gründlichkeit will ich auch Deutsch lernen. Geben Sie mir ein gutes Fundament in unseren gemeinsamen Deutschstunden!«, beendet er seinen Redefluss.

Sophie schlägt das Lehrbuch auf. Sie beginnen mit der Vorstellung.

»Guten Tag! Mein Name ist Leonard Wang. Wie geht es Ihnen?«, spricht Herr Wang brav, aber mit starkem englischen Akzent nach.

»Danke, gut. Und Ihnen?«, setzt Sophie den Dialog fort. Eine Antwort darauf bekommt Sophie nicht, denn Herr Wang hat bereits das Interesse an dem Vorstellungsdialog verloren.

»Welches Sternzeichen sind Sie?«

»Wie bitte?« Sophie wundert sich immer mehr.

»Ihr Sternzeichen. Das will ich immer wissen.«

»Löwe.«

»Ah, sehr gut. Das passt zu einer Lehrerin und zu mir. Ich bin auch Löwe. Wir sind dickköpfig und mit Feuer und Flamme bei der Sache. Und Blutgruppe?«

»Wie? Blutgruppe?«

»Ja, A oder B oder AB oder Null.«

»Keine Ahnung. Ist das wichtig? Wollen Sie mir Blut spenden?«

»Wie können Sie so etwas Wichtiges nicht wissen? Die Blutgruppe sagt viel über den Charakter aus. Aber gut, wenigstens stimmt das zwischen uns vom Sternzeichen her. Also, wie noch mal? Mein Name ist Wang. Wie geht es Ihnen?«

»Danke, gut. Und Ihnen?«

»Sehr, sehr gut. Danke.«

»Woher kommen Sie?«

»Ich kommen ...«

»Ich komm-e ...«, verbessert Sophie leise und kreist mit Rot die Verbendungen des Dialoges ein.

Aber Herr Wang denkt gar nicht daran, fertig zu antworten.

»Die Deutschen wie auch die Japaner müssten viel stolzer auf ihre Geschichte sein. Alles so genau und so gründlich. *Hǎo lìhài!* Denken Sie nicht?«

»Ehmmm«, da hätte Sophie so einiges einzuwenden, aber Herr Wang sieht auf die Uhr und ohne ihre Antwort abzuwarten sagt er: »Frau Sophie, vielen Dank für heute. Ich habe schon sehr viel von Ihnen gelernt. Bis nächste Woche!« Dann dreht er sich geschäftig zum Computer und Sophie den Rücken zu.

Hektisch sammelt sie die Bücher von seinem Tisch ein, als ihr der Anwesenheitszettel der Sprachschule in die Hände fällt, auf dem der Einzelschüler mit seiner Unterschrift bestätigen muss, dass der Kurs stattgefunden hat. Fast hätte sie das vergessen. Schnell füllt Sophie mit dem roten Kuli, mit dem sie eben noch die Verbendungen markiert hat, die Daten aus – Name des Schülers: Leonard Wang, Datum: 16. Juli, Uhrzeit: 13–14.30 Uhr.

»Entschuldigung, Herr Wang, aber Sie müssten noch hier unterschreiben«, sagt sie und reicht ihm Formular und Kuli.

Der schaut auf und wird ziemlich blass. Dann murmelt er etwas Unverständliches, zieht seinen Montblanc-Kuli aus der Anzugjacke und unterschreibt kopfschüttelnd.

Es muss am Kuli liegen, denkt Sophie. Die Farbe kann es bestimmt nicht sein, Rot ist ja beliebt in Taiwan. Vielleicht ist der Kuli zu billig oder von einer schlechten Marke, vielleicht gar »Made in China«?

Was ist diesmal schiefgelaufen?

Sophie hat mit dem roten Kuli den Namen ihres Schülers geschrieben. Nun soll er auch noch mit dem roten Kuli seine Unterschrift darunter setzen. So beliebt wie Rot bei den Taiwanern auch ist, zum Unterschreiben sowie zum Schreiben eines Namens ist diese Farbe Tabu. Einige sagen, dass es daher rührt, dass auf Sterbeurkunden der Name des Verstorbenen in Rot geschrieben wurde, andere sagen, dass die Todesanzeigen traditionell in roter Schrift sind, wieder andere sagen, dass früher auf den Grabsteinen der Name des Toten in Rot eingraviert wurde. Eine andere Theorie besagt, dass die Namen Krimineller früher rot aufgelistet wurden und dass zum Tode Verurteilte vor ihrer Hinrichtung in Rot Dokumente unterschreiben mussten. Wie dem auch sei, Rot wird mit dem Tod verbunden, wenn es zum Schreiben von Namen kommt. Schreibt man also den Namen einer Person in Rot, signalisiert das entweder, dass diese Person bald sterben wird oder dass man ihr den Tod wünscht.

Was können Sie besser machen?

Benutzen Sie keinen Rotstift: nicht für Namen, nicht für Unterschriften, nicht für Adressen. Nehmen Sie auch Korrekturen lieber nicht in Rot vor – ältere und traditionelle Taiwaner sehen das nicht gern, war doch die Farbe Rot in vergangenen Zeiten sonst nur dem Kaiser vorbehalten. Schreiben Sie lieber mit Schwarz oder Blau. Einzige Ausnahme bildet der Namensstempel. Hier benutzen die Taiwaner meistens ein rotes Tuschekissen. Da dürfen auch Sie natürlich in Rot stempeln.

說到 ... apropos ... Hitler in Taiwan

Kommt es zu Hitler, Hakenkreuzen und dem zweiten Weltkrieg, sind die Taiwaner nicht so sensibel und verständnisvoll, wie es die Deutschen und andere Europäer gern hätten. Das mag daran liegen, dass es das nahegelegene und beliebte Japan nicht so mit der geschichtlichen Aufarbeitung hat, Taiwan selbst nach seinem Nationalstolz sucht und Deutschland vielleicht auch einfach zu weit weg ist. Hinzu kommt, dass Taiwan als eine Konsumgesellschaft durch und durch die deutsche Qualität bewundert und auch als Kontrast zu *chàbuduō* – ihrer Art, die Dinge zu tun (siehe Seite 91) – sieht.

Taiwanesische Unternehmen verwenden ab und an Nazi-Symbole, um die Aufmerksamkeit von Kunden auf sich zu ziehen oder um zu betonen, dass ein Produkt in Deutschland hergestellt wurde. So verkaufte vor einigen Jahren ein Unternehmen mit Hakenkreuz bedruckte Motorradhelme, ein anderes versah in Deutschland hergestellte Turnschuhe mit Hakenkreuzen. Eine Firma für elektrische Heizkörper warb in der MRT mit einem sechs Meter großen Plakat, darauf ein lächelnder Hitler, der den rechten Arm hebt, mit dem Slogan »Krieg der Kaltfront!«. Selbst 7-Eleven verkaufte Schlüsselanhänger, USB-Sticks und Magneten mit einer Comicfigur, die so sehr Hitler ähnelte, dass sich bald die Israelische Botschaft einschaltete und 7-Eleven schnell die Produkte vom Markt nahm. Auch ein Restaurant, das Spaghetti mit dem Namen »Lang leben die

Nazis« anbot, weil das Gericht deutsche Wurst enthielt, musste von der deutschen Vertretung in Taipeh erst darauf aufmerksam gemacht werden, dass der taiwanische Restaurantbesitzer hier in ein extrem großes Fettnäpfchen getreten ist. Verwechseln Sie aber nicht das Hakenkreuz mit den linksgewinkelten Swastiken an den buddhistischen Tempeln in Taiwan. Hier wird nicht etwa Hitler verehrt – das linksgewinkelte Swastika symbolisiert das Siegel des Buddhaherzens.

說到 ... apropos ... Horoskope, Blutgruppen etc.

Als beinhalte die chinesische Kultur nicht schon genug Spiritualität und Aberglauben, zieht der Taiwaner gern auch noch Wege der esoterischen Vorhersage aus dem Ausland zu Rate, wie zum Beispiel die japanische Blutgruppendeutung, um Rückschlüsse auf die Persönlichkeit, den Charakter und die Kooperationsbereitschaft seines Gegenübers ziehen zu können. Das beginnt bei der Partnerwahl, geht bis zum Einstellungskriterium und macht gar vor geschäftlichen Verhandlungen nicht halt. Wundern Sie sich also nicht, wenn Sie Ihr Geschäftspartner kurz vor oder mitten in der Vertragsunterzeichnung nach Ihrem Tierkreiszeichen und/oder Ihrer Blutgruppe fragt. Er möchte Sie nur näher kennenlernen und eventuellen Problemen oder Missverständnissen vorbeugen. Kennt er Ihre Blutgruppe und Ihr Horoskop, weiß er besser mit Ihnen umzugehen und kann so die Harmonie Ihrer Beziehung erhalten.

26 為什麼呢? – *Wèishénme ne?* – Warum denn?

Ein Monat zwischen Geistern

Abgehetzt kommt Teresa zu ihrer ersten Deutschstunde, verschwitzt in ihrer dunkelgrünen Schuluniform, die letzten Bissen des McDonald's-Hamburgers noch im Mund. Ihre Haare sind lang und zu einem Pferdeschwanz gebunden, auf der Nase trägt sie eine der dickgerahmten Brillen ohne Gläser, von denen alle Mädchen hier überzeugt sind, dass sie die Augen größer und damit schöner erscheinen lassen. Mit ihrem Kuli kann sie erstaunliche Tricks: Sie lässt ihn schnell auf ihren Fingerkuppen balancierend rotieren. Das sieht Sophie durch die Glastür im Klassenzimmer, während sie draußen im Flur Kopien macht.

Sie ist Sophies zweite Einzelschülerin und heißt Xiao-hui, mit englischem Namen Teresa. Sie ist 14 Jahre alt und in diesem Alter schon nicht mehr ein *xiǎopéngyǒu* – ein kleiner Freund, wie man in Taiwan zu einem Kind sagt, sondern eine Jugendliche – ein *niánqīngrén,* wortwörtlich ein Mensch, der noch leicht an Jahren ist. Aber leicht haben es die jungen Leute in Taiwan gar nicht. Im Gegenteil – wie Sophie erfährt, ist Jugendlicher in Taiwan zu sein ganz schön anstrengend.

»So dann wollen wir mal«, sagt Sophie und beginnt, wie ausdrücklich von Teresas Eltern gewünscht, mit dem Alphabet. Am Ende ist eine Sprachschule ein Dienstleister und was der Kunde will, wird bis zu einem bestimmten Grad gemacht. Dass die Taiwaner beim Sprachenlernen Alphabet-besessen sind, ist Sophie schon oft aufgefallen, und sie ist sich sicher, dass heute Abend Teresas Eltern kontrollieren werden, ob denn das Alphabet auch wirklich bei ihrem Kind sitzt.

»A, Be, Ce, ...«, gemeinsam üben sie das Alphabet im Chor.

»So, jetzt bist du allein dran. Probier's mal!«

Und Teresa beginnt, doch weit kommt sie nicht. Nach dem Jot bleibt es still. Ganz still. Sophie sieht von ihrem Buch auf. Vor ihr ist Teresa auf dem Stuhl eingeschlafen, ihr Kinn ist auf die Brust gesunken und sie atmet ruhig und tief. Dass jemand im Einzelunterricht einschlafen kann, hätte Sophie nicht für möglich gehalten. Während sie die schlafende Teresa ungläubig und wie gebannt anstarrt, schreckt diese plötzlich aus ihrem Schlaf hoch und sagt wahllos einige Buchstaben auf.

»Ka, O, Jot.«

»Du bist wohl sehr müde, was?«, fragt Sophie besorgt.

»Nein, nein, das geht schon!«

»Also, dann noch einmal.«

Diesmal schafft sie es nur bis zum G, bevor sich ihre Augenlider wie mit Blei beschwert senken.

Sophie wartet. Soll sie sie wecken? Oder soll sie sie schlafen lassen? Und wenn ja, wie lange? Aber wieder, nach etwa 20 Sekunden, fährt Teresa aus ihrem Schlaf hoch: »Em, En, O?«

»Erzähl mir doch erst mal, warum du eigentlich so schnell Deutsch lernen musst.«

Teresa berichtet, dass ihre Eltern für sie eine Karriere als Pianistin planen, und dafür soll sie bereits nach der zehnten Klasse an eine Universität in Deutschland gehen. Deshalb muss Teresa nun neben dem immensen Schulpensum und dem täglichen Klavierunterricht auch noch Deutsch lernen. Nach der zehnten Klasse an die Universität – wie das funktionieren soll, ist Sophie ein Rätsel.

Sophie entscheidet, heute neben dem Alphabet noch etwas Landeskunde zum Unterrichtsstoff beizufügen, und erzählt vom Schulalltag in Deutschland, wo nachmittags meistens gegen zwei oder drei Uhr schon Schulschluss ist und es in den meisten Fällen keinen Nachhilfeunterricht gibt.

»*Wèishénme ne?* – Warum denn?«

»Warum es keinen Nachhilfeunterricht gibt? Weil die Eltern denken, dass die Kinder in der Schule alles lernen können und keinen Nachhilfeunterricht brauchen, außer sie sind wirklich ganz schlecht in einem Fach.«

Von Teresa bekommt Sophie ungläubige Blicke zugeworfen, dann ein Kopfschütteln. »Und was machen die deutschen Schüler dann den ganzen Tag?«

Ihre Augen werden immer größer, als Sophie von freien Nachmittagen erzählt, in denen einige zum Beispiel Fußball spielen und andere sich treffen, um vielleicht in der Stadt zu bummeln oder Zeitschriften zu lesen, oder alle bei schlechtem Wetter fernsehen.

Teresas Schläfrigkeit ist etwas verschwunden, der Deutschkurs vorbei. Jetzt hat sie eine Stunde Pause, bevor der Unterricht um 18 Uhr in einer anderen Nachhilfeschule anfängt.

Diese Zeit will sie mit ihren Freundinnen in einem der vielen Schreibwarenläden verbringen. Sophie hat noch zwei Stunden Zeit vor ihrem Date mit Yi-Fan. Außerdem braucht sie nach Herrn Wangs erschrockenem Blick mehr Kulis in anderen Farben als Rot. Also begleitet sie Teresa.

Sie fahren mit dem Bus in die Nähe des Hauptbahnhofes, in die Nanyang Road, in der sich eine dieser privaten und teuren Nachhilfeschulen an die andere reiht. Unten im Keller eines der Gebäude befindet sich ein kleiner Schreibwarenladen.

Während es draußen langsam dunkel wird, suchen hier drinnen neben Teresa und Sophie etwa sechzig Jugendliche, vorwiegend Mädchen, mit schwitzigen Händen und angespannten Gesichtsausdrücken nach Schreibblöcken mit einem zum eigenen Typ passenden Design. Später werden sie darauf tausende kleine chinesische Schriftzeichen in ihren täglichen zehn Unterrichtsstunden kritzeln.

Sophie ist fasziniert von dem bunten Durcheinander von Papierblöcken, Notizbüchern, Kugelschreibern, Bleistiften, Radiergummis, Linealen, Heftklammern bis hin zu Klebestreifenhaltern. Alles ist mit Comicfiguren verziert, mit knallbunten Mustern dekoriert, in Blumenumrissen geformt, mit japanischen Mangas geschmückt oder mit eleganten Ornamenten verschnörkelt und mit englischen Sprüchen bedruckt. Hier entstehen gemeinsame *»Lifelong Memories«*, denn *»A friend like you is like a smile on a rainy day«* – so steht es auf Heftumschlägen, Radiergummis, Federmäppchen. Über einem Regal mit hunderten von Stiften flattert ein Schreibprobenzettel mit bunten gekrakelten Strichen im Windzug der Klimaanlage, trotzdem ist es stickig warm. Taipehs Schüler suchen hier anscheinend nach Individualität und persönlicher Entfaltung in den wenigen Minuten Pause zwischen Schule und Nachhilfeunterricht. Chaos herrscht in den Fächern, einige der begehrten Artikel liegen auf dem Boden. Von weitem piept die Kasse.

»Shoppen ist schon mein Hobby – ich bin so drei- bis viermal die Woche hier. In andere Läden gehe ich selten. Zwar wollte ich schon immer mal nach Inlineskates schauen, aber das wird wohl nichts.«

»Wèishénme ne? – Warum denn?«

»Keine Zeit und meine Eltern würden es mir wegen meiner ›Klavierfinger‹ auch nicht erlauben. Da kaufe ich mir also lieber etwas, das ich jeden Tag in der Schule benutzen kann«, erzählt Teresa.

Sophie hat sich für blaue und schwarze Kulis mit Blumenmuster entschieden. Während sie gemeinsam an der Kasse anstehen, zweifelt Sophie allerdings an ihrer Wahl: Blumenmuster scheinen total *out* zu sein. *In* ist, was niedlich ist, zu dem bereits vorhandenen Sammelsurium passt und möglichst aus Japan kommt. Je bunter, ausgefallener und sogar kindlicher, desto besser. Teresa fühlt sich darin wohl als Expertin. Sie erklärt Sophie alle bekannten Namen und Marken: Neben der bekannten Hello Kitty gibt es Roboterkatze Doraemon und Booboo Cat, das My-Melody-Häschen, Tarepanda-Bärchen, Monchhichi-Äffchen und die undefinierbare, aber beliebte Figur Giligowla.

»Die Schmetterlingsprinzessinnen sind schon was Besonderes, das ist mein Faible.«

Sophie hatte schon im Deutschkurs bemerkt, dass Teresas Schreibblöcke und Stifte alle das Schmetterlingsprinzessinnen-Motiv zeigen.

»Das ist Sophie, meine Deutschlehrerin«, stellt Teresa Sophie nun schon bestimmt der zwanzigsten Freundin kichernd vor. Die Mädchen tragen alle eine einheitliche grüne Schuluniform. Scheinbar stets zu groß, radiert sie nicht nur jede Individualität, sondern auch jede Körperform aus. Mit schüchternem Make-up und wippenden Pferdeschwänzen tummeln sie sich in Scharen im Schreibwarenladen. Mit dem Schmetterlingsprinzessinnen-Faible will sich Teresa wohl von ihren Freundinnen abheben, denn die kaufen wiederum andere Motive.

Besorgt schaut Teresa immer wieder auf die Uhr. Endlich sind auch sie an der Reihe zu bezahlen. Teresas Freizeit und die ihrer Freundinnen ist für heute vorbei. Ganz in der Nähe ertönen fast im Chor die Big-Ben-Gongs der Nachhilfeschulen. Sie rufen Teresa zur Mathematik- und Geschichtsnachhilfe bis 21.10 Uhr. Sophie erinnert Teresa noch mal daran, das Alphabet zu wiederholen, und schon ist diese mit ihren Freundinnen im nächsten Haus verschwunden.

Verschwunden ist auch Sophies Energie. Nach nicht ganz einer halben Stunde hat sie sich sattgesehen an der bunten Pracht und dem geschäftigen Treiben und fühlt sich ganz plötzlich müde und ausgelaugt. Sie erinnert sich an Queenies Worte über das *qì*, die Lebensenergie: Viele Menschen an einem Ort entziehen einem das eigene *qì*. Das Date mit Yi-fan in einer halbe Stunde kann sie aber auf keinen Fall absagen, denn es ist schließlich der chinesische Valentinstag – der siebte Tag des siebten Monats im Mondkalender. Also gibt es nur eine Lösung: neues *qì* tanken. Und welcher Ort wäre da besser als ein ruhiges Plätzchen im Park.

Sophie folgt der Navigations-App und lässt sich wenig später auf eine der Banken unter den Zypressen fallen. Die späte Nachmittagssonne strahlt noch heiß, lässt lange Schatten auf den Steinweg werfen. Zikaden zirpen in Wellen, ein lauter und leiser werdendes Rauschen. Hinter den Bäumen ragen Hochhäuser wie Termitenstöcke empor, draußen flackern Ampeln, dröhnt der Verkehr, kocht die hektische Stadt. Hier drinnen herrscht eine feierliche Ruhe. Während langsam die Sonne untergeht, blinken die Parklampen auf. Sophies Augen werden so schwer wie wohl Teresas Augen noch vor zwei Stunden in ihrem Deutschkurs.

Als ihr Handy klingelt, schreckt sie hoch.

»Hey, hier ist Mei-yin! Hast du einen schönen Valentinstag?«

»Noch nicht. Yi-fan und ich treffen uns aber gleich. Ich habe dich lange nicht gesehen. Wir müssen uns bald mal wieder treffen«, versucht Sophie vom Thema Valentinstag abzulenken, ist doch Mei-yins Trennung von Ming-lun gerade mal einen Monat her.

»Ja, vielleicht machen wir ein Doppeldate. Ich bin so verliebt. Er heißt Tobias, kommt aus Hamburg und macht ein Auslandssemester in Taipeh. Wir kennen uns erst zwei Wochen, aber bis jetzt läuft alles super. Ich muss los. Wir gehen gleich Abendessen.«

»Ich freue mich für dich! Schönen Valentinstag!«, wünscht Sophie. »Und teilt euch keinen Schirm und keine Birne«, fügt sie lachend hinzu. Doch das hört Mei-yin schon nicht mehr. Dafür ist der nächste Anruf in der Leitung: Yi-fan.

»Ich bin in einem Park gleich in der Nähe des Hauptbahnhofs. Würdest du mich abholen?«, säuselt Sophie noch etwas verschlafen in ihr Handy.

»Im Park? Nein, auf keinen Fall! Ich warte am Parkeingang. Beeil dich und komm schnell raus da!«, antwortet Yi-fan schroff und Sophie, die an einen romantischen Spaziergang mit ihm im Park unter Sternen zum chinesischen Valentinstag gedacht hatte, ist ziemlich enttäuscht.

»Wèishénme ne?«

Was ist diesmal schiefgelaufen?

Am siebten Tag des siebten Monats im Mondkalender, nach unserem Kalender ein Tag im August, ist der chinesische Valentinstag.

Nach einer Legende können in dieser einen Nacht zwei Sterne – der Hirtenjunge und das Webermädchen – die sonst durch die Milchstraße voneinander getrennt sind, beisammen sein.

Leider hat Sophie sich die falsche romantische Aktivität ausgesucht, denn der gesamte siebte Monat ist in Taiwan auch der Geistermonat, an dem so einiges Tabu ist. Dazu zählt, sich nach Anbruch der Dunkelheit im Park aufzuhalten. Dem Volksglauben nach stehen einen Monat lang die Tore zur Unterwelt offen und die Geister und Seelen der Toten kommen zur Erde herauf. Vornehmlicher Hangout der Unterweltler ist der Park. Was für ein schlechter Ort also für einen romantischen Spaziergang! Dem armen Yi-fan – obgleich er ein Mann ist und der jüngeren Generation angehört – schlottern bestimmt allein bei dem Gedanken die Knie. Nun hätte er Sophie von den Geistern erzählen können, die wahrscheinlich gerade unsichtbar neben ihr auf der Parkbank lungerten, und sie warnen können, aber während des Geistermonats spricht man auch nicht über Geister.

Was können Sie besser machen?

Während in den meisten Ländern Asiens oft nur das Geisterfest am 15. Tag des siebten Monats gefeiert wird, ist in Taiwan der gesamte siebte Monat von Zeremonien, Opfergaben aus Totengeld und Speisen sowie von besonders vielen Tabus geprägt.

So finden keine Hochzeiten statt, medizinische Eingriffe werden verschoben, Reisen nicht gebucht, große Anschaffungen vertagt, Umzüge unterlassen. Alles würde in diesem Monat nur schiefgehen und einen ins Unglück stürzen. Mit dem Fuß laut aufzutreten, nachts zu singen und zu pfeifen, das alles lockt umherwandernde Geister an. Man sollte außerdem über Nacht keine Wäsche draußen hängen lassen, kein Geld von der Straße aufheben oder sich nicht an Wände lehnen, denn da überall lauern die Geister, klammern sich an Unvorsichtigen fest und ziehen sie mit sich in die Unterwelt hinab. Auf gar keinen Fall darf man nachts fotografieren, denn sollte ein Geist aus Versehen mit auf dem Foto sein, würde dieser das gar nicht toll finden und den Fotografen heimsuchen. Wenn man nachts eine Stimme seinen Namen rufen hört oder ein Tippen von hinten an seiner Schulter verspürt, sollte man sich keinesfalls umdrehen, sondern einfach weitergehen. Auch der letzte Bus und die letzte Metro sowie Krankenhäuser, tiefes Wasser und eben Parks bei Nacht sind zu meiden.

Was für eine lange Liste an Regeln und Tabus! Sie können sie befolgen oder einfach ignorieren. Sollten Sie sie ignorieren, wundern Sie sich aber nicht, wenn Sie allein im Schwimmbad schwimmen, allein durch Taiwan reisen, allein im letzten Bus nach Hause sitzen oder allein abends im Park spazieren gehen.

Nachdem die Geister und Seelen der Toten ihren Weg dank der Gesänge der Mönche und der Papierboote und Laternen als Wegweiser auf dem Wasser zurück in die Unterwelt gefunden haben, kehrt dann wieder Normalität ein.

説到 ... apropos ... Nachhilfe

Nahezu jeder Schüler in Taiwan – egal ob er gut oder schlecht in der Schule ist – wird von seinen Eltern nach dem Unterricht zu mindestens drei Stunden Nachhilfeunterricht am Tag geschickt. Die Eltern haben Angst, dass ihr Kind sonst hinter den anderen Schülern zurückfallen könnte, schließlich erwartet sie alle am Ende der Schule der schwierige Einstufungstest, das Joint College Entrance Exam, für die Aufnahme an einer möglichst guten Universität. In den Schulfächern, die in den Nachhilfeschulen unterrichtet werden, wird oft der Lehrstoff des kommenden Schuljahres behandelt, sodass im eigentlichen Unterricht in der Schule nunmehr bereits Gelerntes wiederholt wird. Ein normaler Tag eines Schülers endet häufig wegen all der Hausaufgaben, die nach dem Nachhilfeunterricht auch noch erledigt werden müssen, erst kurz vor Mitternacht. Übrigens gibt es selbst in den Ferien oft Extrakurse in der Schule. Ein Ferientag ist für viele kaum kürzer als ein Schultag – es verschieben sich nur die zeitlichen Anteile von Schul- und Nachhilfekursen.

27 糟糕! – *Zāogāo!* – Verflixt!

Wie man auf dem Trockenen sitzt, wenn einem das Wasser bis zum Hals steht

Sophie hat immer mehr Arbeit an der Nachhilfeschule. Ihre Klassen sind voll und es gibt viele Anfragen für Einzelunterricht. Ein beruhigendes Gefühl für Sophie, vom Verdienst bequem ihre Rechnungen bezahlen zu können und am Ende des Monats sogar noch etwas übrig zu haben. Ganz schön schwer ist es aber, dann auch noch die Hausaufgaben des Chinesischkurses zu erledigen, die Tests zu bewältigen und mit dem Lerntempo der anderen mitzuhalten.

»Zāogāo!«, ruft sie, als sie die Note unter ihrem letzten Chinesischtest sieht. *Zāogāo* ist ihr neues Lieblingswort. Wortwörtlich »verflixter Kuchen« bedeutet es einfach so viel wie »Mist!« oder »Verflixt!«

Da kommt es ihr gerade recht, dass am nächsten Tag ein Taifun Taiwan erreichen soll. Falls die Regierung beschließt, dass es zu gefährlich ist, das Haus zu verlassen, hätte sie einen ganzen Tag frei zum Lernen.

»Seht alle die Nachrichten im Fernsehen, dann wisst ihr, ob wir morgen Kurs haben und den großen Test schreiben oder nicht. Seid auf jeden Fall vorsichtig! So ein Taifun ist nicht auf die leichte Schulter zu nehmen. *Xiǎoxīn!* – Vorsicht!« Mit diesen Worten und einem besorgten Stirnrunzeln entlässt Lehrerin Lü ihre Schüler in die Mittagspause.

Fürsorglich ruft Yi-fan gleich nach Unterrichtsschluss Sophie an und gibt ihr nützliche Anweisungen: »Erstens: sofort im Supermarkt für die nächsten ein bis zwei Tage einkaufen. Zweitens: auf die Fenster dicken Klebestreifen über Kreuz kleben, denn falls die Fenster brechen, splittert das Glas nicht so. Drittens: Eimer mit Wasser voll lassen, falls der Strom ausfällt, dann funktionieren ja auch die Pumpen nicht mehr, und ohne Wasser keine Toilettenspülung. Viertens: Taschenlampen mit Batterien bereitlegen. Habe ich noch was vergessen? Fünftens: auch sonst alles taifunsicher machen.«

»So ein Taifun klingt nach ganz schön viel Arbeit«, mault Sophie und schreibt sich eine Liste. Sie beschließt, es sich bei dem ganzen Stress der letzten Tage gemütlich zu machen und den wahrscheinlich freien Tag zum Anlass zu nehmen, auch mal wieder zu kochen, und zwar ihre Leibspeise: Spinat mit Ei und Kartoffeln.

Aber erst mal ist geistige Nahrung wichtiger. Falls wirklich der Strom ausfallen sollte, ist sie ohne Fernsehen und Internet. Ohne Bücher aber kann Sophie nicht sein, und so bleibt sie erst mal in der Bibliothek, wie an jedem ihrer freien Mittwochnachmittage, und sucht nach neuer Lektüre.

Eingedeckt mit Büchern für zwei Tage will sich Sophie nun auch mit Lebensmitteln eindecken und betritt in den späten Nachmittagsstunden den Supermarkt gleich um die Ecke. Hier herrscht erstaunlich viel Betrieb für diese Zeit. Sophie fällt Yi-fans stark betontes *sofort* im Anruf mit den Anweisungen ein. In der Gemüseabteilung dagegen ist es leer. Leer sind allerdings auch alle Fächer, in denen sich sonst Obst und Gemüse in Hülle und Fülle befinden.

»*Bùhǎoyìsī!* – Entschuldigung! Wo sind denn bitte der Spinat, die Kartoffeln und die Zwiebeln?«, fragt Sophie eine der hektisch herumlaufenden Verkäuferinnen und ist stolz, endlich ihre chinesischen Gemüsevokabeln anwenden zu können.

»*Méiyǒu a!* – Gibt's nicht!«, antwortet die kurz und sieht Sophie völlig verständnislos an. Das angehängte *a* verleiht ihrer Antwort einen derartigen Nachdruck, der Sophie nicht wagen lässt, noch einmal genauer nachzufragen.

Wie? Was heißt hier *méiyǒu* – gibt's nicht? Und was soll aus Sophies Leibspeise werden? Dann gibt es doch aber bestimmt Tomaten, Paprika und Gurke für einen Salat.

Fehlanzeige. Auch diese Fächer im Regal sind leer.

»*Bùhǎoyìsī!* – Entschuldigung! Und die Tomaten, Paprika und die Gurken bitte?«

»*Méiyǒu a!* – Gibt's nicht!« Das angenervte, schniefende Ausatmen mit Taifunstärke der Verkäuferin pustet Sophie aus der Gemüseabteilung.

»*Zāogāo!* – Mist! Das wird dann wohl nichts mit Kochen.«

Sophie beobachtet die Taiwaner um sich herum und tut es ihnen dann gleich: sie greift zu Fertignudelgerichten und Chips, schnappt sich die vorletzte Klebebandrolle und reiht sich in die lange Schlange an der Kasse ein. Irgendwie hat sie das Gefühl, doch etwas vergessen zu haben.

Zu Hause angekommen beklebt Sophie die Fenster und hortet Wasser in allen auffindbaren Gefäßen. Danach schaltet sie auf einen der sage und schreibe sieben 24-Stunden-Nachrichtensender, auf denen ununterbrochen die neuesten Updates zum Taifun gesendet werden. Sophie verfolgt die wahrscheinlich kleinste und dünnste Reporterin des Fernsehsenders, die sich vor der Kamera an das Mikrofon klammert, fast weggeweht wird und dabei die aktuelle Lage aus Yilan im Osten Taiwans berichtet. Dort soll der Taifun in fünf Stunden an Land gehen. In Taipeh ist es noch ganz ruhig. Sophie kann gar nicht glauben, dass in der Nähe ein Taifun herumspuken soll. Um 20 Uhr abends verkündet dann die Regierung offiziell, dass am nächsten Tag in ganz Taiwan *táifēngjià* ist – Taifunferien. Sophie bekommt also tatsächlich eine Schonfrist bis zur nächsten Chinesischprüfung und kann morgen zu Hause bleiben.

Um 22 Uhr kommt etwas Wind auf. Ab und zu regnet es. Um Mitternacht sitzt Sophie auf ihrem Bett und bekommt langsam Angst. Am Fenster ziehen Regentropfen lange Bahnen. Der Taifun lässt das Haus leicht schaukeln, macht Sophie schwindlig im sechsten Stock, wie auf einem Schiff. Sie tastet sich zur Küchenzeile vor und nimmt sich die Wasserflasche. Durch Schütteln merkt sie, dass diese schon halbleer ist. Bis morgen früh reicht das Trinkwasser gerade noch so, wenn sie sehr sparsam ist, dann muss sie nach dem Taifun im Supermarkt gleich neues Wasser kaufen.

Der Wind heult, schießt die Tropfen wie Schrotkugeln gegen die Hauswand und drückt das Wasser durch den kleinen Spalt am Rahmen der undichten Fenster herein. Auf einer Insel umgeben von Wasser, wo es nur so vom Himmel schüttet, wo die Luftfeuchte einen ständig wie ein nasses Handtuch umschlingt, aber kaum mehr Trinkwasser zu Hause ist, sinkt Sophie in den Schlaf.

Sie träumt, dass sie riesigen Durst hat. Im Traum krümelt und stiebt ihr alles Wasser, das sie trinkt, die Kehle hinunter und ihre Zunge klebt in ihrer Mundhöhle fest.

»*Zāogāo!* – Mist!« Sophie keucht laut. In der Tiefe ihres Halses ist ein dauerhaftes Vakuum, so, als würde sie gleich einen Schluckauf bekommen, als würde sie implodieren. Das Vakuum im Hals bewegt sich langsam in ihren Kopf. Ihre Hände graben sich in Wellen hinein, um zu schwimmen, krallen sich in ... die Bettdecke.

Sophie wacht auf, als es laut knallt. Draußen ist es finster. Es muss gegen zwei Uhr nachts sein. Die Straßen der Stadt sind leer. Wegen des Taifuns ist alles geschlossen – auch die Karaokebar gegenüber. Die Laternen des Tempels schwingen wild im Wind hin und her. Äste liegen auf der Straße. Ab und zu sind in der Ferne Sirenen von Feuerwehrwagen und Polizeiautos zu hören. Das Dach auf ihrem Zimmer zittert und scheppert, wenn der Wind dagegen bläst und versucht, darunter zu fahren und es abzuheben. Mit zusammengekniffenen Augen erkennt Sophie durch das Licht der Straßenlaternen, dass der Wind ihre vielen kleinen Blumentöpfe auf der Terrasse umgeworfen hat. Auch die Orchidee steht nicht mehr dort, wo sie mal stand. Die Blumen draußen in Sicherheit zu bringen, daran hatte Sophie gar nicht mehr gedacht. Wenigstens die große Palme und den Bananenbaum, die im Wind heftig hin und her schwingen, will sie retten. Sie reißt die Tür auf und zieht unter großen Anstrengungen die zwei Pflanzenkübel in ihr Zimmer.

Pitschnass und erschöpft lässt sie sich auf das Bett fallen. Der Fernseher knackt. Sophies Augen kleben, alles ist feucht und schmierig. Unter Sophies Fingernägeln drückt der Schmutz. Sie taumelt vom Bett zum Waschbecken. Der Wasserhahn quietscht, als sei er seit Jahren nicht geöffnet worden. Er faucht und röchelt. Sophie keucht und versucht das Vakuum in ihrem Hals herunterzuschlucken. Als sie das Licht anknipst, bleibt es dunkel.

»*Zāogāo!* – Mist! Kein Strom ... und keine Batterien für die Taschenlampe, fällt mir gerade ein«, kommentiert Sophie die Lage. Wahrscheinlich ist ein Baum in die Stromleitung gefallen.

»*Zāogāo!* Kein Leitungswasser, fast kein Trinkwasser, kein Strom und keine Batterien. *Zāogāo!*«

Doch es kommt noch schlimmer. Während Sophie in der Mitte des Zimmers steht und vor sich hin schimpft, merkt sie, wie ihre Füße nass werden. Nicht nur feucht, nein, richtig nass. Sie steht im Wasser. Unter der Eisentür zur Terrasse über die Türschwelle hinweg strömt es herein. Sophie verfällt in Panik.

»*Zāogāo! Zāogāo! Zāogāo!* Woher kommt denn nur das ganze Wasser?«

Was ist diesmal schiefgelaufen?

Zāogāo denken bestimmt auch die Leute, die unter Sophie wohnen und bei denen das angestaute Wasser durch die Decke tropft.

Taifune bringen extrem viel Regen in sehr kurzer Zeit. Hätte Sophie mal einen Blick auf die Terrasse geworfen, wäre ihr aufgefallen, dass die umgefallenen Pflanzen den Abfluss der Terrasse blockiert und die Erde und Blätter das Abflussrohr verstopft haben. Das Wasser sammelt sich nun und steht bereits an den Wänden der Terrasse zehn Zentimeter hoch.

Noch vor einigen Monaten hat Sophie Queenies Warnungen in den Wind geschlagen – im wahrsten Sinne des Wortes. Auch die Naturgewalten in einem Land stellen Regeln auf, deren Nichtbefol-

gung Unvorsichtige in Fettnäpfchen bzw. in diesem Fall in Wasser-
lachen treten lässt.

Auf der einen Seite steht Sophie bis zum Knöchel im Wasser,
auf der anderen Seite wird sie in den nächsten Tagen auf dem Trockenen sitzen. Sie wird nämlich kein Trinkwasser haben. Um die
Wasserreservoire vor zu viel Wasserdruck zu schützen, werden oft
deren Schleusen geöffnet und alles Wasser rauscht davon. Auch das
noch vorhandene Wasser ist durch den Taifun aufgewühlt und die
Wasserreinigungsanlagen kommen mit der Wasserfilterung nicht
mehr hinterher. In einigen Stadtteilen kommt gar kein Wasser oder
nur braunes aus den Leitungen. Und schon bald ist alles Trinkwasser in den Supermärkten und Mini-Märkten ausverkauft.

Was können Sie besser machen?

Wo auch immer Sie in Taiwan wohnen, machen Sie ihre Unterkunft
»taifunsicher«. Achten Sie darauf, dass alles gut befestigt ist und
nichts vom Wind weggeweht werden kann. Stellen Sie sicher, dass
die Abflüsse auf Balkonen und Terrassen frei sind und auch frei
bleiben.

Stocken Sie Ihre Wasser- und Nahrungsmittelvorräte auf. Sophie
hat hier bewiesen, dass sie auf bestem Weg ist, eine waschechte
Taiwanerin zu werden: sie hat Fertignudelgerichte gekauft. Soll-
ten Sie nicht ohne frisches Obst und Gemüse auskommen, müssen
Sie das schon etwa zwei Tage vor dem Taifun einkaufen. Kurz vor
und besonders nach einem Taifun gibt es nur sehr wenig Obst und
Gemüse und wenn, dann zu horrenden Preisen. Der Regen und der
Wind zerstören die Felder samt dem, was darauf wächst.

Bleiben Sie an »taifunfreien« Tagen im Haus. Selbst wenn Sie
in der Stadt vor großen Katastrophen wie Überschwemmungen und
Erdrutschen ziemlich sicher sind, so können Sie doch leicht von
herumfliegenden Gegenständen oder umfallenden Bäumen und
Baugerüsten getroffen werden.

說到 ... apropos ... Taifun

Im Laufe eines Jahres entwickeln sich über zwanzig tropische Wirbelstürme im nordwestlichen Pazifischen Ozean, von denen drei bis vier letztendlich auf Taiwan treffen. Das passiert meistens in den Sommermonaten. Während sich die Städter über arbeitsfreie Tage freuen, ist es für die Leute auf dem Land und besonders in den Bergen problematischer, wo die Taifune mit heftigem Wind und starken Regenfällen Überschwemmungen und Erdrutsche verursachen, die nicht nur Stromkabel und Telefonleitungen, sondern auch Brücken, ganze Straßen und manchmal sogar ganze Dörfer mit sich reißen.

28 沒辦法! – *Méi bànfǎ!* – Da kann man nichts machen!

Als Wasserratte unter Nichtschwimmern

Die Luft nach dem Taifun ist sauber und angenehm abgekühlt – für ein paar Tage. Dann wird es wieder brütend heiß. Die Hitze drückt das Quecksilber im Thermometer auf die 37 hoch. Der Wettergott schickt blauen Himmel und Sonne satt. Das macht das Stillsitzen im Chinesischkurs umso anstrengender: draußen lacht die Sonne und drinnen kichern immer noch Sophies japanische Mitschülerinnen um die Aufmerksamkeit des australischen Mitschülers Marc. Neuerdings versorgen sie ihn sogar jeden Morgen mit selbstgekochtem Essen. Nur wenn es ein Erdbeben gibt, vergeht ihnen das Kichern und sie reißen schreiend ihre mit Kajalstift großgemalten Augen auf. Sophie würdigen sie kaum eines Blickes und nur ihre koreanische Mitschülerin, die Chinesisch lernt, um später auf dem Festland zu missionieren, fragt sie dann und wann: *»Do you know Jesus?«*

Wie gut, dass es im Kurs seit Kurzem die Amerikanerin Natalie gibt. Ihre Eltern kommen aus Taiwan, sind aber noch vor Natalies Geburt in die USA ausgewandert. Sie hat am ersten Kurstag allen berichtet, dass es ihr erster langer Aufenthalt in Taiwan ist, um die Verwandtschaft kennenzulernen – dabei zog sie eine Grimasse. Und um Chinesisch zu lernen, denn seit ihrem Kindergartenalter hat sie sich geweigert, mit den Eltern Chinesisch zu sprechen. Sie war Sophie auf Anhieb sympathisch. Frech und fröhlich bietet sie den zuckersüßen japanischen Mitschülerinnen Paroli, die nun öfter wegen ihr angenervt die Augen verdrehen.

Zu Hause lässt Sophie die Bücher mit einem großen Knall auf den Tisch und sich selbst auf das Sofa fallen. Sie braucht eine Pause. Montag bis Freitag Chinesischkurs mit Hausaufgaben und Deutschschüler im Einzelunterricht und am Wochenende Deutschkurse, das strengt auf die Dauer ganz schön an. Wie gut, dass sich Teresa gerade für ein wichtiges Klavierkonzert vorbereitet und ihre Eltern deshalb den Einzelunterricht für den nächsten Tag verschoben haben.

»Los, es ist Taifunwetter, perfekt für einen Tag am Strand«, meint Natalie, als sie mit Sophie zum Vokabelpauken auf deren wieder trockenen Terrasse sitzt.

»Taifunwetter? Schon wieder ein Taifun? Ich habe noch vom letzten genug. Außerdem sehe ich nur blauen Himmel, keine einzige Wolke. Da ist doch kein Taifun.«

»Noch nicht. Aber was denkst du, wo die ganzen Wolken hin sind?«

»Keine Ahnung, es gibt einfach keine.«

»Doch, gibt es. Die versammeln sich gerade alle um das Taifunauge, das in drei bis vier Tagen hier sein wird. Die Ruhe vor dem Sturm sozusagen.«

Sophie plant, diesmal gleich morgen alles taifunsicher zu machen.

»Deshalb sollten wir die Zeit nutzen und heute ans Meer fahren«, beendet Natalie ihr Plädoyer für den Strand.

In fünf Minuten sind Handtuch, Bikini und Bücher eingepackt und Sophie ist abmarschbereit. Eine Dreiviertelstunde dauert es mit der MRT bis zur Endstation Danshui, einem Vorort Taipehs. Natalie und Sophie lassen die drückend heiße und mit Abgasen durchtränkte Luft der Innenstadt hinter sich und atmen tief die salzige, saubere Meeresluft ein. In Danshui mündet der Danshui-Fluss ins Meer, der im nördlichen Teil des zentralen Berglandes Taiwans entspringt. An der Uferpromenade reihen sich Seafood-Restaurants, Cafés und Souvenirshops. Die wippenden Boote am Pier schaffen ein mediterranes Flair. Auf der anderen Seite des Wassers sieht man Bali, die Insel im Fluss, die man nur über eine einzige Brücke oder per Fähre erreichen kann. Für einen Moment spielt Sophie mit dem Gedanken, nach Danshui zu ziehen und in einer andauernden Urlaubsstimmung zu leben. Aber was sind fünf Minuten zu Fuß verglichen mit einer 50 Minuten MRT-Fahrt jeden Tag zum Sprachkurs? Der Bequemlichkeit halber schlägt sie sich den traumhaften Gedanken an ein Zimmer mit Blick aufs Wasser zumindest für die nächsten Monate aus dem Kopf.

Mit klackenden Flipflops eilen sie in T-Shirt und Minirock quer über die volle Straße zum Bus, der von der MRT aus Richtung Keelong fährt. Der Fahrer nickt kurz. Sie werfen sich wie Schulkinder auf die Bussitze, die unter ihren Beinen kleben, denn im Bus ist es trotz Klimaanlage heiß. Häuserblöcke ziehen an den speckig beschlagenen Fenstern des Busses vorbei. Nach zehn Minuten Fahrt beginnen die Häuser langsam zu schrumpfen und die Lücken dazwischen werden größer.

»Bis zum Strand ist es noch eine halbe Stunde«, stellt Natalie fest, die wohl gemerkt hat, wie aufgeregt Sophie vor Vorfreude wird.

Als der Berufsverkehr sich lichtet und sie die ersten gläsernen Straßenbuden passieren, in denen leicht bekleidete Mädchen Betelnüsse an Fernfahrer verkaufen, geben die Bäume den Blick auf das Meer an der Nordküste Taiwans frei.

»Baishawan!«, hustet der Busfahrer laut nach hinten zu ihnen. Der Name bedeutet »Weißer Sandstrand«.

»*Dào le!* – Angekommen!«

Natalie und Sophie springen auf, hetzen die Stufen hinunter aus dem quietschenden Bus auf die staubige Landstraße, die sich am Meer entlang schlängelt. Sie laufen durch ein verschlafenes Örtchen mit ein paar Läden, in denen Schwimmwesten und Badeanzüge verkauft werden. Dann steigen sie die Treppen und den Weg hinunter zum kilometerlangen Strand. Der aufgeheizte Sand brennt unter ihren Füßen, obwohl es noch früh am Tag ist.

Der Strand und das Meer rechts von ihnen sind übersät mit Kitesurfern, die mit ihren bunten Schirmen über die schäumende Wasseroberfläche sausen. Links spielen taiwanische Studenten: voll bekleidet veranstalten sie wie Kindergartenkinder eine Sandschlacht. Sie kreischen und lachen, graben sich bald gegenseitig im Sand ein; ins Wasser gehen sie nur bis zur Hüfte. Sophie muss sofort an Teresa denken, die im Moment bestimmt in der Schule über einem Test brütet und später die Klaviertasten zum Glühen bringt. Bestimmt hat sie auch ihre Deutschhausaufgaben für morgen noch nicht gemacht und wird sie auch mal wieder nicht machen. Doch davon erzählt Sophie den Eltern nichts. Sie ist schon zufrieden, wenn Teresa nur ein oder zweimal pro Deutschstunde kurz einnickt.

Am Strand stehen Zelte aus dicken Planen aufgereiht. Natalie und Sophie winken freundlich ab, als man ihnen anbietet, ein Zelt zu mieten. Zu laut ist es zwischen den Studenten, zu viele Leute baden vor den Zelten in einem kleinen, mit Seilen und Bojen abgegrenzten Bereich von etwa 50 mal 50 Metern.

»*Too much sun! Skin – méi bànfǎ!* Die Haut – da kann man nichts machen!«, sagt der Zeltvermieter und zeigt missbilligend auf seine eigene dunkelbraune Haut und dann zur Sonne hoch.

Natalie und Sophie schütteln mit den Köpfen. Ein bisschen Farbe wollen sie ja auch bekommen. Tagein, tagaus sitzen sie im Kurs und in der Bibliothek, kein Wunder, dass sie kreidebleich sind. Sie lassen sich etwas abseits nieder und blicken auf das Meer von der Nord-West-Küste aus. Ganz weit hinten am Horizont sehen sie große Frachtschiffe, die den Hafen in Keelong ansteuern. Die Wellen rauschen, die Sonne steht hoch und schickt so viele Strahlen, wie sie nur kann, zu ihnen herunter, die im Bikini und mit Sonnenbrille ihre Handtücher ausbreiten. Sie holen die Bücher aus der Tasche. Eine angenehme Seebrise streicht über die Haut und vertreibt die sonst so unerträgliche Schwüle der Luft. So lässt es sich gut Vokabeln pauken.

Bald werden sie beäugt. Noch vor wenigen Minuten haben die Studenten im Sand und in dem abgegrenzten Bereich im Wasser herumgetollt, jetzt aber haben sie sich immer näher an Natalie und Sophie herangewagt, unter dem Vorwand, am Strand Ball zu spielen. Die Studentinnen kichern und die Studenten fragen schüchtern: *»How are you? Where are you from? What is your name?«*

»Ich glaube, es liegt am Bikini«, flüstert Sophie. Sie betrachtet die Mädchen. Alle tragen normale Kleidung wie Jeans und langärmliche Tops, und damit gehen sie auch ins Wasser. Nicht eine von ihnen trägt einen Badeanzug, geschweige denn einen Bikini. Die Jungen tragen nasse, mit Sand verklebte Jeans oder Shorts, einige auch noch ein T-Shirt.

»Ich glaube auch«, raunt Natalie zurück. »Ich wusste gar nicht, dass die jungen Leute hier in Taiwan so konservativ sind. Von dem, was ich in der Fernsehwerbung und in den Zeitungen sehe, dachte ich, das Gegenteil sei der Fall.«

»Die werden wir wohl nicht los. *Méi bànfǎ!* – Da kann man nichts machen!«

Um wenigstens den neugierigen Blicken und den Fragen etwas zu entkommen und sich abzukühlen, beschließen die beiden, ins Wasser zu gehen. Der Sand ist so heiß geworden, dass sie die wenigen Meter bis zum Wasser Flipflops tragen müssen. Kaum haben ihre Zehen das badewannenwarme Nass berührt, schrillt hinter ihnen eine Trillerpfeife. Sophie zuckt zusammen, sieht sich kurz um, dann setzt sie den Fuß ins Wasser und macht ein paar Schritte nach vorn. Die Wellen schlagen frisch um ihre Unterschenkel. Sie wackelt mit den Zehen und seufzt vor Entzücken. Das Wasser glitzert in der Sonne. Über sie fliegt ein Flugzeug am diesigen Himmel hinweg. Noch zwei Schritte, dann spritzen die Wellen schon fast bis zum Po. Es pfeift wieder. Diesmal energischer. Noch zwei Schritte macht Sophie nach vorn und Natalie hockt sich neben ihr bis zu den Schultern ins Wasser, dann ertönt ein Dauerton aus der Trillerpfeife. Einer der Rettungsschwimmer kommt mit dem Vierrad-Roller angeprescht.

»Stopp! Das ist verboten! *Méi bànfǎ!* – Da kann man nichts machen!«

Er zeigt auf das mit Seilen und Bojen markierte Stück im Wasser. »Da stehen die Studenten Schulter an Schulter, so voll ist es. Flach ist es außerdem, da geht mir ja das Wasser gerade mal bis zum Bauchnabel. Können wir nicht hier ein bisschen ...?«, mault Natalie.

»Nein. *Méi bànfǎ!* – Da kann man nichts machen!«, sagt er streng und keine Widerrede duldend. Dann fährt er zu seinem Rettungsposten zurück.

Was ist diesmal schiefgelaufen?

Natalie und Sophie haben sich hier auf verbotenes Terrain begeben. Ins Wasser darf man nur im mit Seilen und Bojen abgegrenzten Bereich von etwa 50 mal 50 Metern. So merkwürdig es Ihnen erscheinen mag: Die Taiwaner wohnen auf einer relativ kleinen Insel umgeben von Wasser, aber die meisten von ihnen können nicht schwimmen. Viele von den Nichtschwimmern unterliegen auch noch dem Trugschluss, dass es im tiefen Wasser ungefährlich ist, sobald sie andere darin planschen sehen. Dazu kommt, dass es an manchen Stellen eine starke Strömung gibt, die schon viele ahnungslose Schwimmer in den Tod gerissen hat.

Der abgegrenzte Bereich, wo einem das Wasser bis zum Po geht, ist von Rettungsschwimmern überwacht, die selbst oft nicht die fittesten Schwimmer sind. »Auf eigene Gefahr« gibt es nicht. Da hilft kein Betteln und Vorzeigen von Seepferdchen-Urkunden. Und wenn sie Franziska van Almsick höchstpersönlich wären: *Méi bànfǎ!* – Da kann man nichts machen! Und sagt ein Taiwaner *Méi bànfǎ!,* dann meint er das so. Diskussionen sind zwecklos. Wo kein Wille ist, da ist auch kein Weg.

Jugendliche in Taiwan sind nicht konservativ. Dass hier niemand einen Bikini trägt und stattdessen alle voll bekleidet ins Wasser gehen, liegt auch daran, dass niemand Badebekleidung kaufen würde, nur um einmal im Jahr mit den Kommilitonen kindisch zu planschen und seine durch Tests, Hausaufgaben und Nachhilfeunterricht verpasste Kindheit aufzuholen.

Was können Sie besser machen?

Dass die Taiwaner Angst vor dem Meer haben und dieses besonders während des Geistermonats meiden, hat seinen Vorteil: Auch wenn einige Strände von Taipeh aus gut zu erreichen sind, sind sie trotzdem nie überlaufen. Hier kann man auch auf einer dichtbesiedelten Insel mal fast allein sein. Befolgen Sie aber die Anweisungen der Rettungsschwimmer oder suchen Sie sich einen unbewachten Strand. Nehmen Sie sich aber auf jeden Fall vor den tückischen Strömungen in Acht! Ein ruhiges Meer, das an der Oberfläche etwa so gefährlich wie ein Ententeich wirkt, kann weiter unten im Wasser einen starken Sog haben, der Sie wie von Geisterhand auf das offene Meer hinaustragen kann – egal, wie sehr Sie auch paddeln.

Sie können auch bedenkenlos westliche Badekleidung tragen. Das ist weder anstößig noch unzulässig. Wundern Sie sich aber nicht über den einen oder anderen neugierigen Blick.

說到 ... apropos ... Betelnüsse

Wenn Sie auf den Fernstraßen Taiwans fahren, werden sie oft Kioske ganz aus Plexiglas am Straßenrand sehen, in denen leicht bekleidete junge Frauen sitzen, die Betelnüsse mit einem Hauch Erotik an Fernfahrer verkaufen. Diese Frauen nennt man *Bīnláng Xīshī*. *Bīnláng* heißt »Betelnuss« und *Xīshī* ist der Name einer der vier mythischen Schönheiten, die zur Zeit der Frühlings- und Herbstannalen, also im siebten oder sechsten Jahrhundert vor Christus, gelebt haben sollen. Die Betelnussverkäuferinnen kommen meistens aus armen Verhältnissen. Oft sind es Schulabbrecherinnen, die unausgebildet keinen anderen so gut bezahlten Job finden. Sie stolzieren wie auf einem Laufsteg der Victoria-Secret-Show die Straße zu den im Auto wartenden

Kunden hinunter, mit einer kleinen Plastiktüte voller Betelnüsse und einer Wasserflasche in der Hand.

Der Genuss der grünen Betelnüsse hat eine anregende und aufweckende Wirkung, die wesentlich stärker als die von Kaffee ist. Verkauft wird meistens an Fernfahrer und Bauarbeiter, die davon rot verfärbte Zähne und glasige Augen haben, die Reste auf den Boden spucken und so eine rote Kleckserei auf dem Asphalt hinterlassen.

說到 ... apropos ... im Ausland aufgewachsene Taiwaner

In Taiwan findet man viele junge Leute, die einige Zeit oder gar ihre ganze Kindheit im Ausland verbracht haben. Einige wurden von ihren Eltern zu Verwandten meist nach Nordamerika oder Australien geschickt, um Englisch zu lernen und ausländische Schulabschlüsse zu erhalten. Andere wiederum gingen mit ihren Eltern ins Ausland, weil die Eltern von ihrer Firma versetzt wurden, einen Doktor im Ausland machten oder einfach ihrer Abenteuerlust folgten. Die Rückkehr in die Heimat Taiwan ist oft ein Kulturschock. Es dauert lange, bis sie wieder ankommen. Manche von ihnen fühlen sich nirgends ganz zu Hause, weder in der Kultur, in der sie aufgewachsen sind, noch in Taiwan.

29 你怎麼了? – *Nǐ zěnme le?* – Was ist denn los mit dir?

Von der Sonne geschlagen, von der Friseurin zerkratzt

Auf dem Weg zurück in die Stadt beschließt Sophie, öfter zum Strand zu fahren. Wo hat man schon das Meer quasi vor der Haustür? Mit Sand zwischen den Zehen, kribbelndem Meersalz auf den Schultern und von der Sonne gerötetem Gesicht sitzt sie mit Natalie kurz vor Sonnenuntergang glücklich und erschöpft in der sauberen, kühlen MRT – wie eine Außerirdische zwischen den vielen müde dreinblickenden Taiwanern in Geschäftskleidung oder Uniformen.

Nach so viel Natur wirkt die Stadt plötzlich wie eine andere Welt. Wie gut, dass alle Vokabeln sitzen und die Hausaufgaben erledigt sind. Erschöpft von Eindrücken duscht Sophie noch schnell, trägt Creme auf die rotbraune Haut auf und fällt ins Bett. Sie schläft auch sofort ein, für ein paar Minuten zumindest. Dann ist sie wach. Sie fühlt sich erschlagen und ausgelaugt, aber sie kann nicht wieder einschlafen. Es scheint ihr, als sei sie selbst zum Schlafen zu müde. Zwei Uhr. Träge wälzt sich sie von einer Seite auf die andere, macht die Klimaanlage aus, macht sie wieder an, liest, wiederholt Vokabeln. Drei Uhr. In der klaren, aber immer noch heißen Nachtluft schlurft sie auf der Terrasse hin und her, gießt die Pflanzen, blickt auf die ruhige Gasse unter ihr, auf die ruhelose Stadt dahinter. Halb fünf. Am Horizont hinter den Hochhäusern klettert der nächste Tag empor. Ein heller Streifen zieht auf. Sophie versucht es noch einmal. Augen zu, Vokabeln im Schlaf vorgesagt, das hat sonst immer perfekt gewirkt, besser als jede Schlaftablette.

»*Nǐ zěnme le?* – Was ist denn los mit dir?«, flüstert Sophie besorgt zu sich selbst.

Sind die Wunden ihres gebrochenen Herzens wieder aufgerissen? Sicher hat sie am Strand gestern einmal kurz an Jan gedacht, der das Meer genauso liebt wie sie. Aber dass sie davon gleich einen Rückfall bekommt?

Um sieben Uhr quält sich Sophie aus dem Bett, zieht ein weißes, schulterloses T-Shirt an, das ihre neue Bräune besonders gut zur Geltung bringt, kauft sich vorsorglich und ausnahmsweise, gegen den Rat des chinesischen Arztes, einen Kaffee und sitzt wenig später im Chinesischkurs über dem Test. Hinter ihrer Stirn spürt sie ihren Puls schlagen. Ist ihr Herz von der Brust in den Kopf gewandert? Wie soll sie dann aber entscheiden, ob sie auf den Kopf oder auf ihr Herz hören soll, wenn nun alles eins ist? Aber eigentlich müsste sie erst mal die Frage zwei des Tests beantworten – egal ob mit Kopf oder Herz. Mit dem Bleistift. Wie schreibt man gleich noch mal das chinesische Zeichen für »denken«? Erst noch einen Schluck Kaffee für den Kopf, gegen das Herz.

Sophies Gedanken kreisen wild, die Konzentration ist dahin, Kopfschmerzen ziehen auf. Natalie schaut besorgt zu ihr herüber. Sophie schaut aus dem Fenster. Strahlender Sonnenschein, blauer Himmel. Wie schön wäre es, wie gestern am Strand zu liegen, ein Nickerchen zu machen, aufs Meer zu starren und die Seele baumeln zu lassen.

In der Pause legt Natalie die Hand an Sophies Stirn: »Etwas warm, aber nicht heiß. Höchstens Temperatur, aber kein Fieber. Nichts Schlimmes. Vielleicht Migräne oder Wetterfühligkeit oder eine Frauensache.«

»Wer weiß. Das wird schon wieder«, seufzt Sophie. Ihr Tag heute ist noch lang. Nach dem Chinesischkurs unterrichtet sie Teresa im Einzelunterricht und danach hat sie sich mit Yi-fan zu einem traditionellen taiwanischen Eis verabredet.

»Ih! *Nǐ zěnme le?* – Was ist mit dir los? Du bist ja ganz schwarz«, meint Teresa, als sie Sophie sieht, und zeigt entsetzt auf deren gebräunte Haut.

»Ich bin nicht schwarz, sondern braun, gebräunt von der Sonne«, verbessert Sophie Teresa. »Und das ist doch schön.«

»Na, ich weiß ja nicht. Ich will jedenfalls weiß bleiben. Blasse Haut ist am schönsten.«

Sophie betrachtet Teresa. Sie hat wirklichen einen Teint wie Porzellan, bis auf ihre dunklen Augenringe. Sophie hat das immer darauf geschoben, dass Teresa nie Zeit hat, draußen in der Natur zu sein, bei all ihren Schul- und Nachhilfekursen, Hausaufgaben und Klavierstunden. Ihre feine Haut ist von blauen Äderchen durchzogen. Nur rechts an ihrem Hals, knapp unter ihrem Ohr, sitzt ein kleiner Leberfleck. Und da ist noch etwas anderes. Unter dem Kragen der hellgrünen Bluse ihrer Schuluniform erkennt Sophie dunkelrote Flecken, die sich von Teresas Nacken bis zum Rücken herabziehen müssen – ganz klar sind das Blutergüsse unter der Haut.

»*Nǐ zěnme le?* – Was ist denn mit deinem Rücken passiert?«, fragt sie entgeistert.

»Ach, nicht so schlimm!«, winkt Teresa ab.

»Wer hat das denn gemacht?«

»Mein Vater. Gestern. Ich war zu lange draußen und dann sehr müde und konnte mich nicht richtig konzentrieren.«

In Sophie kocht es. Sie spürt eine enorme Wut in sich aufsteigen. Wie konnte der Vater der kleinen Teresa so weh tun? Was ist zu tun? Die Polizei informieren? Oder lieber erst mal die Direktorin der Nachhilfeschule Frau Huang? Aber Sophie ist hier Ausländerin. Was weiß sie schon.

Sophie beschließt heute Abend als erstes Yi-fan zu fragen. Und wenn der nicht weiter weiß, Queenie und Mei-yin anzurufen.

Sophie versucht sich auf den Unterricht zu konzentrieren. Das Denken fällt ihr bei den Kopfschmerzen und nach der schlaflosen Nacht besonders schwer. Auch Teresa scheint heute noch schlapper als sonst. Beide kämpfen sie sich durch jede einzelne Minute der anderthalb Stunden Kurs.

»Tschüss, bis nächste Woche! Ich muss zum Klavierunterricht.« Teresa springt auf. Sophie ist noch ganz in Gedanken versunken.

»Bis nächsten Mittwoch! Vielleicht kann ja mal dein Vater mit zum Kurs kommen«, ruft Sophie ihr hinterher. Dann packt auch sie ihre Bücher zusammen und eilt die Treppen hinunter auf die Straße, wo Yi-fan schon auf sie wartet. Die Hitze und die Luftfeuchtigkeit machen die Luft zu einer zähen, geleeartigen Masse, in die man eintaucht und die dann an einem klebt, wenn man die mit Klimaanlagen gekühlten Häuser verlässt. Der blaue Himmel ist hinter dem Dunst der Großstadt verschwunden.

»*Nǐ zěnme le?* Du siehst müde aus. Alles okay?«

»Jaja, alles okay. Ich freue mich schon riesig auf das Eis.«

Wie schön ist es, sich auf einem Moped durch die Stadt bis direkt ans Ziel bringen zu lassen. Selbst das Verkehrschaos zur Stoßzeit entlockt Sophie heute kein Wimpernzucken und keine Ausrufe des Schreckens mehr. Yi-fan stellt sich für sie beide in der langen Warteschlange an, während Sophie erschöpft unter dem Ventilator am Tisch wartet. Schon bald bringt er zwei große Suppenteller: auf einem Berg aus geschabtem Eis liegen süße Mangostückchen übergossen mit Kondensmilch und Zuckerrohrsirup. Sophie, die an Eiskugeln in einer Waffel gedacht hat, schaut erst ein bisschen verwundert, findet aber schnell, dass es an einem heißen, stickigen Tag wie heute viel besser ist, sich löffelweise Eisschnee mit Früchten in den Mund zu schieben als an einer kleinen Eiskugel zu lecken. Beide greifen beherzt zu. Doch bald wird Sophie mit jedem Löffel müder und lethargischer.

»Irgendetwas stimmt mit dir heute nicht.«

»Ich weiß auch nicht. Ich habe die ganze Nacht nicht geschlafen. Außerdem gehen meine Kopfschmerzen nicht weg. Wahrscheinlich werde ich krank. Eine Erkältung von den eisigen Klimaanlagen vielleicht. Ich fühle mich so ausgelaugt«, lamentiert Sophie.

»Du machst zu viel, mein *bǎobèi.* Du brauchst mal einen Tag frei oder wenigstens einen halben, an dem du wirklich nichts machst.«

Sophie findet es toll, dass Yi-fan sie mit mitleidiger Stimme *bǎobèi,* also Baby oder Schatz, nennt und jammert eifrig weiter: »Ich hatte ja gestern fast den ganzen Tag frei und habe nichts gemacht, nur den ganzen Tag faul am Strand herumgelegen. Nicht mal schwimmen im Meer war ich. Wie auch, hier gibt es ja nur einen Minibadebereich.«

»Soso, du warst draußen, den ganzen Tag. Hm. Laufende Nase? Ist dein Mund trocken und dein Urin sehr gelb?«

Sophie wird rot. Wie peinlich. Jetzt reden sie beim Date über ihren Urin. Aber sie nickt.

»Ganz klar *zhòngshǔ,* ähm, wie sagt man? Hitzschlag.«

»Ach Quatsch! Bei Hitzschlag ist man fast bewusstlos, übergibt sich, hat starken Schwindel und hohes Fieber«, fachsimpelt Sophie, die mal Medizin studieren wollte.

Yi-fan zieht die Stirn kraus und dann den halbvollen Teller mit Eis von Sophie weg.

»Kein Eis mehr für heute. Ich weiß, wer dir da helfen kann.«

»Ich will aber mein Eis aufessen. Und ein Arzt kommt gar nicht infrage. Das wird schon wieder«, schnieft Sophie leise. Aber viel Energie hat sie nicht für Widerspruch und Protest.

Nicht weit entfernt biegen sie mit dem Moped von der Hauptstraße in eine kleine Gasse ab und halten direkt vor einem winzigen Friseursalon. Draußen hängen verwaschene Handtücher zum Trocknen, davor parken Mopeds und Kinderroller. Drinnen herrscht ein Geschnatter und Chaos wie in einem Hühnerstall. Frauen sitzen unter Wärmehauben und reden mit anderen Frauen, die wohl die Friseurinnen sind, wie Sophie vermutet. Alle lachen laut, trinken Tee und gestikulieren wild. Sophie versteht kein Wort – sie reden Taiwanisch. Dazwischen rennen kleine Kinder ohne Unterhose kreischend umher, manche fahren mit dem Dreirad zwischen den Friseursesseln auf und ab. Im Hintergrund läuft der Fernseher, der in einem klapprigen

Gestell in einer Ecke hängt. Fotos von Models aus Magazinen stecken in den Spiegelrahmen. Der Ventilator an der Decke lässt sie flattern. In einer Ecke liegt ein Haufen benutzter Handtücher.

»Ein Friseur?«

Yi-fan ignoriert Sophies erhobene Augenbrauen.

»*Āyí?* – Tante?«

Alle sehen zu ihnen. Sophie steigt über das Dreirad und Spielzeug zu Yi-fan.

Die stämmigste und älteste unter ihnen mit Lockenwicklern in den Haaren reagiert und legt Yi-fan ihren dicken Arm um die Schulter. Alle starren inzwischen Sophie an. Ihr wird heiß, noch heißer als ihr den ganzen Tag ohnehin schon ist. Auch Yi-fan redet nun Taiwanisch. Beide nicken und winken Sophie zu sich heran.

»Ich bin für eine halbe Stunde im Comicbuchladen nebenan. Die Tante wird sich um dich kümmern. Hier störe ich nur. Zieh die Bluse aus und sie macht dann alles Weitere. Ich kann dir das leider nicht auf Englisch erklären und auf Chinesisch würdest du das nicht verstehen. *Bǎobèi,* du bist in guten Händen. Und du wolltest ja keinen Arzt. Bis später!« Und schon ist er verschwunden.

Die Tante hat inzwischen eine Kiste aus dem Regal geholt, in der lauter kleine Gläser verpackt sind. Mit einem scharf riechenden Öl reibt sie Sophies Rücken ab, setzt dann ein Glas nach dem anderen auf Sophies Haut auf und pumpt die Luft aus dem Glas. Danach hält die Tante Sophie an den Schultern mit firmem Griff still und fährt mit den festgesaugten Gläsern auf ihrem Rücken hin und her, bis sie sie an eine Endposition schiebt und dort haften lässt. Im Spiegel kann Sophie sehen, wie ihre Haut in die Gläser eingesogen wird und langsam rot anläuft. Hinauf bis in den Nacken und sogar am hinteren Hals hat sie bald Gläser sitzen. Weh tut es nicht und Sophie lässt alles müde über sich ergehen. Ab und an gibt es ein schmatzendes Geräusch, wenn eins der Gläser den Halt verliert. Als schließlich alle zwölf Gläser kleben, zeigt die Tante auf die Uhr: »So zehn Minuten, Viertelstunde. Dann sehen wir mal.«

Die Kinder kichern. Die Tante wäscht der nächsten Kundin die Haare. Sophie starrt abwechselnd auf den Fernseher und auf den Spiegel.

»*Āiya!* Ach du meine Güte!«, meint die Tante, als sie Sophies Rücken inspiziert. »Je röter es wird, desto mehr Hitze steckt in deinem Körper fest und wird herausgesaugt.«

Sophies Haut wird tatsächlich immer röter, ja, ist schon ganz tiefrot im Nackenbereich, wie viele übertriebene Knutschflecke. Und das ist nicht alles. Sie erinnern Sophie an Teresas Flecken am Hals und am Nacken. Wie gut, dass sie erst mal nicht Alarm geschlagen hat.

Was ist diesmal schiefgelaufen?

Was auf Deutsch mit Hitzschlag übersetzt wird, entspricht nicht ganz dem, was der Taiwaner meint, wenn er in der chinesischen Medizin von *zhòngshǔ* spricht. Hohe Temperaturen und starke Sonnenbestrahlung sind anstrengend für den Körper. Kommt dann aber noch wie in Taiwan eine hohe Luftfeuchtigkeit dazu, die sich wie ein feiner Film auf die Haut legt, überwältigt das die Wärmeregulierungsmechanismen des Körpers, es gibt kein genügendes Schwitzen und man überhitzt. Es ist wie in einer Sauna mit Aufguss ohne anschließende Abkühlphase und Kaltbad – und das stundenlang. Die von Klimaanlagen heruntergekühlten Büros und Geschäfte, kalte Getränke und auch geraspeltes Eis mit Mangostückchen setzen dem ganzen dann noch eins drauf, indem sie verursachen, dass sich die Hautporen zusammenziehen und damit der Körper die Fähigkeit verliert, Wärme abzuleiten, sodass die Wärme nach innen wandert und dort stecken bleibt. Dieser Wechsel zwischen heißen und kalten Umgebungen ist schädlich für die Gesundheit. Sophie hat es mit dem Tag am Strand in der knallenden Sonne und dann der Rückfahrt in der gekühlten MRT auch wirklich herausgefordert.

Was können Sie besser machen?

Schützen Sie sich vor zu viel Sonne und haben Sie besonders im Sommer stets eine Jacke für drinnen dabei. Selbst dem fittesten und klimarobustesten Taiwanbesucher kann die liebe Sonne Arm in Arm mit der Luftfeuchtigkeit so richtig eins auswischen. Die meisten werden es gar nicht merken. Wer denkt schon bei Müdigkeit, Schlaflosigkeit und einer leicht erhöhten Temperatur an steckengebliebene Hitze im Körper und damit an einen sogenannten *zhòngshǔ?* Nehmen Sie das nicht auf die leichte Schulter! So ein Zustand kann Sie wochenlang mit Unwohlsein auslaugen, Ihre Stimmung trüben und Ihre Abwehrkräfte schwächen. Was viele Taiwaner zu Hause selbst oder von einer Tante im Friseursalon machen lassen, kann ein chinesischer Arzt immer noch am besten. Suchen Sie eine Praxis für traditionelle chinesische Medizin auf und fragen Sie nach *báguàn* und *guāshā*. Bei *báguàn* wird mit Vakuum in Gläsern die Hitze über die Haut aus dem Körper gesaugt, bei *guā shā* wird sie mit einer abgerundeten Kante auf der eingeölten Haut herausgerieben. Das stimuliert den Blutfluss und den Fluss des *qì* und leitet überschüssige Flüssigkeit und Giftstoffe aus tiefem Bindegewebe ab. Bereits am nächsten Tag werden Sie sich frisch und erholt fühlen.

Wollen Sie in Taiwan als schön gelten, dann pflegen Sie Ihren blassen Teint. Wie in vielen Regionen Asiens, ist auch in Taiwan porzellanweiße Haut das Schönheitsideal. Sind Sie Sonnenanbeter, dann passen Sie beim Kauf von Kosmetik auf, dass Sie welche ohne Bleichungsmittel finden. Und seien Sie nicht verwundert, dass sich viele Taiwanerinnen auch oder gar besonders bei schönem Wetter nur unter einem Schirm aus dem Haus trauen oder jeden Zentimeter Haut verhüllt auf dem Moped sitzen. So ist das im Leben – man will immer das, was man nicht haben kann: die Haut der Taiwanerinnen reagiert schnell auf Sonnenlicht, während wir Europäer dafür stundenlang in der Hitze brutzeln müssen.

Weh! Jetzt geht es klipp und klapp mit der Scher' die Ohren ab

Mit Kopfhörern und einem Glas heißen Wasser sitzt Sophie in einer kleinen Kabine mit stoffbezogenen Wänden. Sie schielt am Mikrofon vorbei zu ihrer Armbanduhr, die neben dem Lesepult auf dem Tisch liegt. Fünf vor halb vier. Im Aufnahmeraum ist es dämmrig und still. Nur das Mikrofon summt ganz leise. Ihre Hände und Füße sind kalt von der Klimaanlage. Alles andere ist warm – sie will keinen Hitzschlag mehr bekommen und trägt nun im Haus und in der MRT immer Strickjacken.

»Ausarbeiten, ausarten, ausatmen ...«, liest sie.

Auf einer Website für Ausländer in Taiwan hat Sophie vor einiger Zeit eine Stellenanzeige entdeckt: »Deutliche Stimme einer deutschen Muttersprachlerin für Tonaufnahmen für eine Wörterbuchapp gesucht.« Nach einer kurzen Probeaufnahme hat sie glatt den Nebenjob bekommen und geht nun für einige Wochen morgens und manchmal auch nachmittags ins Tonstudio, um Listen von Wörtern abzulesen.

»Ausbauen, ausbessern, ausbeulen ...«

Sophie nimmt das eben abgelesene Blatt vom Pult und legt es auf den Stapel daneben. Das Rascheln des Papiers klingt laut durch den Kopfhörer, als würde eine Mauer einfallen. So viel Spaß der Job die ersten drei Stunden auch macht und so gut bezahlt er ist, so anstrengend ist er auch, wenn es länger als drei Stunden dauert. Dann beginnen nämlich die Kopfhörermuscheln immer mehr auf ihre Ohren zu drücken und die Konzentration lässt nach. Draußen durch das Fenster sieht sie ihren Aufnahmebetreuer Zong-han und den Toningenieur im grellen Regieraum vor ihren Computern.

»Ausbleiben, ausbrechen.«

Sie merkt sich die nächsten zwei Wörter und sieht schnell wieder auf die Uhr, während sie gleichmäßig weiterliest.

»Ausdehnen, ausdenken ...«, zwei vor halb vier, »ausdrücken ...« Sophie hofft, sie würden für heute hier aufhören. Sie fühlt sich auch ziemlich ausgedrückt. Ihre Lesepause lässt Zong-han aufsehen. Er macht eine kreisende Handbewegung und nickt. Sein flehender Blick sagt: »Weiter ... weiterlesen.«

Sophie schätzt Zong-han auf dreißig Jahre. Er ist seit knapp zwei Jahren in der Firma für Fremdsprachen-Apps und untersteht Shimei, die Sophie nur als Stimme mit schlechtem Englisch am Telefon kennt. Fragt Sophie nach, warum etwas so oder anders aufgenommen werden soll, zuckt Zong-han mit den Schultern, verdreht die Augen und sagt:

»Sie ist mein Supervisor. Sie ist eben super und weiß alles. Dazu ist sie die Cousine vom Chef. Aber sie sagt mir nur so viel, wie sie für richtig hält. Manchmal denke ich, sie weiß es selbst nicht.«

Bei »ausdrücken« aufzuhören, wäre so perfekt gewesen. Aber Sophie weiß, dass Shi-mei völlig illusorisch für heute als Ziel angesetzt hat, die Wörter mit A zu beenden. Warum, weiß niemand. Wahrscheinlich nicht mal Shi-mei. Für heute ist jedenfalls bald Schluss. Die Tonstudiozeit ist fast abgelaufen.

»... ausführen, ausgeben, ausgehen.«

»Stopp. Danke. Für heute alles. Morgen wieder«, sagt Zong-han mit gebrochenem Englisch durch das Mikrofon. Ausgehen – das letzte Wort. Sieben nach halb vier.

»*Zhēn de jiǎ de? –* Echt jetzt? *Tomorrow? Tomorrow is off, holiday, moon festival ...*«

Drei Tage lang liest Sophie nun schon Wörter mit A und ist froh über einen Tag Pause, denn morgen ist Mondfest, auch Mittherbstfest genannt. Der Toningenieur stürmt auf den Balkon, um endlich seine Zigarette rauchen zu können. Sophie steht auf, um mitzugehen. Das gebrochene Herz ist schon viel besser geworden, da sollte nach so viel angespanntem Lesen eine Zigarette erlaubt sein.

»Sorry, aber die Verben auf A sind noch nicht fertig, die Verben auf B schaffen wir dann in drei Stunden, die auf C, das sind nicht viele, maximal fünf Minuten, D werden wir nächste Woche anfangen. Was denkst du?«

Sophie klappert mit dem Feuerzeug nervös auf dem Tisch. Sie ist hin- und hergerissen. Auf der einen Seite fühlt sie den Druck, unter dem Zong-han steht, auf der anderen Seite hätte sie morgen gern einen freien Tag mit Yi-fan. Der hat seit drei Wochen einen neuen Job und ist sehr beschäftigt: täglich Überstunden, am Wochenende Fortbildungen, keine Urlaubstage. Sie sehen sich kaum noch.

Sophie zögert. Da brummt ihr Handy: eine Nachricht von Yi-fan.

»5-5-5, heute wird es spät und morgen muss ich im Geschäft aushelfen, habe doch nicht frei. 7-7-0-8-8-0, 5-2-0«, schreibt er.

»Was machst du morgen? Hast du Pläne? Könnten wir hier weitermachen? Bitte!«, bettelt Zong-han.

»Ja, es scheint so. Mein Freund muss auch arbeiten, schreibt er gerade. Was heißt eigentlich 5-5-5?«

»5-5-5 wird auf Chinesisch *wǔ wǔ wǔ* ausgesprochen. Das steht für Weinen, denn so klingt es ja auch: huhuhu! Wer ist denn da nicht glücklich?«, fragt Zong-han neugierig.

»Interessant. Und 7-7-0-8-8-0? Also *qī qī líng bā bā líng*«, sagt Sophie die Zahlen langsam auf Chinesisch auf.

»Das klingt ähnlich wie *qīnqīn nǐ bàobào nǐ* und bedeutet deshalb ›Küsse dich, umarme dich‹.«

Sophie wird rot.

»Und 5-2-0 – *wǔ èr líng?*«

»Oho, das ist kurz für ›Ich liebe dich‹. *Wǔ èr líng* klingt so ähnlich wie *wǒ ài nǐ*«, übersetzt Zong-han grinsend.

»Klingt so ähnlich? Naja, mit viel Fantasie ...« Sophie ist mittlerweile knallrot.

»Für das chinesische Ohr schon. Deshalb ist dann auch der 5-2-0, also der 20.5., der dritte Valentinstag im Jahr. Die Zahlenabkürzungen benutzen viele für SMS und Chats und so, seit Kurzem hört man das aber auch gesprochen oder gar gesungen in Popsongs.«

»Interessant«, meint Sophie verblüfft. »So romantisch können Zahlen sein! Gibt es noch mehr?«

»Dann gibt es noch Mischmasch aus Englisch und Chinesisch wie 8-8-1, *bā bā yī,* schnell gesprochen und zusammengezogen klingt das wie bye-bye! Und 3-*Q* auf Chinesisch gesprochen ist *sān-Q,* also *thank you.*«

»Mehr!«, bettelt Sophie. »Gibt es auch Schimpfwörter?«

»Klar! 7-4-8, *qī sì bā,* klingt wie *Qù sǐ ba* – ›Geh sterben‹, also: ›Geh zur Hölle!‹ Und 5-3-7-6, *wǔ sān qī liù,* klingt wie *Wǒ shēngqì le* – ›Ich bin sauer.‹ Also 5-3-7-6, wenn ich dich morgen nicht um 14 Uhr hier sehe! Nach der Arbeit grillen wir zusammen. Da musst du mitessen. Meine Freundin grillt immer so viel und ich bin ja auf Diät.«

Sophie schickt an Yi-hans Handy 7-7-0-8-8-0, ›Küsse dich, umarme dich‹, zurück. Dann ruft sie Zong-han zu: »Alles klar. 8-8-1! Bis morgen!«

Am nächsten Tag läuft es wie geschmiert. Alle Verben auf A, B und C sind bald eingelesen. Und sogar die Liste mit den Verben auf D haben sie schon angefangen. Sophie legt ein weiteres Blatt beiseite, bewegt kurz ihre Beine, rutscht auf dem Stuhl etwas nach vorn, wartet bis alles wieder ruhig ist und liest die nächste Seite bis zu Ende.

»... darbieten, danken, darben.«

»Supervisor Shi-mei!« Zong-han springt überrascht auf. *Zhēn de jiǎ de? – Echt jetzt?,* denkt Sophie bei sich, als sie im Augenwinkel ein rundliches Mädchen das Tonstudio betreten sieht. Die Jacke ihres Kostüms spannt über Bauch und Busen. Sie schwitzt und wischt sich mit einem rosa Lappen den Schweiß ab.

»Meine Lieben, lasst es mal gut sein für heute«, dazu winkt Shi-mei auch Sophie aus der Tonkabine. Hektisch holt Zong-han eine rote Packung aus seiner Tasche.

»Mondkuchen für Supervisor Shi-mei! Bitte!«

Auch Shi-mei hat Mondkuchen dabei, reißt die Packung gleich auf und bietet allen einen an. Sophie kennt die runden, hellbraunen Kalorienbomben in verschiedenen Größen und mit verschiedenen Füllungen. Sie hat auch welche von ihren Schülern an der Nachhilfeschule bekommen. Auf der Oberseite des Kuchens sind chinesische Zeichen und sie umgebende Ornamente eingepresst. Die Zeichen geben ganz pragmatisch die Füllung und den Namen der Bäckerei an oder sie sprechen gute Wünsche aus. Oft hat Sophie darüber nachgedacht, sich solche Mondkuchen als Dekoration ins Zimmer zu stellen, denn in ihrem traditionellen aber einfachen Design sind sie ganz anders als die oft für das westliche Auge überladenen, fast kitschig erscheinenden Souvenirs. Aber ein Mondkuchen wird sich nicht so lange halten und womöglich Sophie wieder Kakerlaken ins Haus holen.

Sophie greift zu einem kleinen Leckerbissen mit dem Zeichen für Glück – *fú* –, denn das kann man immer gebrauchen. Er ist mit Süßkartoffel, Mungobohnenpaste und einem gesalzenen Eigelb gefüllt. Zong-han kaut auf 500 Kalorien »langem Leben« – *shòu* – und Shi-mei beißt genussvoll in »Harmonie« – *hé*. Wie passend, vielleicht wirkt es im Büro. Shi-mei hält Sophie wieder die Schachtel hin.

»*Bú yòng kèqi!* – Du musst nicht höflich sein.« Die taiwanische Art zu sagen: Greif ruhig zu! Sophie lehnt dankend ab. Schließlich hätte sie dann bereits 1.000 Kalorien zu sich genommen und das angekündigte Grillen hat noch nicht mal angefangen.

»Vielen Dank, Supervisor Shi-mei, das ist doch nicht nötig. Aber wenn Supervisor Shi-mei darauf besteht ...«, säuselt Zong-han und nimmt noch einen, obwohl er doch auf Diät ist. »Wie wäre es übrigens, wenn Supervisor Shi-mei mit uns gleich noch vor dem Haus grillt?«

Sophie versteht die Welt nicht mehr. Nett zur Vorgesetzten sein, okay, aber das ist doch wohl zu viel des Guten.

»Für uns Taiwaner ist ein Mittherbstfest ohne Grillen wie für euch Westler ein Weihnachten ohne Weihnachtsbaum«, erklärt Shi-mei Sophie gerade oberlehrerhaft, als Zong-hans Freundin mit den Grill-Utensilien in der Tür erscheint. Aus dem Treppenhaus ziehen von der Straße her schon Duftschwaden von gebratenem Fleisch herauf.

Gemeinsam laufen sie über die Straße zum Park, der sich mittlerweile mit zig Grillwütigen gefüllt hat, die alle im Dämmerlicht in Gruppen um einen klitzekleinen Grill herumhocken. Sophie, Zong-han und seine Freundin sowie Shi-mei tun es ihnen gleich: noch innerhalb des Parks aber ganz am Rand, fast schon auf dem Bürgersteig und nur zehn Meter von den Auspuffen der Autos, die an der Kreuzung auf Grün warten, finden sie eine freie Stelle und bauen dort den kleinen Grill und die Schalen mit Zutaten auf. Im vorgefertigten Grillset aus dem Supermarkt ist alles, was das Herz begehrt: Fisch, Schrimps, Gemüse, Fleisch, Taro, Süßkartoffeln, Pilze, Mais. Dazu gibt es Taiwanbier.

Während sie Zong-hans Freundin das Grillen überlassen, erzählt Zong-han im gebrochenen Englisch die Sage vom Helden Hòuyì und Cháng'é, seiner schönen Frau: »Vor vielen, vielen Jahre gab es zehn Sonnen und dazu noch dreifüßige Vögel der Sonnengöttin, die eines Tages die Erde vertrocknen und die Ernte verdorren ließen. Hòuyì kletterte auf einen Berg und von dort schoss er die Vögel und neun der zehn Sonnen vom Himmel und befahl der übrig gebliebenen zehnten Sonne, jeden Tag pünktlich auf- und unterzugehen. Seine Belohnung war die Pille der Unsterblichkeit, die aber nicht er, sondern seine Frau schluckte und dann zum Mond hinauf schwebte, wo sie sich einen Palast baute ...«

»... in dem sie heute noch ganz allein lebt. Höchstens ein Hase aus Jade lebt bei ihr. Wieder eine traurige Liebesgeschichte«, beendet Shi-mei vor Rührung schniefend und mit hochrotem Gesicht vom Bier.

»Keine Angst, morgen im Büro wird sie wieder ganz die Alte sein und alle rumkommandieren und tyrannisieren«, kichert Zong-han, der auch ziemlich rote Wangen hat.

Alle suchen den Himmel nach dem Vollmond ab. Doch der versteckt sich hinter Wolken. Regelmäßig reicht Zong-hans Freundin etwas fertig Gegrilltes herüber. Kinder spielen kreischend Fangen zwischen den grillenden Menschengruppen. Die Autos derer, die noch auf dem Weg zum Grillen sind, und derer, die schon davon heimkehren, stimmen dann und wann ein Hupkonzert an. Ein Geruch aus gebratenem Fleisch, Räucherstäbchen und Abgasen breitet sich in der ganzen Stadt aus. Trotzdem fühlt sich Sophie entspannt. Sie sitzt auf einer Bordsteinkante des Parkwegs, hat die Beine von sich gestreckt, greift in ihre Tasche nach einer Zigarette und schaut in den Himmel.

»Da! Da ist er doch, der Mond!«, ruft sie laut und zeigt in den Himmel. Er zeichnet sich wirklich groß und hell zwischen den aufgezogenen Wolken ab. Die Blicke aller wandern mit den Rauchschwaden nach oben und dann wieder herab zu Sophie. Die Kinder, die eben noch wild durch den Park rannten, schauen Sophie ganz erschrocken an, einige halten sich die Hände auf die Ohren und erstarren so ein paar Sekunden. Es scheint, als warten sie darauf, ob etwas passiert. Dann laufen sie ängstlich kichernd zu ihren Eltern.

Sophie zuckt irritiert mit den Schultern, nimmt die Zigarette zwischen die Lippen und als ihr Daumen am Rad des Feuerzeugs schnippt, raunt Zong-han ihr zu:

»*Zhēn de jiǎ de?* – Echt jetzt? Sophie!«

Was ist diesmal schiefgelaufen?

Ohne es zu ahnen, hat Sophie mit dem Fingerzeig auf den Vollmond die Kinder erschreckt. Einige sagen, das bringt Unglück. Kleinen Kindern erzählt man, dass Cháng'é, die Frau im Mond, darüber so sauer wird, dass sie schnurstracks vom Mond herabfährt und dem Zeigenden die Ohren abschneidet.

Für die nichts ahnende Sophie machen die Kinder viel Rauch um nichts. Sie entspannt sich im Park, wo es um sie herum vom Grillen, von Räucherstäbchen und von Autoabgasen nur so qualmt, rußt und räuchert. Da wird doch die eine oder andere kleine Zigarette nichts ausmachen, oder? Ganz falsch! Anders als in den meisten Ländern in Asien herrscht in Taiwan an vielen Orten Rauchverbot.

Was können Sie besser machen?

Der Tobacco Hazard Prevention and Control Act vom Januar 2009 verbietet das Rauchen unter anderem in öffentlichen Verkehrsmitteln, den MRT-Stationen und auch teilweise an Haltestellen, in Arbeitsräumen mit mehr als drei Personen, in allen Restaurants, sogar in Internet-Cafés und Karaoke-Bars. Auch öffentliche Plätze im Freien, die häufig von Kindern und Jugendlichen besucht werden, wie Stadien, große Parkanlagen, Uni-Campi und Zoos sind eingeschlossen. Taiwans Regierung plant sogar, das Rauchverbot auf Autos, Motorräder und Fußgänger auszuweiten. Sind Sie Raucher, dann erkundigen Sie sich, ob Sie an diesem Ort auch rauchen dürfen, bevor Sie den Glimmstengel zur Hand nehmen. Es drohen Strafen zwischen 50 und 250 Euro. Bringen Sie am besten auch einen kleinen tragbaren Aschenbecher mit, denn wie auch Abfalleimer sind Aschenbecher in Taiwan schwer zu finden.

Generell ist es in Taiwan ungern gesehen, wenn man mit dem Zeigefinger auf etwas deutet – seien es die Götterfiguren im Tempel, die Leute in der Metro, die Schüler im Kurs oder eben der Mond am Himmel. Mit dem Zeigefinger zeigen die Taiwaner höchstens auf sich selbst – und auch dann nicht auf ihre Oberkörper, sondern auf ihre Nase. Müssen Sie wirklich auf eine Person zeigen, benutzen Sie in einem solchen Falle die ganze Hand und weisen Sie mit ihr so, als würden Sie jemandem einen Platz anbieten.

説到 ... apropos ... Arbeit und *guānxì* in Taiwan

Das Einstiegsgehalt liegt bei einem Angestellten mit Masterabschluss von einer der besten Universitäten Taiwans nur bei umgerechnet etwa 700 Euro. Der Erwartungsdruck ist hoch, die Bezahlung niedrig, der Aufstieg in der Firma langsam, die Hierarchien unüberwindbar. Unbezahlte Überstunden werden erwartet. Die Urlaubstage pro Jahr sind an einer Hand abzählbar, die dann aber auch nicht nacheinander genommen werden dürfen. Taipeh ist ein teures Pflaster. Kein Wunder also, dass junge Leute bis zu ihrer Hochzeit – also bis Anfang 30 – bei ihren Eltern wohnen. Das Mobbing im Büro gibt es gratis dazu. Vom Vorbild Japan hat Taiwan leider auch Karoshi, *guòláosǐ,* den Tod durch Überarbeiten übernommen.

Guānxì, in etwa das Vitamin B der westlichen Arbeitswelt, allerdings viel wichtiger und allgegenwärtig, wird durch die Interaktionen mit Verwandten und Freunden, Klassenkameraden und Kollegen und durch die Teilnahme an sozialen Aktivitäten von Veranstaltungen wie Hochzeiten, Geburtstagen und Beerdigungen gestärkt. Wichtige oder in der Zukunft möglicherweise wichtige Personen wollen zum Tee eingeladen, zu Hause besucht, zum Essen ausgeführt und beschenkt werden.

Wenn der Hellseher nicht schwarzsehen will

Auch wenn die vielen Mondkuchenkalorien bei Weitem noch nicht verbraucht sind, tappt Sophie bald in die nächste Kalorienfalle: *qīngwā chuáng nǎi* – wortwörtlich »Frosch zerschlagen in Milch«. Das ist aber ein ganz vegetarisches Getränk: die berühmten Tapioka-Perlen eingelegt in Karamell mit Milch übergossen. Queenie hat sie nach Gongguan eingeladen, ein Gebiet in der Nähe des Hauptcampus der National Taiwan University. Hier gibt es eine große Metrostation und allein dadurch viele kleine Geschäfte, Essensstände und Restaurants. Rechts vor dem Stand bildet sich eine dreißig Meter lange Schlange geduldig wartender Kunden, links drei mannshohe Haufen leerer Milchtüten. Die acht Hände der Angestellten arbeiten wie eine gut geölte Maschine und ehe sich Sophie und Queenie versehen, sind sie an der Reihe. Die erste Person fragt nach dem Begehren und stellt die Becher hin, die zweite Person schaufelt die Perlen hinein, die dritte Person füllt die Milch hinzu, die vierte Person verschweißt, verpackt und kassiert das Geld.

Auch wenn Sophie kein großer Fan von Tapioka-Perlen ist, diese hier sind etwas Besonderes wegen des Karamellgeschmacks. Sophie und Queenie setzen sich auf eine Bank im wunderschönen Campus der National Taiwan University und ziehen die süßen Kügelchen durch ihre dicken Strohhalme hoch. Queenies flacher Bauch ist ein runder Babybauch geworden, ihr eleganter Gang auf hohen Schuhen ein Watschelgang in Flipflops. Aber sonst ist sie ganz die Alte.

»Mitte Dezember kommt das Baby und da ist er schon weheheg«, schluchzt sie laut.

Mit *er* meint sie ihren Mann, der dann weg aus Taiwan und in Singapur sein wird. Da hat ihn seine Firma hinversetzt.

Alle Leute auf den Nachbarbänken starren sie schon an. Gefühlsausbrüche sind in Taiwan schließlich nicht an der Tagesordnung. Sophie erinnert sich daran, dass es in allen Situationen gilt, das Gesicht zu bewahren – nur Queenie ist das im Moment egal. Wahrscheinlich liegt es an den Schwangerschaftshormonen, vermutet Sophie.

»Was soll ich denn nur mahahahachen?«, heult sie laut.

»*Hǎo diūliǎn!* – Wie peinlich! Shhhhh«, zischt Sophie und merkt, wie taiwanisch sie schon geworden ist.

»Was soll ich denn nur machen?«, wiederholt Queenie noch einmal, diesmal leiser.

»Wie wäre es mit einer Fernbeziehung? Dann würde sich doch zu jetzt nichts ändern, außer dass er nicht in China sondern in Singapur ist.«

»Auf keinen Fall. Mit Baby und ohne ihn funktioniert das nie im Leben! Vielleicht sollte ich mit ihm nach Singapur gehen.«

»Mit Baby in ein fremdes Land ohne Familie, ohne Freunde und mit einem Mann, der dauernd Überstunden macht? Ich weiß nicht. Und was sagt deine Mutter dazu?«

»Die sagt gar nichts. Wir reden gerade nicht miteinander. Eine ganz andere Frage ist: Was sagt das Schicksal dazu?«

»Und wie willst du das herausfinden?«

»Wahrsagen natürlich«, antwortet sie schnippisch, als sei es das Normalste der Welt, und fährt im nächsten Atemzug oberlehrerhaft fort: »*Suànmìng* ist die Wahrsagerei, *mìng* ist das Schicksal, *suàn* bedeutet berechnen.«

»Und wer berechnet dir das?«

»Wir fragen erst mal direkt die Götter, das ist am billigsten.«

»Wir?«

»Du hast doch heute Nachmittag nichts vor, oder? Und eine kleine Lebensberechnung kannst du bestimmt auch vertragen. Oder hast du gar keine Fragen an deine Zukunft?«

»Doch, klar, ich hätte da schon ein paar Fragen, aber eigentlich auch genug Vokabeln zu lernen«, klagt Sophie. Aber eigentlich hat sie dazu heute gar keine Lust. Sie hat langsam das Gefühl, nichts Neues mehr im Kurs dazuzulernen, und die Doppelbelastung als Chinesischschülerin und Deutschlehrerin nagt an ihr. Außerdem lernt man eine Sprache im Alltag sowieso viel besser. Es kommt ihr also ganz gelegen, dass Queenie beschließt, in die Zukunft zu sehen und sie mitsehen zu lassen.

»Warum nicht? Wohin geht's?«

»Zum Longshan-Tempel.«

»Schon wieder?«, stöhnt Sophie und bereut schon, dass sie zugesagt hat.

»Ja, aber nicht, um zu den Göttern zu sprechen. Diesmal geht es darum, die Götter sprechen zu lassen.«

Durch den Tempel in Sophies Straße hat sich Sophies anfängliches Interesse an Tempeln und Taoismus in Taiwan ziemlich gelegt, schließlich erlebt sie fast jedes Wochenende religiöse Zeremonien und Rituale. Aber der Gedanke, dass die Götter zu ihnen sprechen, fasziniert sie dann doch – ein Tempelorakel sozusagen.

Da es früher Nachmittag ist, ist es ruhig im Longshan-Tempel. Sie stehen dem Hauptaltar gegenüber. Queenie hat wieder die zwei halbmondförmigen roten Holzklötzchen in der Hand, die an der einen Seite flach und an der anderen Seite gewölbt sind: die Götter befragen mit Holzklötzchen werfen.

»Und was ist jetzt so anders verglichen mit dem letzten Mal?«

Queenie ignoriert sie, schließt die Augen, hebt die zwei Holzklötzchen in ihren gefalteten Händen zur Stirn, verweilt einen Augenblick betend und lässt sie dann auf den Steinboden vor sich fallen. Es erscheint sofort das erhoffte Resultat: eine flache und eine runde Seite nach oben – ja.

Queenie hüpft voller Freude zum Kübel mit den Schicksalsstäbchen. Sie beginnt den Holzkübel zu schütteln und nach etwa einer

Minute beginnt einer der langen Bambusstäbe aus dem Bund der anderen herauszuwandern. Queenie schüttelt noch so lange weiter, bis er herausfällt. Auf dem Stäbchen steht eine Zahl geschrieben. Sophie macht große Augen.

»Das funktioniert tatsächlich!«

»Na, was denkst du denn. Nummer fünf!«

Mit der Nummer fünf gehen Queenie und Sophie zu einem abgewetzten Holzschränkchen, das eine Vielzahl an winzigen Schubladen hat, alle mit einer Nummer beschriftet. Aus Schublade fünf nimmt Queenie einen bedruckten Zettel.

»Ein Stäbchengedicht, das die Antwort auf meine Frage enthält«, kommentiert sie.

»Ein Gedicht? Dann sind die Götter auch noch kreativ, wenn sie antworten?«

Queenie hört nichts um sich herum. Gespannt liest sie den Zettel. Dann murmelt sie: »Es sieht nicht so gut aus, so viel verstehe ich. Leider kann ich nicht mehr lesen, denn das Gedicht ist im klassischen Chinesisch geschrieben, mit alten chinesischen Metaphern verpackt in vier kurzen Sätzen, die dann passend zu meiner Frage interpretiert werden müssen. Wir müssen uns vom Tempelpersonal helfen lassen.«

Meister Xu von vor acht Monaten ist heute nicht zu sprechen, dafür aber Meister Xie, der sieht fast genauso aus: ein alter Mann in einem Kittel, nur seine weißen Haare sind länger.

»Was bedeutet das?«, fragt Queenie und schiebt den Zettel über den Tisch zu ihm.

»Deine Bemühungen sind schwer im Vergleich zum Gedeihen. Das Leben ist nicht aussichtslos, aber es gibt viele gefährliche Dinge, vor denen du dich in Acht nehmen musst. Wie dunkle, kleine Wolken, die den Mond bedecken, behindern viele Probleme dein Leben. Wie eine elegante Frau, deren Duft sich im Zimmer wie Weihrauch verbreitet, so kann sich dein Herz nicht sammeln, nicht zur Ruhe kommen. Deine Wünsche sind schwer zu erreichen. Sei geduldig! Was du verloren hast, ist schwer wieder zu finden. Vermeide es zu reisen, umzuziehen, beobachte die Situation und handle dann! Aber sei stets vorsichtig, in allem, was du tust«, murmelt Meister Xie mit belehrender Stimme. Sein langes weißes Haar wippt mit dem Klang seiner Worte. Als er fertig gesprochen hat, zieht er sich zurück.

Queenie steht ratlos da. Was denn nun? Soll sie oder soll sie nicht mit nach Singapur ziehen? Soll Krösus den Halys überschreiten oder nicht?

»Besondere Situationen erfordern besondere Maßnahmen. Dann wird es eben etwas teurer. Bist du bereit, 25 Euro in deine Zukunft zu investieren?«

»Ähm, das kommt darauf an ...«, antwortet Sophie zögernd und Queenie greift zum Handy. Kurz darauf hört Sophie zu, wie sie etwas von Notfall, Dilemma und Zeitdruck erzählt. Nachdem sie aufgelegt hat, ordnet sie an: »Los! Zum Wahrsager!«

Der Linienbus schaukelt Sophie und Queenie die steil ansteigende Bergstraße auf den Yangming-Berg hinauf. Die Wolken tauchen die Landschaft mit den wenigen Häusern in Nebel. Sie teilen sich eine Session von einer Stunde: 25 Euro pro Person, so viel sollte ein Blick in die Zukunft mit Entscheidungshilfen schon wert sein, meint Queenie. Und irgendwie hat sie recht, denkt Sophie: Was wäre denn besser, als den Wahrsager die Entscheidung über die Chinesischkurse treffen zu lassen, seine Prophezeiung zu ihrer Zukunft mit Yi-fan zu hören, und vielleicht kann sie ihn ja fragen, wie es Jan ergeht – hoffentlich schlecht.

Als sie pünktlich im Vorzimmer sitzen, müssen sie doch noch eine Weile warten. Vor ihnen scheint auch ein Notfall zu sein. Sophie rutscht unruhig auf ihrem Stuhl hin und her, denkt über weitere Fragen nach. Queenie quasselt ununterbrochen weiter. Sie muss wohl auch sehr nervös sein.

»Einem Bekannten von mir hat er vorhergesagt, dass er zweimal heiraten würde. Da er aber seine Freundin sehr liebte und nicht mit dem Gedanken an eine Scheidung leben wollte, heiratete er vor der Hochzeit noch schnell eine Verstorbene und machte so die Hochzeit mit seiner Freundin zu seiner zweiten Hochzeit. Sehr praktisch so ein Wahrsager, nicht wahr?«

»*Zhēn de jiǎ de!?* Echt? Eine Verstorbene heiraten? Wo gibt's denn so was?«

Aber dazu kommen sie nicht mehr. Sie sind an der Reihe: »Der Nächste, bitte!« Wie in der Sprechstunde beim Arzt.

Sie treten in ein Zimmer, das bis auf einen großen Schreibtisch und zwei Stühle völlig leer ist. Hinter dem Schreibtisch thront der Wahrsager – ganz anders als erwartet: kein kleiner Greis mit Kristallkugel und schwarzer Katze, sondern ein beleibter Mann Ende 50, sehr gepflegt in einer schwarzen Mandarinjacke aus Seide mit traditionell verzierten Knopf-Knoten. Am Finger trägt er einen schweren Ring aus Jade. Mit seiner Brille, die fast schon auf der Nasenspitze sitzt, sieht er eher aus wie ein Professor oder der Chef einer Bank. Er fragt nach Queenies Geburtsort, -datum und -stunde, dann beginnt er mit Tusche und Pinsel in ein kleines rotes Heft zu schreiben. Ab und an hält er für einen Moment inne, bewegt seine Finger und scheint, daran etwas abzuzählen.

Als Queenie ihr Anliegen vorbringt, schüttelt er energisch den Kopf: »Nein, du musst hier bleiben, die Sache mit deiner Mutter in Ordnung bringen und in Taiwan auf deinen Mann warten.«

Queenie zuckt zusammen und auch Sophie ist überrascht: vom Streit mit ihrer Mutter hat Queenie kein Wort erwähnt.

Queenies zweites Anliegen ist es, eine glücksverheißende Geburtsstunde und einen Namen für ihr Kind zu finden. Es wird ein Junge. Sie gibt dem Wahrsager die Schwangerschaftsdaten und wieder bewegen sich die Finger des Wahrsagers.

»Am dritten Dezember zwischen 14 und 15 Uhr ist die perfekte Zeit. Der vierte um zehn Uhr morgens wäre auch möglich.«

Queenie nickt aufmerksam und schlägt ihren Terminkalender auf.

»Wie möglich? Woher weißt du denn, wann das Baby genau kommt? Selbst wenn du die Wehen einleiten lässt, selbst dann ...«, fragt Sophie dazwischen.

»Kaiserschnitt. Ganz einfach. So machen das viele. Ich muss nur nachher gleich im Krankenhaus anrufen und den Termin machen. Hoffentlich ist eine der beiden Zeiten noch frei.«

»Die Zeit des Kaiserschnitts und ob es überhaupt einen Kaiserschnitt gibt, wird nicht nach medizinischen Kriterien festgelegt, sondern nach der Rechnung eines Wahrsagers?«

Sophie ist entgeistert, weiß sich aber diesmal schnell zurückzunehmen, um den Wahrsager nicht das Gesicht verlieren zu lassen.

»So, und nun zu Ihnen.«

Der Wahrsager beginnt sein Können zu demonstrieren, indem er Sophies letzten drei Monate umschreibt. Dabei erwähnt er einen peinlichen Moment, was Sophie als ihr Zeigen auf den Mond deutet, und eine Gesundheitssache, die wohl der Hitzschlag sein muss. Als er von einem gebrochenen Herzen vor einem Jahr spricht, ist sich Sophie sicher, dass die 25 Euro eine gute Investition waren.

Sophie kramt ihren Fragezettel hervor und erfährt, dass sie weiter Chinesisch lernen soll. Er errechnet in ihrem Schicksal, dass sie in zwei Jahren Taiwan verlassen wird – ohne Yi-fan. Dieser Beziehung gibt er nur noch wenige Monate. Sophie schluckt. Queenie auch.

»Ach ja, und Sie könnten sich heute erkälten, Vorsicht!«

Na klar, bei dem kühlen und feuchten Klima hier auf dem Berg. Das sagt er bestimmt jedem seiner Kunden, denkt Sophie. Der Wahrsager überreicht ihr das rote Heftchen, in dem sie seine Prognose in feinster Kalligrafie jederzeit noch einmal nachlesen kann.

»Fünf Minuten sind noch Zeit. Haben Sie noch eine Frage?«

Sophie hat alle Fragen auf ihrem Zettel gestellt. Auch Queenie zuckt mit den Schultern. Jetzt ist die Gelegenheit. Noch eine Frage, schnell, bevor die Zeit herum ist. Sophie überlegt fieberhaft.

»Wie alt werde ich denn?«, platzt es schließlich aus ihr heraus.

Da legt er die Stirn in Falten, verschränkt die Arme und schüttelt mit dem Kopf: »*Méi bànfǎ!* – Da lässt sich nichts machen! Der Nächste, bitte!«

Was ist diesmal schiefgelaufen?

Sophie hat mit der Frage nach ihrer Lebenserwartung indirekt gefragt, wann sie stirbt. Mal ganz davon abgesehen, ob es wirklich ratsam ist, zu wissen, wann man dem Tod ins Auge schauen muss – Sophie hat hier eine der wenigen Fragen gestellt, die kein Wahrsager beantworten will oder gar darf. Auch wenn die Wahrsager in Taiwan niemandem nach dem Mund reden, sondern sagen, was sie in der Zukunft sehen, so behalten sie doch die ganz schlimmen Sachen für sich, zum Beispiel den Tod oder einen Unfall. Mit diesem Wissen würden die Menschen ja alles tun, um dem Tod von der Schippe zu springen, und damit die Zukunft stark zu verändern. Schon ein einziges zurechtgebogenes Schicksal würde zu einem Dominoeffekt führen und den Lauf der Dinge komplett beeinflussen. Das verärgert die Götter. Und welcher Wahrsager will schon den Zorn der Götter auf sich ziehen?

Was können Sie besser machen?

Wahrsagen in Taiwan ist so wichtig wie der Besuch beim Zahnarzt. Mindestens einmal pro Jahr muss man sich beraten lassen, bei wichtigen Entscheidungen oder Lebenskrisen gern auch öfter. Plant man einen Besuch bei einem berühmten Wahrsager, kann es durchaus sein, dass man drei oder vier Wochen warten muss. Machen Sie wie beim Zahnarzt rechtzeitig einen Termin! Auch Wahrsager haben Visitenkarten, Terminkalender und Sekretärinnen.

Die traditionellste und auch beliebteste Rechenmethode für das Schicksal ist *shēng chén bā zì,* kurz *bā zì* – »die acht Zeichen«. Diese Art berechnet durch Formeln und Statistiken die menschliche

Persönlichkeit und deren Entwicklung während eines Lebens mithilfe der acht Zeichen bzw. Zahlen: Geburtsjahr, -monat, -tag und -stunde, je durch zwei Zeichen dargestellt. Haben Sie also diese Informationen parat und auch Ihren Fragenzettel.

Wahrsagen in Taiwan ist keine Quacksalberei und kein Partygag. Behandeln Sie den Wahrsager mit größtem Respekt. Reißen Sie keine Witze, machen Sie keinen Klamauk und fragen Sie natürlich nicht nach dem Tod.

說到 ... apropos ... Perlenmilchtee

Der Perlenmilchtee, den es ja nun auch in Europa unter dem Namen Bubble Tea gibt, ist in Taiwan seit über 20 Jahren beliebt und wurde auch hier – genauer gesagt in Taichung – erfunden. Wie bei den *tāngyuán,* den Mochi und vielen anderen traditionellen Speisen mögen Taiwaner die klebrige und gummiartige Konsistenz beim Essen – auf Chinesisch spricht man auch wortwörtlich übersetzt von einem »guten Mundgefühl«. Für viele hat der Perlenmilchtee neben seinem leckeren Geschmack etwas ganz praktisches: Wenn man an arbeitsreichen Tagen nicht zum Essen kommt, kauft man sich einen Perlenmilchtee. Er ist Speis und Trank in einem für zwischendurch und gibt mit einem bisschen Teein auch noch einen Kick dazu.

Den kindlichen Gehorsam entlang bis zur Wahrhaftigkeit, dort links in die gütige Liebe

Mit einem hatte der Wahrsager jedenfalls recht: Sophie bekommt schon am nächsten Tag eine Erkältung. Nichts Schlimmes, zuerst kratzt der Hals nur ein bisschen.

»*Méishì!* – Es ist nichts«, erklärt sie Yi-fan. »In Deutschland sagen wir, dass eine Erkältung ohne Arzt sieben Tage dauert, und mit Arzt eine Woche.«

»Und in Taiwan sagen wir, dass man bei einer Erkältung zum Arzt gehen muss. Die Erkältungen hier sind heimtückisch.«

Also sagt Sophie die Aufnahmen im Tonstudio ab. Mit einer Stimme wie ein Reibeisen könnte sie sowieso nicht mit klarer, lauter Stimme lesen. Zong-han gerät gleich in Panik. Die Deadline, die Shi-mei ihm gesetzt hat, rückt immer näher. Aber er muss wohl einsehen, dass es wirklich keinen Sinn hat, Sophies rauchige Stimme aufzunehmen.

»Bist du ok?«

»*Méishì!* – Es ist nichts«, versichert Sophie. »Ich habe nur fast keine Stimme mehr. In ein zwei Tagen wird es schon wieder okay sein.«

Am nächsten Tag ist es aber tatsächlich schlimmer. Nicht viel schlimmer, aber die Nase läuft nun auch und die Halsschmerzen sind stärker geworden. Yi-fan besteht darauf, dass sie zum Arzt geht.

Grippealarm in Taipeh! In der Metro hustet, keucht und schnieft es hinter Mundschutzmasken und vorgehaltenen Händen mit Taschentüchern. Es ertönt immer wieder die Durchsage, dass die Grippe-saison begonnen hat und alle Passagiere mit Symptomen eine Maske tragen müssen, die Mund und Nase bedeckt. Und nahezu alle tragen auch einen Mundschutz: die, die erkältet sind, weil sie es müssen, die anderen, weil sie sich schützen wollen. Einmal Husten und alle weichen mit ängstlichen Blicken ein Stück zurück – und das sogar in der überfüllten MRT zur Rushhour, wo eigentlich gar kein Zentimeter mehr Platz ist. Auf Plakaten, die an allen öffentlichen Plätzen hängen, machen Comicmännchen vor, wie man sich am hygienischsten schnäuzt und sich die Hände wäscht.

Sophie muss eine Weile beim Arzt warten, bis sie endlich an der Reihe ist. Nach einem kurzen Blick des Arztes in Sophies Hals, bekommt sie ein dutzend Tütchen voller bunter Pillen.

»*Méishì!* – Es ist nichts«, sagt sie noch einmal zu sich, steckt die Medizin ein und fährt zur Nachhilfeschule. Für drei Stunden Deutschkurs ist sie allemal fit genug.

»Stopp! Fieber messen!«, herrscht sie eine der Sekretärinnen an, als sie Sophie mit Schal und roter Nase zur Tür hereinkommen sieht. Und schwups hat sie ein elektronisches Thermometer im Ohr stecken.

»*Méishì!* – Es ist nichts! Nur ein bisschen Halsweh und Schnupfen. Ich war auch schon beim Arzt.«

»Von wegen *méishì!* 38 Grad. Du gehst schön wieder nach Hause.«

»Aber ich kann arbeiten. Ich trage auch den Mundschutz im Kurs.«

Die Sekretärin schüttelt heftig mit dem Kopf: »Anordnung der Regierung, um die sich ausbreitende Grippe einzudämmen. Wegen der extrem hohen Bevölkerungsdichte nehmen wir hier seit dem SARS-Virus 2003 Grippewellen und jegliche Art von Epidemien sehr ernst. Hier ist noch ein Mundschutz für den Weg. Genieß deinen freien Tag und erhole dich. Auf Wiedersehen!« Damit schiebt sie Sophie zur Tür hinaus. So schnell hat man einen Nachmittag frei, denkt sich Sophie. Der kommt ihr ganz gelegen, denn eine

Kaltfront ist von China herübergezogen und das Quecksilber ist von heute auf morgen um 15 Grad gefallen. Da wird es höchste Zeit, sich endlich Winterkleidung zuzulegen. So schrecklich wie Anfang des Jahres zu ihrer Ankunft will sie nicht wieder frieren. Sie beschließt, endlich zum Kleidermarkt namens Wufenpu zu fahren, denn da soll es spottbillige Kleidung geben – perfekt für Sophies beschränktes Budget. Außerdem will sie nicht wegen einem bisschen Halsweh nach Hause ins Bett. Da ist es auch nur kalt. Der Wind pfeift durch die Fenster- und Türritzen und der kleine elektrische Heizkörper, den Yi-fan ihr vermacht hat, ist wie der gegen Goliath kämpfende David.

Als Sophie an den Bürogebäuden vorbeigeht, sieht sie auch dort die Türmänner, die in den meisten großen Gebäuden in der Eingangshalle sitzen und die Funktion eines Hausmeisters und Security Guards in einer Person erfüllen, alle mit Mundschutz und elektronischen Thermometern bewaffnet. Kein Mensch, der ihnen nicht seine Gesundheit bewiesen hat, kommt ins Büro, nicht einmal ins Parkhaus.

Sophie schießt ein Gedanke durch den Kopf: *Kann ich denn mit 38 Grad MRT fahren? Wird da auch am Eingang die Temperatur gemessen? Bin ich eine Aussätzige, eine, die mit Viren nur so um sich wirft und nun von allen gemieden wird?* Entmutigt schlendert sie in der Nähe der MRT-Station umher und steht plötzlich vor einer U-Bike-Station. So oft hat Sophie schon die Taipeher mit den orangefarbenen Leihfahrrädern durch die Stadt brausen sehen, immer entlang des auf dem Fußweg aufgezeichneten Teils für Radfahrer. Das sollte doch wohl auch mit 38 Grad Fieber zugänglich sein.

Gesagt, getan. Sophie streicht langsam über einen der Fahrradsattel, wischt die nassen Handflächen an der Innenseite der Jackentaschen ab und schon hat sie mit ihrer MRT-Karte einen Drahtesel unter ihrem Po und tritt in die Pedale im holpernden Takt zum Hupen der Mopeds und Autos. Sie taucht ein in den Verkehr, der kühle Wind saust ihr um die Ohren, aber die Bewegung hält sie warm und bringt sie in Schwung. Wie aufgereihte Sepiafotos sind die Straßenszenen. Der Nieselregen hat scheinbar die Farben ausgewaschen, der Dunst überdeckt letzte Farbschimmer. Seit Wochen hat Sophie sich nur unterirdisch durch die finsteren MRT-Tunnel fortbewegt. Jetzt läuft die Stadt wie ein Film an ihr vorbei und sie ist doch mittendrin. Mittendrin und schon bald verloren.

»*Bùhǎoyìsī!* – Entschuldigung! Wie kommt man dahin?«, sagt Sophie und zeigt auf einen Zettel, auf den ihr Queenie vor Wochen den Namen des Kleidungsmarktes geschrieben hat: Wufenpu.

Ein junger Geschäftsmann in Schlips und Kragen reibt sich die Stirn, fährt durch seine gegelten Haare. Er grübelt, sieht sich immer wieder nach Schildern mit Straßennamen um, dann winkt er aus dem Gebäude hinter ihnen einen Hausmeister herzu. Eifrig beginnen die beiden zu diskutieren und in verschiedene Richtungen zu zeigen. Offensichtlich sind sie sich nicht einig, wo dieses Wufenpu sein soll. Angezogen von der Diskussion gesellen sich zwei weitere Büroangestellte, die wohl gerade Mittagspause haben, dazu. Umringt von vier nun fast streitenden Taiwanern versteht Sophie nicht einmal mehr Bahnhof und nach fünf Minuten ohne absehbares Ergebnis bedankt sie sich leise bei ihnen und fährt schulterzuckend zur nächsten Straßenecke weiter. Als sie sich umdreht, stehen sie noch immer da und diskutieren wild.

»Wie kommt man dahin?«, fragt Sophie außer Sichtweite einen jungen Bauarbeiter, der gerade die Straßenmarkierungen mit einer vor sich herrollenden Maschine nachzieht. Während er nach links die Straße hochzeigt, die aus der Stadt hinaus führt, starrt er sie stumm an. Seine Pupillen sind riesig und seine Wangen dick gefüllt wie Hamsterbacken. Als er lächelt, sieht Sophie seine vom Betelnusssaft leuchtend roten Zähne. Sophie ist sich nicht sicher, ob sie seinem stadtauswärts Zeigen Glauben schenken soll. Sie fragt lieber noch weiter, doch alle Befragten zeigen in andere Richtungen.

Schließlich hat Sophie genug und ruft Queenie an. Bald stellt sich heraus, dass sie doch ganz falsch gefahren ist.

»Wie kann es bitte schön sein, dass mich fünf oder sechs Taiwaner in die völlig falsche Richtung schicken?«, beschwert sie sich.

»Ganz klare Sache von Gesichtbewahren und übertriebener taiwanischer Höflichkeit«, meint Queenie im Brustton der Überzeugung. »Wenn sie zugeben würden, den Weg nicht zu kennen, wäre das zum einen super peinlich für sie und sie würden damit vor dir das Gesicht verlieren. Dazu kommt, wenn sie dir als Frau und als Ausländerin nicht weiterhelfen, ist das natürlich nach ihrem Verständnis auch noch extrem unhöflich.«

»Und für das Gesicht und Höflichkeit leiten sie mich lieber in die Irre?«

»Ja, so ist das wohl«, seufzt sie. »Aber warum fährst du eigentlich nicht einfach mit der MRT?«

»Ich hatte Angst, dass ich mit 38 Grad Fieber nicht in die MRT gelassen werde.«

»Ach Quatsch! Trägst du einen Mundschutz? Ja? Dann darfst du auch rein. Keine Sorge!«, lacht Queenie. Nach einer kurzen Zurechtweisung, dass Sophie dann aber eigentlich ins Bett gehört, erklärt sie ihr den Weg zum Kleidermarkt mit der MRT. Zwanzig Minuten später hat ihn Sophie auch auf Anhieb gefunden.

Was sie sich unter einem Kleidermarkt vorgestellt hat, übertrifft Wufenpu bei Weitem. Auf einer Fläche von etwa sechs Fußballfeldern verzweigt sich ein Labyrinth aus schmalen, überdachten Gassen, gerade breit genug für zwei oder drei Fußgänger nebeneinander. Links und rechts reihen sich kleine Bekleidungsläden mit Modepuppen und Kleiderständern voller Sonderangebote davor. Endlich versteht Sophie, warum ihre Deutschschülerinnen als Hobby – neben Schlafen und Essen – auch oft Einkaufen nennen. Die Hauswände und Ladeninnenwände sind wie tapeziert mit T-Shirts, Pullovern und Blusen. Schuhe, Taschen, Tücher und Gürtel liegen, hängen, stehen eng beieinander in Regalen und Kisten. Was zum Saisonwechsel nicht mehr auf die Bügel passt, befindet sich in ausgebreiteten Plastiktüten in der Mitte des Ladens. Dazwischen springen kleine Hunde und Kinder umher, Mopeds, die in den Gassen Pakete neuer Kleidung verteilen, hupen laut, Diskomusik dröhnt aus den besonders hippen Läden. Sophie bemerkt schnell, dass die koreanischen Produkte wegen ihrer Trendigkeit und guten Qualität besonders beliebt und deshalb auch etwas teurer sind. Aber alles andere ist meistens unter zehn Euro zu haben, oft für weniger als fünf.

Sophie schlendert die Gassen entlang. Da sieht sie ihn: den perfekten weinroten Rollkragenpullover, gestrickt aus dicker Wolle, an den Bündchen mit dunkelblauer Wolle eingefasst. Sie steuert zielsicher auf den Laden zu, vor dem er auf einem Kleiderständer für Sonderangebote hängt. Sophie nimmt ihn vom Kleiderbügel und betritt damit den kleinen Laden. Die Verkäuferin nickt ihr freundlich zu, bevor sie sich wieder ihrem Smartphone zuwendet. Sophie findet einen Spiegel, streift davor ihre Jacke ab, putzt sich noch schnell die Nase und fährt dann zum Anprobieren mit den Armen kopfüber in den Pullover hinein.

»Nein! Nicht!«, ruft es laut und erbost hinter ihr.

»*Méishì!* – Es ist nichts! Ich will ihn doch nur anprobieren.«

Was ist diesmal schiefgelaufen?

Anprobieren ist in den meisten Boutiquen und Straßenständen nicht möglich und sogar verboten. Zum einen wollen die Händler vermeiden, dass die Kleidung ausgeleiert wird, zum anderen soll sie nicht mit Make-up oder Straßenschmutz verunreinigt werden. Oft ist es auch einfach zu zeitaufwendig, den Kunden anprobieren zu lassen – entweder er kauft oder eben nicht.

Was können Sie besser machen?

Wie schaffen das die taiwanischen Frauen, Kleidung in der richtigen Größe an Straßenständen oder in Wufenpu zu kaufen, ohne sie anzuprobieren? Das hat sich schon mancher Ausländer in Taiwan gefragt. Ganz einfach: sie schaffen es nicht, das scheint nur so. Verschätzen sie sich, dann geben sie einfach die Sachen an die Schwester, Freundin oder Kollegin weiter. Am Ende kommt es bei jemandem an, dem es passt.

Wer sich mit dem Shoppingfieber in Taiwan einmal ansteckt, der hat es schwer, wieder davon loszukommen. Fragen Sie stets vorher, ob Sie etwas anprobieren dürfen. Falls nicht, messen nette Verkäuferinnen oft schnell mit dem Maßband nach. Selbst mit einem guten Auge kann man nur schwer schätzen, ob etwas passt oder nicht. Nehmen Sie alte Kleidungsstücke zum Einkauf mit, um einen Vergleich zu haben und geben Sie in Boutiquen nicht viel Geld aus. Asiatische Frauen sind oft kleiner und dünner gebaut und nicht selten entspricht eine L in Taiwan einer XS in Europa. Wenn Sie wirklich anprobieren wollen, shoppen Sie in großen Kaufhäusern und bei internationalen Ketten. Da ist es zwar teurer, aber dafür wird Ihnen kein S für ein L vorgemacht und die Umkleidekabine räumt letzte Kaufzweifel aus.

Ob sich die Verkäuferin an Sophies Naseputzen gestört hat, ist schwer zu sagen. Hier scheiden sich nämlich die Geister in Taiwan: Die meisten Taiwaner finden es unhöflich, wenn man sich ins Taschentuch schnaubt – selbst leise und mit gesenktem Kopf. Lieber zieht man die Nase hoch – das finden vergleichsweise wenige Taiwaner unhöflich. Will man es allen recht machen, ist man beim Naseputzen am besten allein.

說到 ... apropos ... die Straßen von Taipeh

Die Innenstadt, die sich für den Fußgänger sehr einfach über die MRT-Stationen erschließt, leitet den fahrenden Taiwaner durch ein »ethisches« Straßensystem. Die Straßen sind nach den Kardinaltugenden benannt: die Zhongxiao Road ist die Straße der Treue und des kindlichen Gehorsams, die Ren'ai Road die Straße der gütigen Liebe, die Xinyi Road die Straße der Wahrhaftigkeit und Gerechtigkeit, die Heping Road die Straße des

Friedens und nach den drei Volksprinzipien von Sun Yat-sen, der als der Vater der Republik China verehrt wird, gibt es die Minzu Road als die Straße des Nationalismus, die Minquan Road als die Straße der Demokratie und die Minsheng Road als die Straße des Wohles des Volkes

Alle Straßen teilen sich in Nord und Süd bzw. in Ost und West und weiter dann in sogenannte Abschnitte auf. Alle Gassen tragen den Namen der Hauptstraße von der sie abzweigen und haben statt einer Hausnummer eine Gassennummer.

33 好舒服! – *Hǎo shūfu!* – Wie angenehm!
Wenn die Oma stirbt, wird schnell geheiratet

Mitte Dezember zeigt sich der Winter in Taiwan von seiner besten Seite. Bei 16 Grad und goldener Vormittagssonne genießt Sophie ihren freien Tag im Park am Fluss mit Joggen, als ihr Handy summt. Eine SMS von Mei-yin.

»Lange nicht mehr gesehen! Wir müssen uns unbedingt mal wieder treffen. Es gibt so viel zu erzählen. Wie wäre es in zwei Stunden?«

Da sich Sophie schon über die von ihr unbeantworteten Nachrichten und das seit Wochen unveränderte Profilfoto auf Facebook gewundert hat, stimmt sie gleich zu, sprintet nach Hause, duscht ausgiebig und freut sich auf das Wiedersehen.

Zwei Stunden später schlendern Mei-yin und Sophie die Aiguo Road entlang.

»*Hǎo shūfu!* – Wie angenehm!«, seufzen sie abwechselnd ganz verzückt und blinzeln in die Sonne. Auf den etwa 500 Metern der Aiguo Road, übersetzt die Landesliebe-Straße, geht es kaum um die Landesliebe, sondern vielmehr um die romantische Liebe zwischen Mann und Frau, denn hier reiht sich ein Hochzeitsgeschäft ans andere. In riesigen Schaufenstern stehen Modepuppen mit Prinzessinnenkleidern in allen erdenklichen Farben und Schnitten – je prunkvoller desto besser, fast jedes mit langer Schleppe und besetzt mit Kristallen und Borten.

»Ich ... ich heirate, also Tobias und ich, in zwei Wochen, zu Weihnachten um genau zu sein. Halte dir den ganzen 24. Dezember frei«, platzt Mei-yin heraus. »Und wir treffen uns heute eigentlich hier, weil ich dich gern dabei hätte, wenn ich meine Hochzeitskleider aussuche.«

»Moment, Moment, das kommt aber ziemlich plötzlich. Ihr seid doch gerade mal ein halbes Jahr zusammen. Warum denn diese Eile?«

Überstürzte Entscheidungen kennt Sophie von der sonst so vernünftigen Mei-yin gar nicht. Von Queenie ja, aber von Mei-yin?

»Du könntest herzlichen Glückwunsch sagen. Und die Eile? Das Timing ... es ist schwierig. Meine Oma ist vor zwei Monaten gestorben. Und deshalb müssen wir uns nun beeilen.«

Sophie ist betroffen wegen der Oma, schüttelt aber gleich darauf den Kopf. »Aber ich verstehe nicht, warum ihr euch da beeilen müsst.«

»Wenn die Großeltern sterben, hält man ein Trauerjahr ab, in dem nicht geheiratet werden darf. Davor gibt es aber eine Frist von 100 Tagen und die läuft Ende Dezember ab.«

»Und wie wäre es damit, ein Jahr zu warten?«

»Ja, schon, aber dann bin ich 29 und mit 19, 29 oder 39, darf man auch nicht heiraten – die Zahl Neun im Alter ist ein schlechtes Omen. Dazu kommt, dass mein Großvater auch schon ziemlich alt ist, und wenn dann noch etwas mit ihm passiert ..., ja, dann wäre das übernächste Jahr blockiert und dann bin ich schon Anfang 30.«

»Mein Gott, wie alt«, schmunzelt Sophie.

»Um in Taiwan zu heiraten schon. Tobias versteht das auch. Also, der Plan ist, Hochzeitskleider auszusuchen und dann entspannen wir uns in einer heißen Quelle. Heute Abend soll es sich wieder abkühlen, da ist das genau der richtige Ort für einen Junggesellinnenabschied ganz unter uns.«

Im schwarz-weiß gefliesten Geschäft, das sie daraufhin betreten, stehen riesige Marmorvasen gefüllt mit grünen Zweigen in den Ecken, abstrakte Gemälde zieren die Wände, an kleinen Tischen brüten heiratswillige Paare über Katalogen und Fotoalben und diskutieren mit den Angestellten, die immer wieder aufspringen, um neues Informationsmaterial heranzuholen. Während Sophie und Mei-yin in tiefen Sesseln versinken, aufgeregt mit überschlagenen

Beinen wippen und auf die Hochzeitsplanerin warten, die sich noch um eine andere Heiratswillige kümmert, ist endlich Zeit, Genaueres zu klären.

»Warum eigentlich Hochzeitskleid*er*? Wieso sprichst du in der Mehrzahl?«

»Ich brauche ein Kleid für vormittags zu Hause, dann drei für das Bankett, das heißt eins für den Empfang der Gäste, eins für die Dauer der Feier und eins zur Verabschiedung der Gäste. So ist das hier – ein Brauch aus der Zeit, als die Braut ihre Kleider für die Hochzeit noch selbst nähte und damit der Schwiegermutter ihre Schneider- und Stickkünste beweisen musste.«

»Drei? Aber das hier kostet doch alles bestimmt eine Menge«, fragt Sophie erschrocken. Sie weiß, dass sich Mei-yin in eine Führungsposition hochgearbeitet hat. Da konnte sie ja vielleicht einiges zurücklegen. Und ihre Eltern besitzen einen kleinen Dumpling-Laden an der Straßenecke neben einer Universität. Sophie hat schon oft gehört, dass die kleinen Garküchen und Essensstände wahre Goldgruben in Taiwan sein können. An der richtigen Stelle eröffnet und mit einer Warteschlange ein bisschen Aufsehen erregt, haben sie so manchen in kurzer Zeit zum Millionär gemacht. Das sieht man oft den unscheinbaren Besitzern hinter den dampfenden Töpfen mit fettverschmierter Schürze und zerschlissener Hose gar nicht an.

Mei-yin winkt ab. »Das geht schon. Ich habe das mittlere Paket gewählt und zahle so um die 3.000 Euro«, offenbart sie freimütig. »Meine Eltern geben auch noch einiges dazu. Und sie entscheiden schließlich eine Menge, also, wer zur Hochzeit kommt, welches Menü die Gäste serviert bekommen, welche Musik gespielt wird und alles rundherum. Sie haben gemeinsam mit einem Wahrsager anhand der Geburtstage vom Brautpaar – also von uns – das Hochzeitsdatum entschieden. Es ist sozusagen *ihre* Hochzeit und nicht meine ... ähm ... *unsere*. Aber zwei Dinge sind für mich reserviert, und da lasse ich mir nicht reinreden: die Hochzeitsfotos und die Hochzeitskleider.«

Mei-yin springt auf und Sophie tut es ihr gleich. Die Hochzeits-planerin hat endlich Zeit für sie. Mit zuckersüßer Stimme begrüßt sie die zwei wie beste Freundinnen mit einem »*Huānyíng guānglín –* Herzlich Willkommen!*«, das man in Taiwan beim Eintritt in jedes Geschäft beherzt entgegengeschmettert bekommt. Dann führt sie sie ins Untergeschoss, ins Heiligtum eines jeden Hochzeitsge-schäfts, wie sie erklärt: die Garderobe der Hochzeitskleider. Und damit sind sie mitten im Traum eines jeden Mädchens. An der De-cke ziehen sich lange Metallschienen durch den Raum, an denen unzählige Kleider in durchsichtigen Kleidersäcken hängen.

Sophie und Mei-yin schieben die edlen Stücke hin und her, kra-men sich in den Kleidersäcken vor und zurück, gehen zwischen den Schienen auf und ab. Wer die Wahl hat, hat bekanntlich die Qual, und sie quälen sich schon sehr. Soll es nun zum Empfang eher das schlichte Weinrote ohne Träger oder doch lieber das dunkelblaue Pompöse mit Pailletten sein? Und zum Anstoßen mit den Gästen das enge Weiße mit Schleppe oder passt da das Weiße mit Reif-rock und Rüschen besser? Und zur Verabschiedung, zeigt man sich da im glitzernden, schwebenden Gelben oder ist das dunkelgrüne schwere Samtkleid vorteilhafter?

Mei-yin schlüpft mit ihrer für Taiwanerinnen typischen, elfen-gleichen Figur in die Kleider hinein und schreitet an der Spiegel-wand auf und ab. Entweder schüttelt dann Sophie den Kopf oder sie, oft schütteln sie auch beide den Kopf und dann sich selbst vor Lachen – und dazwischen hetzt die Hochzeitsberaterin hin und her, die langsam die Rolle der besten Freundin ablegt und sich die der zur Entscheidung drängenden Vertreterin überzieht.

»Die werden natürlich alle nur gemietet. Für ein einziges Mal im Leben, kauft man so etwas nicht, da mietet man nur«, erklärt Mei-yin, als sie Sophie nach dem Preisschild suchen sieht.

Mei-yin teilt also den Achselschweiß am wichtigsten Tag ihres Lebens mit den vielen anderen Bräuten vor ihr, die sich wie sie für das leuchtend Rote mit breit-ovalem Reifrock, das schlichte Weinrote, das Beige mit Schleppe und Schleife und das violett Glitzernde entschieden haben.

»Und wie viele Leute werden dich in diesen geliehenen Prachtstücken bewundern dürfen, eure Hoheit?«, witzelt Sophie, während sie Mei-yin die Schleppe zur Umkleidekabine hinterherträgt – unter den genervten Blicken der Hochzeitsberaterin.

»Nur um die 300 Gäste.«

Sophie bleibt der Mund offen stehen.

»Wir haben 35 oder 40 Tische für je acht Personen bestellt. Für einen Tisch kostet uns das zehngängige Menü etwa 200 Euro. Wer eingeladen wird, muss aus der Tradition heraus – ob er kommt oder nicht – einen roten Umschlag mit ungefähr 50 bis 60 Euro pro Person schenken. Am Eingang des Restaurants nehmen die Hochzeitshelfer die roten Umschläge der Gäste entgegen und führen genau Buch über die Einnahmen. Das ist auch wichtig, damit man später weiß, wenn man zu deren Hochzeit eingeladen wird, wie viel man geben muss. Hm, also 50 Euro mal acht Personen sind 400 Euro. Da bleiben 200 Euro pro Tisch übrig. Damit bezahlen wir die Hochzeit und wenn es klappt noch einen Teil der Flitterwochen.«

Nach zwei Stunden ist die Entscheidung endlich gefallen. Meiyin und Sophie gönnen der mittlerweile quengeligen Hochzeitsberaterin eine Pause.

»Kleider anzuprobieren ist wie Leistungssport«, stöhnt Mei-yin. »Kommen wir nun zum entspannteren Teil des Tages: das Bad in einer heißen Quelle.«

Sie nehmen die MRT nach Beitou. Schon beim Verlassen der Bahn rümpft Sophie die Nase: der Geruch fauler Eier liegt in der Luft. Er weht herüber von den schwefelhaltigen Quellen, die aus den Bergen durch den Stadtteil Beitou bis zur MRT-Station fließen. Schon oft hat sie ihre Chinesischlehrerin und Deutschschüler in den letzten Wochen scherzhaft sagen hören, dass sie sich am Wochenende »in die Suppe legen« wollen. *Bin ich nun heute wirklich dran, mich in diese riechende Suppe zu legen?*, fragt sich Sophie etwas angeekelt in Gedanken.

Während sie auf den Bus warten, der sie zu einem der öffentlichen Bäder in die Berge bringen soll, beginnen Sophie und Mei-yin zu zittern. Die Temperaturen sind von 16 auf 8 Grad gefallen. Wie gut, dass eine »warme Suppe« auf sie wartet, in die sie gleich eintauchen werden. Sophie beginnt langsam, sich zu freuen. Außerdem scheint sich ihre Nase an die Ausdünstungen des schlafenden Vulkans unter ihnen gewöhnt zu haben, denn es stinkt nicht mehr ganz so stark. Da fällt ihr siedend heiß ein – wahrscheinlich so heiß wie das Wasser, was da neben dem Bus am Straßenrand ins Tal hinunterfließt und weißen Dampft aufsteigen lässt – dass sie ja gar keinen Badeanzug dabei hat.

Doch Mei-yin winkt ab. »Kein Problem, da braucht man keinen. Es ist ein Gemeinschaftsbad, aber wir sind nur unter Frauen.«

Ganz angenehm ist es Sophie trotzdem nicht, sich als Ausländerin mit nicht so einer elfenhaften Figur, wie viele Taiwanerinnen sie haben, nackt zu zeigen. Jetzt wird ihr ganz heiß, schon vor dem Bad in der heißen Quelle. Sie beschließt nach einigem Zögern, das ganze ganz »cool« durchzuziehen und ohne mit der Wimper zu zucken wie Kleopatra in die Eselsmilch zu steigen.

Auf dem Weg kaufen sie noch Handtücher, Mei-yin die kleine Standardausgabe, Sophie das einzige große Badetuch im Geschäft, das die Verkäuferin nach minutenlangem Suchen finden konnte. Dann betreten sie eins der Hotels, die im Grünen an der kleinen, sich den Berg hinaufwindenden Straße liegen.

Alle Kleidung ist abgelegt. Es ist angenehm warm und ruhig in der Badehalle. Mei-yin wäscht sich unter der Dusche etwas abseits der Hauptbecken. Sophie hüllt sich in ihr neues Badetuch, blickt unentschlossen und setzt sich erst mal auf eine der Holzbänke. Unter ihren Füßen spürt sie die Maserung der Fliesen. So richtig will sie sich nicht von ihrem Handtuch trennen. Das Nachtmarktessen hat an ihren Hüften angesetzt und das morgendliche Joggen seit einer Woche zeigt natürlich noch keinerlei Wirkung. Wie gut, dass Mei-yin lange duscht und sie sich noch ein bisschen umsehen kann. Die Glaswand nach außen zeigt in die grüne, wild wuchernde Natur der Umgebung. Das Thermalbecken glitzert wie ein See aus Türkissteinen. In der Reflektion der Lampen am Beckenboden schillert das Wasser. Das Plätschern am Beckenrand und das Rauschen der Duschen und Massagestrahlen beruhigen Sophie. Eine Gruppe Damen um die 50 sitzt bis zum Hals im Wasser und unterhält sich ab und zu leise.

Als Mei-yin endlich zum Becken läuft, springt auch Sophie kurz unter die Dusche und folgt der Freundin, die sich schon im heißen Wasser entspannt. Dann legt auch Sophie ihr Handtuch am Beckenrand ab und steigt ins warme Nass. Die Hitze kribbelt an ihrer Haut, als das Wasser ihre Beine hochsteigt. Langsam taucht sie immer weiter ein, endlich schauen nur noch ihre Schultern und ihr Kopf aus dem Wasser.

»*Hǎo shūfu!* – Wie angenehm!«, haucht Sophie und sieht zu Mei-yin, doch die antwortet nicht und schaut sie sprachlos mit großen, fragenden Augen an.

Was ist diesmal schiefgelaufen?

Sophie hat sich unwissentlich nicht hygienisch verhalten. Erstens hat sie nicht gründlich geduscht. Mit dem Gedanken an die Dusche nach dem Joggen vor nur drei Stunden hat sie vor den Augen aller Badegäste eine Katzenwäsche gemacht und gedacht, dass das reichen würde. Zweitens ist Sophie mit ihrem Badetuch bis zum Beckenrand gegangen und hat es erst dort abgelegt. Der freie Blick auf ihre kleinen Speckröllchen ohne verhüllendes Handtuch ist in Taiwan aber wahrlich weniger peinlich als das Handtuch im Badebereich in der Nähe des Beckens abzulegen.

Was können Sie besser machen?

Egal ob man vor einer halben Stunde erst geduscht hat oder nicht, nicht oder nicht gründlich zu duschen, ist der größte Fauxpas, den Sie bei einem Besuch in einem Gemeinschaftsbad mit Thermalwasser in Taiwan begehen können. Was in den öffentlichen Bädern anderer Länder bei Weitem ausreichen würde, ist in Taiwan nicht einmal annähernd genug. Gründlich waschen unter der Dusche wird zur Schau gestellt und zelebriert. Und mit gründlich ist gemeint, sich umfangreich, bis ins letzte, geradezu pingelig von oben bis unten zu reinigen. Und bitte auch gut abspülen! Für Shampoo- oder Seifenschaum im Becken zeigt man wenig Verständnis.

Für Taiwaner sind Handtücher Keimschleudern. Ist man dann erst mal sauber, so wälzt man sich nicht wieder in Keimen – lassen Sie also gleich das Handtuch bei Ihrer Straßenkleidung im Schließfach.

Auch wenn das alles übertrieben erscheint, sind dies doch keine willkürlichen Tabus. Die heißen Quellen sind nicht wie Schwimmbäder und Spaßbäder mit Chlor versetzt. Da die Wassertemperatur so hoch ist, können sich Bakterien sehr schnell vermehren und verbreiten, wenn das Wasser verunreinigt ist.

Für jedes Hotel und dessen Bad gelten noch weitere Regeln. Lesen Sie sich jeweils die Tafeln mit den Baderegeln genau durch. In manchen werden Badekappen verlangt, in anderen sind Badeanzüge angeordnet, in wiederum anderen darf man nur mit den Füßen ins Wasser. Generell gilt: Bleiben Sie nicht länger als 10–15 Minuten im heißen Wasser, machen Sie Pausen und nicht zu viele Badedurchgänge, sodass Ihr Körper schwitzen kann. Sonst überhitzt er und Sie bekommen einen Hitzschlag (siehe Seite 222). Bevor Sie den Rückweg antreten, sollten Sie sich richtig abtrocknen und die Haare trocken föhnen. Das heiße Wasser hat die Poren Ihrer Haut geöffnet und Sie könnten sich bei dem nasskalten Winterwetter in Taiwan leicht eine Erkältung zuziehen.

說到 ... apropos ... heiße Quellen

Als Teil des Pazifischen Feuerrings ist die Insel Taiwan geologisch immer noch sehr aktiv. Neben den täglichen Erdstößen hat das aber auch etwas Positives: Es gibt eine atemberaubend schöne Natur und mittendrin über hundert heiße Quellen, in denen sich die Taiwaner besonders im kalten Winterwetter gern entspannen.

Mit der Kolonialisierung brachten die Japaner die Badekultur auf die Insel und heute verstehen sich die Taiwaner ausgezeichnet darauf, die heißen Quellen zu nutzen, wie zum Beispiel im öffentlichen Bad, im privaten Bad eines Hotelzimmers oder im Spa mit Massage und Verköstigung. Besonders beliebt und gut erreichbar sind die heißen Quellen rund um Taipeh in Vororten wie Beitou und Wulai.

34 辛苦你了! – *Xīnkǔ nǐ le!* – Danke für deine Mühe!

Fettige Haare mit Sesamöl

Es ist der dritte Dezember und Sophie überlegt angestrengt – irgendetwas ist am heutigen Tag. Der Chinesischtest? Nein, der ist übermorgen. Ein neuer Einzelschüler? Nein, der war gestern und hatte abgesagt. Ein Date mit Yi-fan? Nein, der ist mit seinem Chef auf Geschäftsreise in China. Was war da nur?

Eine Woche lang geht dieses Gefühl nicht weg, etwas Wichtiges vergessen zu haben. Sophie wartet jederzeit auf ein Donnerwetter, für das, was sie verpasst hat.

Als acht Tage später ihr Handy klingelt und auf dem Display Queenies Nummer erscheint, fällt es ihr siedend heiß ein: am dritten Dezember zwischen 14 und 15 Uhr war nach dem Wahrsager die perfekte Geburtsstunde und somit Queenies Termin für den Kaiserschnitt, um so ihrem Baby ein glückliches Leben zu garantieren.

»Sophie, wie geht's? Hör zu, du musst mir unbedingt helfen!«

»Du hast Wehen?«

»Nein, nein ...«

»Ist das Baby noch nicht da?«

»Doch, doch, das ist da. Schon seit einer Woche, aber ich ... wie sagt man ... verstehst du: *zuò yuèzi?*«

»Du sitzt den Monat?«

»Ja, wortwörtlich übersetzt ...«

»Du bist im Gefängnis? Ich wusste gleich, dass das mit dem Kaiserschnitt nur wegen des Wahrsagers eine schlechte Idee war.« Sophie verfällt in Panik.

»Nein, nein, nein, so ein Quatsch. Ich bin ... ich bin in einem Heim für Mütter mit Babys.«

»Oh nein, was hat James getan? Er hat dich doch nicht etwa verlassen ...«, flüstert Sophie erschrocken, sie fällt von einer Ohnmacht in die nächste.

»Unsinn, das auch nicht. Mal langsam! Hör mir doch mal zu«, faucht Queenie ungeduldig. »Das ist so eine Mischung zwischen Hotel und Krankenhaus für die Zeit nach der Entbindung. Damit sich die Mütter von der Geburt etwa einen Monat lang erholen können. Es ist aber furchtbar langweilig hier und James arbeitet ja nun in Singapur. Könntest du nicht vorbeikommen und mir Gesellschaft leisten? Erschreck dich aber nicht. Meine Haare sind superfettig, seit einer Woche nicht gewaschen. Und wenn du kommst, könntest du mir Folgendes mitbringen? *Lǔwèi,* ein Frauenmagazin, Kartoffelchips und Ananaskuchen. *Xīnkǔ nǐ le! –* Danke für deine Mühe!«

Sophie schreibt mit.

»Das hört sich nun aber doch wie Gefängnis an. Soll ich die Feile in den Kuchen einbacken?«, spaßt Sophie, der ein Stein vom Herzen fällt, dass nichts Ernstes passiert ist.

Dann flitzt sie die Straßen entlang und huscht in einen 7-Eleven hinein. Nach zehn Minuten kommt sie mit vollgepacktem Rucksack wieder heraus. Alles muss gut verstaut sein, denn Queenie hat ihr befohlen, es an den Schwestern vorbeizuschmuggeln. Sie zieht die Kapuze über den Kopf und saust im Slalom um die Leute herum zum Nachtmarkt um die Ecke. Am Obst- und Gemüsestand kauft Sophie einen Früchtekorb mit Äpfeln und Birnen, Kiwis, Bananen und obendrauf zwei kleine Schalen mit Minitomaten und Erdbeeren als Geschenk. Zum Schluss stellt sie sich noch in einer langen Schlange unter großen roten Laternen an. Hier gibt es *lǔwèi,* einen beliebten taiwanischen Straßensnack. Sophie zieht missmutig die Nase hoch. Sie weiß, dass er nicht so gesund sein soll wegen des Geschmacksverstärkers und der Kochbrühe, die selten ausgewechselt wird, aber Queenie hat ausdrücklich darum gebeten. Ohne *lǚwèi* kann sie sich nicht blicken lassen. Als gesundes Essen hat sie ja wenigstens ihr Geschenk, den Früchtekorb, dabei.

Alle Kunden halten kleine rosa Plastikkörbe in den Händen, in die sie mit einer Servierzange ein buntes Allerlei zusammensammeln: verschiedenes Gemüse, Fisch- und Fleischklopse, Pilze aller Art, Innereien vom Rind, Reiskuchen in Schweineblut, Würstchen, Algen, Taro, Taubeneier, Hühnerfüße, Schweinsohren und einige für Sophie bis heute unidentifizierbare Dinge. Dann geht es weiter wie am Fließband: eine alte, beleibte Dame in Gummischürze zerkleinert auf einem Hackklotz alles, was nicht schon klein genug ist, rechnet dabei den Preis des Sammelsuriums aus und wirft alles zusammen in ein tiefes Sieb, worin es einige Minuten in einer salzigsauren Brühe gekocht wird. Es dampft. Schwaden ziehen vom Stand auf die Straße. Zackzack wird kurz darauf alles in eine Tüte gefüllt – nach Wunsch scharf oder nicht scharf, mit oder ohne sauer eingelegtem Kraut, mit normalen Nudeln oder Glasnudeln. Dann kommt ein Knoten in die Tüte, hölzerne Essstäbchen dazu, Tragestrick dran – fertig, der Nächste bitte!

Der kühle Wind und das schlechte Gewissen treiben Sophie an. Wie konnte sie nur den Geburtstermin vergessen? Da waren die Arbeit in der Nachhilfeschule, das Tonstudio, der Chinesischkurs und natürlich Yi-fan, und da hat sie tatsächlich Queenies wichtigsten Tag verpasst. Acht MRT-Stationen und zwei Häuserblocks weiter schlüpft Sophie durch die automatische Tür in den Eingang eines Hochhauses, drückt auf den Knopf mit der Nummer sieben und lehnt sich erschöpft vor Kälte schüttelnd an den Aufzugspiegel. Die Plastiktüte mit dem *lǚwèi* schwabbert, die Hitze dringt durch ihr Hosenbein. Langsam beginnt es zu stechen und macht sie fast rasend.

Als sich die Tür Sekunden später aufschiebt und den Blick auf ein Wartezimmer mit einem Glasfenster als Schalter und einer Glastür freigibt, glaubt sie fest, im falschen Stock zu sein. Verunsichert steigt sie aus. Hinter dem Glasfenster erscheint eine Frau in Schwesterntracht und begrüßt sie ernst und mit leiser Stimme. Sie nickt Sophie zu: Sie ist angemeldet. Dann schiebt sie Sophie einen

Mundschutz durch den Fensterschlitz und weist auf eine Flasche mit Desinfektionsmittel für die Hände. Sophie muss sich noch ins Besucherbuch eintragen, dann summt die Glastür und springt auf. Argwöhnisch betrachtet die Türschwester den großen Rucksack. Sophie wird sofort rot und folgt schnell der anderen Schwestern vorbei an Türen mit Namensschildern. Ab und zu begegnen ihnen Frauen in Bademänteln, die langsam den Gang entlang schlurfen.

Mit einem überschwänglich großen Hallo, was sofort von der Schwester mit einem eindringlichen »Shhhhh« gedämpft wird, wird Sophie von Queenie empfangen. Sie sitzt auf einem riesigen Bett in einem Zimmer, das wie ein gutes Hotelzimmer eingerichtet ist. Neben dem Bett stehen ein Nachtschränkchen, ein Schreibtisch, zwei Sessel und ein Sofa mit Sofatisch. Der Teppichboden ist weich, an den Wänden hängen Blumenbilder. Die Möbel sind mit dunkelrotem Samt bezogen und gepolstert. Es ist warm im Zimmer, ja sogar heiß und stickig.

»*Bùhǎoyìsi!* – Entschuldigung, die Zeit vergeht so schnell. Ich habe deinen Geburtstermin total verschwitzt. Apropos schwitzen ...Ist die Klimaanlage kaputt?«, fragt Sophie stirnrunzelnd, setzt ihren schweren Rucksack ab und schält sich aus ihren Lagen von Kleidung.«

»Nein, es gibt eine, aber die darf ich nicht anmachen. Streng verboten.«

»Dann mach wenigstens das Fenster auf für ein bisschen frische Luft.«

Queenie schüttelt den Kopf: »Auch verboten. Die lassen sich auch gar nicht öffnen. Nach der Geburt muss ich vorsichtig sein und mich vor Kälte in Acht nehmen, besonders vor kaltem Wind und Luftzügen. Deshalb darf ich auch nicht rausgehen.« Dann lächelt sie verschwörerisch und rückt ihr Kopftuch zurecht. »Hast du alles dabei?«

»Fast alles«, sagt Sophie und beginnt den Rucksack auszupacken. Die Tüte mit *lǔwèi,* die sie noch schnell in die Seitentasche des Rucksacks gestopft hat, damit die Schwester sie nicht sieht, ist etwas ausgelaufen.

»Schnell ins Nachtschränkchen damit und die Tür zu. Damit der Geruch sich nicht verbreitet. Ich kriege sonst Ärger.«

»Schickes Kopftuch übrigens. Ist das jetzt Mode?«

Queenie verdreht die Augen und wackelt mit ihren drei mittleren Fingern rechts neben ihrem Gesicht hin und her.

»Was soll denn das eigentlich heißen?«, ergreift Sophie die Gelegenheit beim Schopf, denn sie hat diese Geste schon so oft gesehen. Ist das etwa der taiwanische Stinkefinger oder gar gleich Stinkefinger hoch drei?

»Das heißt, dass es mir peinlich ist«, erklärt Queenie. »Das kommt aus den japanischen Trickfilmen und Comics. Wenn dort einer Figur etwas peinlich ist oder sie sich ärgert, wird das durch drei senkrechte Striche an einer Seite der Stirn dargestellt. Und das übernehmen dann die drei mittleren Finger bei uns. Du musst verstehen, dass ich meine Haare über alles liebe. Umso schwerer ist es für mich, hier den Regeln zu folgen. Wir dürfen hier einen Monat nicht baden und nicht Haare waschen. Auch das wieder, weil wir uns sonst Nässe und Kälte aussetzen könnten.«

»Oh, dann muss ich das Haarshampoo wohl wieder mitnehmen. Und das Eis ja wohl auch«, spielt Sophie die Oberschwester und packt demonstrativ das schon leicht zerlaufene Eis aus der 7-Eleven-Tüte und dann aus der Kühlhaltepackung darin aus.

»*Xīnkǔ nǐ le!* – Danke für deine Mühe! Du bist ein Engel«, freut sich Queenie, reißt Sophie gierig das Eis aus der Hand und sieht in die 7-Eleven-Tüte hinein. »Und du hast an die Zeitschriften gedacht! Und sogar eine Dose Cola! Meine Rettung! Wir müssen nur alles gut verstecken. Meine Mutter kommt später und auch die Schwestern kommen ab und zu hereingeschneit. Nur das Eis muss ich natürlich sofort essen. Oder in fünf Minuten, denn willst du ihn nicht mal sehen?« Queenies Augen leuchten.

Natürlich will Sophie Queenies kleinen Jungen sehen. Queenie steigt im langen Nachthemd aus dem Bett und sie verlassen das stickige Zimmer, laufen weiter den Gang entlang bis zu einem großen

Glasfenster. Dahinter liegen in durchsichtigen Plastikbettchen etwa 15 süße taiwanische Babys. Zwischen den Betten wirbeln Krankenschwestern umher, die sie wiegen, baden und wickeln. Queenie zeigt auf ein Bettchen ganz links.

»Da ist er«, flüstert sie und wendet kein Auge von ihm ab. »Du musst verstehen, hier ist es einfach wahnsinnig langweilig«, fährt sie nach einigen sprachlosen Minuten, in denen sie die Babys bestaunen, fort. »Die traditionellen Regeln schreiben vor, dass ich nicht lesen darf, weil die Geburt meine Augen zu sehr angestrengt hat.«

»Wow, was darfst du denn noch alles nicht tun?« Sophie ist geschockt. Ein bisschen wie in einem Luxusgefängnis findet sie es hier.

»Ich darf mich waschen, aber nicht duschen und nicht baden, kein kaltes Wasser und keinen Alkohol trinken, nichts Salziges essen, nicht aus dem Haus gehen und keine Treppen steigen. Und natürlich kein Sex.« Da kichern die beiden wie zwei Sechszehnjährige. »Ich muss außerdem spezielles Essen zu mir nehmen, es gibt ständig ungewürzte Hühnersuppe mit super viel Sesamöl. So soll ich mich von der anstrengenden Schwangerschaft und Geburt erholen und besser stillen können.«

Wieder verdreht Queenie die Augen. »Ach ja, und super teuer ist es hier auch. Etwa 100 Euro pro Nacht.«

»Aber wenn es so langweilig und teuer ist, warum machst du das dann? Ich könnte dich rausschmuggeln«, zwinkert Sophie ihr aufmunternd zu.

»Das machen alle, das ist Tradition. Das wird eben so von einem erwartet. Ich könnte das auch bei meiner Schwiegermutter zu Hause machen. Aber da bin ich schon lieber hier. Und schließlich hat es auch sein Gutes: Ich bin die erste Zeit nicht mit dem Baby allein. James kann mir von Singapur aus schließlich keine große Hilfe sein. Und hier machen sie alles für mich. Wenn der Kleine schreit, weil er Hunger hat, bringen sie ihn zum Stillen ins Zimmer. Um mehr muss ich mich nicht kümmern.«

Sophie ahnt, wie froh Queenie sein muss, ihr alles bis ins kleinste Detail erzählen zu können. Für eine Quasselstrippe wie Queenie muss es schwer sein, den ganzen Tag in einem Babyhotel nahezu in Einzelhaft zu verbringen.

»Meine Mutter kommt gleich«, sagt Queenie auf dem Rückweg ins Zimmer, »aber bleibe bitte noch kurz. Du musst ihr nämlich Gesellschaft leisten und Schmiere stehen, während ich schnell auf der Toilette das Eis esse, bevor es zerläuft. Wenn mich meine Mutter mit Eis erwischt, wird sie super sauer werden, denn ich darf doch nichts Kaltes essen. *Xīnkǔ nǐ le!* – Danke für deine Mühe! Und komm bloß bald mal wieder. Am besten schon morgen«, bettelt Queenie mit Tränen in den Augen, bevor sie die Toilettentür mit dem Eis in der Hand hinter sich schließt.

Während Sophie im warmen Zimmer wartet, fällt ihr der Früchtekorb ein. Den hätte sie fast vergessen. Sie beschließt, ihn gleich auszupacken. Da kann Queenies Mutter das gesunde Geschenk von ihr sehen, sollte sie doch den ausgelaufenen *lǘwèi* im Nachtschränkchen riechen können oder später bei Queenie einen mit Eis verschmierten Mund entdecken. Ganz unten im Rucksack holt Sophie den Früchtekorb hervor und stellt ihn dekorativ auf den Sofatisch.

In dem Moment klopft es auch schon. Queenies Mutter betritt den Raum, zieht ihre Jacke aus und beginnt gleich ein freundliches Gespräch auf Chinesisch mit Sophie. Bis zu dem Moment, als ihr Blick auf Sophies Präsentkorb fällt. Sie runzelt die Stirn, stemmt die linke Hand in die Hüfte und zeigt mit der rechten auf den Sofatisch.

»Von wem ist das? Das muss sofort weg!«

Was ist diesmal schiefgelaufen?

Sophies Früchtekorb mag in westlichen Ländern stets eine gute Geschenkidee für einen Besuch in einem Krankenhaus oder einer ähnlichen Einrichtung sein. In Taiwan aber, wo in der traditionellen Medizin zwischen kalten und heißen Nahrungsmitteln unterschieden wird, hätte Sophie genau beachten müssen, welche Früchte sie da im Körbchen hat. Eine Geburt wird als extrem *qì*-zehrend angesehen, da eine Menge Blut verloren wird. Die junge Mutter gilt als schwach und sehr anfällig für Erkältungen, die zu einem späteren Zeitpunkt auch zu Schmerzen in den Muskeln oder Gelenken führen können. Die Früchte in Sophies Korb, die Äpfel, Birnen, Kiwis, Bananen, Minitomaten und Erdbeeren, sind zwar gut gemeint, zählen aber wie die meisten Früchte zu den kalten Nahrungsmitteln, die während dieser Zeit streng verboten sind.

Was können Sie besser machen?

Besuchen Sie in Taiwan eine Mutter im Wochenbett und wollen wirklich Früchte oder andere Lebensmittel mitbringen, dann beachten Sie, welche zu den wärmenden zählen. Bei Früchten sind das zum Beispiel Kirschen, Datteln, Litschifrüchte, Mangos, Himbeeren, Pfirsiche und Nektarinen. Sie werden überrascht sein, wie westlich, modern und selbstbestimmt junge Frauen in Taiwan sind und dann doch, wenn es zum Thema Familie kommt, streng der Tradition folgen. Die meisten machen es wie Queenie: Sie beugen sich in der Zeit nach der Geburt den Anweisungen ihrer Mütter und Schwiegermütter und behaupten auch vor Außenstehenden, ganz traditionsgemäß »den Monat zu sitzen«. In Wahrheit jedoch folgen sie den strengen Regeln nur so weit, wie sie es selbst als richtig und notwendig empfinden. Beim Rest wird gemogelt, denn das Wort der Älteren, also der Mütter und Schwiegermütter, ist Gesetz. Sich nicht daran zu halten, würde bedeuten, sie ihr Gesicht verlieren zu lassen.

35 我願意! – *Wǒ yuànyì!* – Ja, ich will!

Wie das Handtuch auf den Liegestuhl,
so der Goldschmuck auf die Braut

Mei-yin hat echt Glück mit dem Wetter, denkt Sophie, als sie unter blauem Himmel um acht Uhr morgens in der Innenstadt auf sie wartet.

»Heute wird verlobt, morgen geheiratet«, hat Mei-yin vor einigen Tagen verkündet, nun ist sie schon 15 Minuten zu spät.

»Sorry, der Arzt hatte heute viel zu tun.«

»Bist du krank? Hochzeitsfieber?«, neckt Sophie Mei-yin, denn die strahlt wie das blühende Leben.

»Nein, nein, hier habe ich mir letztes Jahr dunkle Stellen im Gesicht weglasern lassen und heute haben sie mir mal wieder ein bisschen Botox in die Wangen knapp unter den Ohren gespritzt.«

»Warum das denn? Du hast doch da keine Falten.«

»Nein, aber ich muss heute und besonders morgen zur Feier und auf den Fotos immer lächeln und da ich immer ganz breit lächle, gibt es Falten. Auch vom Kauen werden die Muskeln dort stärker und man bekommt ein breiteres Gesicht. Ganz hässlich. Durch das Botox kann man die äußeren Muskeln eine ganze Weile nicht bewegen. Damit bilden sie sich zurück und das Gesicht wird schmaler und schöner!«

»Gewollter Muskelschwund sozusagen. Und deshalb nimmst du auch nie von mir Kaugummi, wenn ich dir welchen anbiete.«

»Genau«, sie errötet leicht, »aber los jetzt, die Zeit drängt.«

Tobias, der Bräutigam in spe, muss nämlich in weniger als einer Stunde vom Flughafen abgeholt werden.

Hinter der milchigen Glaswand in der von Klimaanlagen eisigkalt geblasenen Ankunftshalle des Internationalen Flughafens Taiwan

Taoyuan kommt ein schlaksiger Junge mit Dreitagebart in Adidas-Sneakers, abgewetzten Jeans und Converse-T-Shirt hervor: Tobias, Mei-yins Zukünftiger, 31 Jahre alt, erst Dauerstudent der BWL, jetzt Dauerpraktikant. Mei-yin fällt ihm stürmisch um den Hals.

»Moin«, sagt er und streckt Sophie breit lächelnd seine Hand entgegen, nachdem er Mei-yin wieder auf dem Boden abgesetzt hat. Sophie verspürt einen leichten Stich in der Herzgegend. Seine blauen Augen und die zerzausten blonden Haare erinnern sie an Jan.

»Genug geredet, wir haben noch viel vor. Wir müssen gleich ins Landgericht zum Heiraten. Sophie, du bist die Trauzeugin. Meine Cousine ist leider krank geworden. Wo sind deine Papiere, Tobias?«, drängelt Mei-yin herrisch.

»Wie? Was? Heute? Jetzt gleich heiraten?«, fragt Sophie überrascht. Für einen Moment denkt sie, ihre verrückte Freundin Queenie vor sich zu haben und nicht die vernünftige Mei-yin: Sophie fühlt sich überfahren, in einem Chaos voller unerwarteter Ereignisse. Aber vielleicht ist es die Liebe, die die taiwanischen Frauen unberechenbar, ja gar zu kleinen Taifunen werden lässt, die alles mit sich reißen und schnell Sturzbäche ausschütten, sollte es mal nicht nach ihrem Kopf gehen.

»Reine Formalität: nur die beglaubigte Eheschließung«, winkt der kleine Taifun beschwichtigend ab. Tobias ist extra nach Deutschland gereist und hat dort die benötigten Dokumente besorgt und übersetzen lassen. Nun kann es losgehen – die sogenannte reine Formalität.

Der nervöse Bräutigam Tobias streicht erfolglos immer wieder sein zerknittertes Hemd glatt, das er eben aus dem Rucksack gezogen hat, und Braut Mei-yin kaut in ihrem schlichten roten Etuikleid auf ihren ebenso roten Fingernägeln. Neben ihnen stehen etwa acht andere Paare und deren Trauzeugen und Familienangehörige. Und wenn sich Braut und Bräutigam nicht verliebt in die Augen sehen oder Händchen halten würden, wüsste Sophie gar nicht, wer hier unter den Anwesenden sich gleich das Ja-Wort geben will, denn Brautkleid und Anzug trägt hier niemand.

Wie auch im Krankenhaus, in der Schule und im Restaurant fehlen jegliche Privatsphäre und Sinn für Individualität. Alle Paare samt Begleitung drängen auf Kommando laut und munter schwatzend in den Hochzeitssaal. Die Trauzeugen und die Familienmitglieder nehmen auf den Stühlen im Hintergrund Platz. Bräute und Bräutigame stellen sich paarweise vor einem reichlich mit Blumen dekorierten Schreibtisch auf, hinter dem zwei Beamte stehen. Dazwischen schwirren wild knipsende Fotografen herum.

Dann geht alles ganz schnell: ein paar Worte des trauenden Beamten, Braut und Bräutigam sagen der Reihe nach »*Wǒ yuànyì! –* Ja, ich will!«, unterbrochen nur vom begeisterten Jubel des Publikums. Bei Tobias stockt der Ablauf kurz. In aller Aufregung scheint dem Armen das chinesische Ja-Wort entfallen zu sein. Mit einer *Thumbs-up*-Geste gibt er seine Zustimmung. Der Beamte ist nachsichtig und lässt es als »*Wǒ yuànyì!*« durchgehen. Das Publikum tobt. Nur ein Basketballspiel gegen China mit Taiwans Team in Führung könnte diese Stimmung übertreffen. Tobias läuft hochrot an. Der Jetlag und die Blamage lassen ihn offensichtlich das letzte bisschen Konzentration verlieren und bei der dreifachen Verneigung erst vor seiner Braut, dann vor dem Publikum und zum Schluss vor den Beamten verbeugt er sich außer der Reihe und stets in die falsche Richtung. Dann hurtig die Ringe wechseln, für die, die welche dabei haben, kurz küssen, schnell unterschreiben und nach insgesamt 15 Minuten ist die Hochzeitszeremonie auch schon vorbei. Vor der Tür warten bereits die nächsten Heiratswilligen.

Sophie fährt mit einem schlafenden, glücklich verheirateten Paar auf der Rückbank im Taxi quer durch die Stadt zur Verlobung und summt leise Wagners *Treulich geführt*. Der Taxifahrer stimmt grinsend mit ein.

Mei-yin und Sophie laden Tobias im Hotel ab und fahren dann gleich weiter zur Wohnung von Mei-yins Eltern.

»Soso, die Verlobung kommt also nach der Hochzeit?« Sophie zieht die Stirn kraus.

»Nach der *reinen Formalität*«, beharrt Mei-yin. »Die richtige Hochzeit ist ja erst morgen.«

Mei-yin verschwindet sofort zum Umkleiden in ihrem Schlafzimmer. Sophie hat derweil Mühe, im Familienkreis eine freie Ecke zu finden: die Eltern von Mei-yin, eine Oma und zwei Opas, viele Tanten, Onkel, Cousins und Cousinen drängen sich im kleinen Wohnzimmer der Familie. Überall – auf Geschenken, an Türen und Fenstern, auf Karten und als Scherenschnitt unter der Glasunterlage auf dem Tisch – erkennt Sophie das chinesische Hochzeitszeichen, das sie erst letzte Woche im Chinesischkurs gelernt hat. Die älteren Familienmitglieder sitzen auf dem Sofa. Die Männer stehen in der Tür und rauchen. Sophie stellt sich in die Nähe des Fensters und denkt an Tobias, der wahrscheinlich in seinem Hotelzimmer die Hemden glatt streicht und Blut und Wasser vor Aufregung schwitzt.

Da Tobias kein Taiwaner ist und seine Eltern zu alt sind, um zur Hochzeit aus dem 9.000 Kilometer weit entfernten Deutschland anzureisen, muss improvisiert werden. Also, hat ihr Mei-yin im Taxi erklärt, wird bei den traditionellen Hochzeitsbräuchen gekürzt, geändert und gemogelt, so gut es eben geht. Auch Mei-yin selbst hat darum gebeten, einige Bräuche wegzulassen. Mei-yins Großtante Chuan-ru füllt wegen ihrer Sachkenntnis in Bezug auf Hochzeitstraditionen die Rolle der Heiratsvermittlerin und soll sich bei so vielen Traditionen als sehr pragmatisch erweisen. Zwar sind traditionell zwei Feiern vorgesehen – die Verlobungsfeier, zu der normalerweise die Familie der Braut einlädt, und die Hochzeitsfeier, bei der die Familie des Mannes zum Feiern bittet –, aber die Großtante Chuan-ru hat beide kurzerhand zusammengelegt. Sophie hat Großtante Chuan-ru sofort im Trubel des überfüllten Wohnzimmers ausgemacht. Sie hat das Kommando, gibt Anweisungen, denen widerspruchslos gefolgt wird.

Unter dem Dauerfeuer der Knallkörperketten kommt Mei-yins Prinz Tobias auf einem schwarzen Pferd, ähm, in einer schwarzen Limousine vom Hotel daher. Bei sich hat er – wie von Großtante Chuan-ru angeordnet – das Verlobungsgeschenk: viel Gold in Form von Halsketten, Armkettchen und Ohrringen, dazu unter anderem Damenschuhe, Kekse und eine Steige mit zwölf riesigen Äpfeln.

Die rundliche Heiratsvermittlerin wacht mit ihren schildkrötenhaften Augen über alle und alles und über jeden zeremoniellen Schritt. Manchmal raunt sie etwas auf Taiwanisch, dann springt Mei-yins Mutter sofort auf und kommt in Eile der Ermahnung nach. Alles muss stimmen, das Gesicht darf nicht verloren und das Glück des Brautpaares um keinen Preis riskiert werden.

Tobias steht etwas verloren in der Mitte des Wohnzimmers. Der Schweiß tritt langsam durch sein weißes, zerknittertes Hemd hindurch. Peinliches Schweigen macht sich breit, die Älteren mustern den Ärmsten unverhohlen und alle warten. Sie warten auf Mei-yins Auftritt.

Nach einer gefühlten Ewigkeit zeigt sie sich: eine Prinzessin im leuchtend roten Kleid mit Reifrock, dessen Volumen den Rest des Wohnzimmers einnimmt. Sie trägt ein Tablett, um ihre künftigen Schwiegereltern mit süßem Tee zu bewirten, um sich den älteren Familienmitgliedern des Mannes vorzustellen. Da die aber nicht da sind, kommen ihre Eltern und Großeltern aufgereiht auf dem langen Sofa in den Genuss, erklärt Großtante Chuan-ru. Mei-yin verbeugt sich tief.

Nachdem die Eltern und Großeltern den Tee ausgetrunken haben, stecken sie rote Umschläge mit Geld in ihre leeren Tassen, als Zeichen, dass man die Braut in der Familie akzeptiert, erinnert sich Sophie vom Text im chinesischen Kursbuch.

Dann nimmt Mei-yin auf einem hohen Stuhl vor dem Familienaltar Platz – gar nicht so leicht in diesem Kleid. Tobias, völlig bleich vor Hitze und Aufregung, hat man einen Platz auf dem nun freien Sofa angeboten. Er fächelt sich Wind zu und lehnt sich zu-

rück, während Mutter und Großmutter der Braut das Verlobungsgeschenk anlegen. Mei-yin, die sonst stets dezent und geschmackvoll gestylt ist, sieht mit drei Halsketten, drei Armkettchen an
jedem Handgelenk und einem schweren Paar Ohrringe bald aus
wie ein Weihnachtsbaum, der in einen goldenen Lamettasturm
geraten ist.

»Wo hast denn du den ganzen Schmuck her?«, flüstert Sophie
Tobias zu.

»Frag mich nicht. Ich habe nur das Geld dafür gegeben. Das war
der Vorschuss von meinen Eltern zu den Studiengebühren für die
nächsten zwei Semester.«

Sophie beißt sich auf die Lippe.

»Macht nichts. Den verkaufen wir hinterher wieder. Mei-yin
meint, das wäre wichtig für ihre Eltern, denn das bedeutet hier
wohl, dass die Braut ›besetzt‹, also ›reserviert‹ für mich ist. *Down
payment* sozusagen.«

Tobias, der wieder etwas Farbe gewonnen hat, muss sich vom
Sofa erheben. Das Paar verbeugt sich vor dem Familienaltar und
somit vor den Ahnen und dann vor Mei-yins Eltern. Fotoapparate
klicken, eine Videokamera summt und Tobias und Mei-yin, schon
seit heute Morgen standesamtlich verheiratet, sind nun erst einmal
traditionell verlobt.

Großtante Chuan-ru beginnt zu drängeln, denn nun ist alles unter
Dach und Fach. Zeit für den Prinzen Tobias für heute in den Sonnenuntergang zu reiten und die Limousine rechtzeitig beim Miet-
wagenservice zurückzugeben.

Der Rummel ist vorbei. Morgen geht es weiter.

»*Zàijiàn!* – Auf Wiedersehen!« ruft Sophie erleichtert.

»Pssssssst!!! Bist du verrückt?« Mei-yin sieht Sophie strafend an.
Großtante Chuan-ru hat erschrocken die Riesenaugen noch weiter
aufgerissen.

Was ist diesmal schiefgelaufen?

Der Abschiedsgruß *»Zàijiàn!«* bedeutet wortwörtlich wie im Deutschen »Auf Wiedersehen« und ist bei einer Verlobung nicht gestattet, denn das würde bedeuten, dass man sich noch einmal wiedersehen muss, weil die Begegnung der zwei Familien nicht erfolgreich war. Dann müsste die ganze Zeremonie noch einmal durchgeführt werden. Armer Tobias! Nein, das wollte Sophie ihm nicht antun. Er hat so schon noch eine lange Feier am nächsten Tag vor sich. Wie gut, dass es außer Mei-yin und der Großtante niemand gehört zu haben scheint.

Was können Sie besser machen?

Wenn der Taiwaner von *zhōngshēndàshì,* der sogenannten »großen Sache im Leben« spricht, dann meint er damit die Hochzeit. Auch wenn man sich flexibel zeigt, die unzählbaren und uralten Hochzeitsbräuche der modernen Welt und den Vorstellungen der jüngeren, vom Westen beeinflussten Generation anzupassen, ist es für einen Außenstehenden schwer, die feine Linie zwischen »noch okay« und »nie und nimmer« zu erkennen. In Taiwan ist die Hochzeit nicht die Angelegenheit zweier junger Leute, sondern zweier Familien, und die Familienältesten haben da ein sehr traditionelles Wörtchen mitzureden. Der Aberglaube ist stark und hat dieses Fest dichtbesät mit Bräuchen, von denen manche bis ins Kleinste erfüllt werden müssen und daher selbst für Taiwaner und besonders für Fremde ein Minenfeld aus Fettnäpfchen ergeben. Sind Sie zu einer Verlobung oder Hochzeit eingeladen, dann halten Sie sich im Hintergrund, mischen Sie sich unter die Gäste und folgen Sie unbedingt den Anweisungen der Heiratsvermittlerin. Hier sind Sie nur Statist ohne Sprechrolle. Lassen Sie sich geduldig als Figur hin- und herschieben und ebnen Sie so dem Brautpaar den Weg in eine glückliche Zukunft.

說到 ... apropos ... Hochzeitssymbol »Doppelglück«

Das sogenannte »Doppelglück« ist die Verschmelzung zweier Zeichen. Das Zeichen für Freude und Glück, *xǐ*, sieht aus wie ein kleines Strichmännchen mit einer Krone auf dem Kopf und wird doppelt geschrieben zu einem Zeichen vereint. Was nun aussieht wie zwei händchenhaltende Strichmännchen ist das Zeichen *shuāngxǐ,* Doppelglück genannt. Es symbolisiert Glück in der Ehe und ist bei einer Hochzeit allgegenwärtig. Als Scherenschnitt oder Aufdruck auf Geschenken, an Türen und Fenstern, auf Karten und als Glasunterlage auf dem Tisch, sogar zwischen Hello-Kitty- und Snoopy-Aufklebern leuchtet es in Rot und soll dem Brautpaar eine zufriedene, sorgenfreie und fruchtbare Ehe bringen.

36 奇怪! – *Qíguài!* – Komisch!

Trockne das Glas – aber nicht zu oft!

Seit Mitte Dezember fahren alle Busfahrer in Taipeh mit Weihnachtsmannkostüm ihre Runden und alle Handys und Smartphones klingeln *Jingle Bells.* Am 24. Dezember stellt sich bei Sophie ein kleiner Weihnachtsblues verziert mit Heimweh, umrahmt von der Blamage zur Verlobung am Vortag und gekrönt mit Schupfen ein. Wie gut, dass es an diesem Tag wenig Zeit zum Nachdenken gibt: erst eine Party bei Zong-han, dem Kollegen von der Tonaufnahme, mit dem sie schon das Mondfest gefeiert hat, dann Mei-yins Hochzeitsbankett.

Sophie schlüpft in ihr kleines Schwarzes und in dicke schwarze Strumpfhosen und wirft sich Jacke und Schal über. Draußen hat ein kalter Nieselregen eingesetzt. Die Nässe legt sich um Sophie und Yi-fan, als sie auf dem Moped durch den Regen brausen. Die Lichter der Stadt verschwimmen hinter den zerkratzten Visieren ihrer Helme.

»Sektion 5, Nummer 213, 211, 209«, zählen sie die Hausnummern herunter. »207. Da ist es. Oh! Hm? *Qíguài!* – Komisch!«

Da ist kein Wohnhaus, kein Café, kein Restaurant, nein, da ist eine Kirche, genauer gesagt eine presbyterianische Kirche, so steht es auf dem goldenen Schild am Eingangstor, hinter dem leise Musik zu hören ist.

Sophie ist überrascht: *Mein liebes Taiwan, nun sag, wie hast du's mit der Religion?* Sicher, an der einen Ecke ein 7-Eleven, an der anderen ein Tempel, so kann man das fast sagen. Die Menschen besuchen hier ständig Tempel und beten zu allen möglichen Gottheiten; in vielen Tempeln werden sogar gleichzeitig mehrere Götter aus unterschiedlichen Religionen verehrt. Christliche Kirchen hat Sophie allerdings noch nicht sehr viele gesehen.

»Bin in einer Stunde wieder hier.« Yi-fan braust zu einem Geschäftsmeeting davon.

Sophie drückt zögernd die eiserne Türklinke hinunter und ist mitten in einem kleinen Weihnachtsgottesdienst: vorn singt ein Chor vor einer Krippe, darüber leuchtet rot ein Weihnachtsstern, daneben der Pfarrer auf der Kanzel. Die Holzbänke sind gefüllt, aber auf der letzten Bank neben dem Eingang rückt man enger zusammen und deutet ihr, sich zu setzen.

Sophies Augen suchen erst die Besucher, dann den Chor ab. In der zweiten Chorreihe entdeckt sie Zong-han. Er winkt ihr kurz zu. Sophie lauscht der bekannten Melodie, hört aber nur »Jesus« aus dem Liedtext heraus, sonst versteht sie kein Wort. Das ist weder Englisch noch Chinesisch, was da gesungen wird, und auch Taiwanisch klingt irgendwie ganz anders.

Danach treten sechs Frauen in gewebten bunten Kleidern auf und tanzen einen eher volkstümlichen Reigen, der auch nicht so recht zum Krippenspiel passen will.

»Hey, schön, dass du es noch geschafft hast«, flüstert Zong-han plötzlich neben ihr. Sophie war so über die Tanzgruppe erstaunt, dass sie ihn erst gar nicht bemerkt hat. »Die zweite Frau von links, das ist meine Mutter, und die ganz links, das ist meine Tante.«

»Ja, aber ich verstehe nicht recht. Was tanzen die denn?«

»Einen traditionellen Tanz. Die meisten Leute hier gehören zu den Paiwan, einem Stamm der Ureinwohner. Wie ich auch. Gestatten? Mein eigentlicher Name ist Giljegiljaw, den hat mir mein Urgroßvater gegeben, der noch in der Nähe von Pingdong im Süden von Taiwan lebt. Aber ich muss auch einen chinesischen Namen haben: Zong-han eben. Wenn du genau hinsiehst, fällt dir vielleicht bei manchen noch auf, dass sie nicht ganz wie Taiwaner aussehen.«

Stimmt, zwar kann Sophie meistens immer noch nicht Taiwaner, Koreaner und Japaner auseinanderhalten, aber dass Zong-han und auch die Leute hier etwas anders aussehen, kann sogar sie erkennen. Auf welche Weise, das lässt sich schwer in Worte fassen.

»Ich dachte immer, Ureinwohner haben ihre eigene Religion.«

»Pssssst!«, zischt es vor ihnen, also schweigen sie erst mal. Der Pfarrer liest die Predigt und auch wenn Sophie kein Wort versteht, verschwindet ihr Weihnachtsblues ein für alle Mal und verwandelt sich in friedliche Weihnachtsstimmung.

»Wir singen immer viel, es kann also noch eine ganze Weile dauern. Bleib, so lange du willst. Schönes Kleid übrigens! Frohe Weihnachten! Ich muss wieder auf die Bühne zum Chor.«

»Und ich gleich auf der nächsten Hochzeit tanzen«, sagt Sophie.

Sie winkt Zong-han alias Giljegiljaw nach zehn Minuten zu, schleicht sich zur großen Tür zurück und steigt vor der Kirche wieder auf Yi-fans Moped, mit dem er sie schon erwartet. Gerade noch rechtzeitig schaffen sie es zur Abfahrt der Hochzeitsgesellschaft. Tobias steht heute mit sechs Limousinen vor Mei-yins Elternhaus, die gerade die Wohnung verlässt und sich mit ihrem Riesenkleid in eine der Limousinen zwängt. Symbolisch verschüttet Großtante Chuan-ru mit einem großen Schwapp noch schnell eine Schüssel mit Wasser hinter Mei-yin. Das Wasser trifft die Limousine und macht den hinteren Teil des Kleides pitschnass. Mei-yin verzieht das Gesicht, dann zischt sie grimmig ihrer Mutter zu: »Wir hatten doch ausgemacht, diesen Teil wegzulassen.«

»*Qíguài!* – Komisch! Das teure, geliehene Kleid!«

»Wir sagen, eine Tochter zu verheiraten, ist als schütte man Wasser aus dem Haus, was bedeutet, dass die Tochter nun zu einer anderen Familie gehört und nicht ins Elternhaus zurückkehren kann, außer als Gast natürlich. Je weiter dabei das Wasser spritzt, desto mehr soll die Braut in der neuen Familie geliebt und geachtet werden«, raunt Yi-fan ihr zu.

»Dann ist es wohl gut, dass das Wasser so weit geschwappt ist.«

Während Yi-fan mit dem Moped dem Hochzeitszug aus Autos mit roten Schleifen folgt, ist es der durchgefrorenen Sophie gestattet, mit zu Mei-yin und Tobias in die Limousine zu steigen. Als die anfährt, wirft Mei-yin einen Fächer aus dem Autofenster. Der verwunderten Sophie und dem grimmig blickenden Umweltschützer und Grünen-Wähler Tobias erklärt sie, dass sie sich damit von ihren schlechten Charakterzügen und Launen trennt. Tobias schüttelt weiter missbilligend den Kopf – einfach so Sachen aus dem Fenster zu werfen ... Aber für heute muss er seinen Ärger wegstecken.

Vor dem Hochzeitsrestaurant wartet schon Yi-fan und verzieht sein Gesicht, als er mit dem roten Umschlag dazustößt. Sophie steckt noch schnell ihren Anteil des Geldes hinein.

»2.000 plus 2.000 sind 4.000 Taiwan-Dollar. Hm, das geht nicht. Die Vier ...«

»Jaja, ich weiß ... ist eine schlechte Zahl«, beendet Sophie seinen Satz.

»Da müssen wir noch 2.000 dazugeben. Dann sind es 6.000 – perfekt. Die Zahl Sechs bringt ihnen Glück und uns dafür Armut. Naja, Mei-yin ist deine beste Freundin, da müssen wir das wohl so machen. Dieses Jahr liegen im Dezember viele glückbringende Tage. Wenn es noch eine Hochzeit gibt, dann bleibt von meinem Gehalt gar nichts mehr übrig«, jammert er.

Am Eingang sitzen Mei-yins Cousinen, notieren peinlich genau die Geldbeträge aus den roten Umschlägen und reichen als Dankeschön Schachteln mit Hochzeitskeksen an die Gäste. Daneben liegen auf einem Tisch Mei-yins und Tobias Hochzeitsfotos aus, die das junge Glück zuckersüß, wie aus einem Märchentraum entstiegen, vor verschiedenen idyllischen, manchmal gar ein bisschen kitschigen Kulissen zeigen. Verträumt lehnt Mei-yin an Tobias Schulter inmitten eines gelben Blumenfeldes, romantisch küsst Tobias seine Mei-yin im Fenster eines traditionellen Bauernhauses, leidenschaftlich umarmen sie sich im Sonnenuntergang am weißen Sandstrand, überschwänglich tollen die beiden zwischen Baumstämmen im Wald. Sie sollten mal über eine zweite Karriere als Models nachdenken, denn Lächeln und Posen sitzen perfekt.

»Hach«, seufzt Sophie immer wieder. Schließlich zieht Yi-fan sein dahingeschmolzenes *bǎobèi* weiter in den Festsaal C des Restaurants. In den Sälen A, B und D hat bereits das Bankett einer jeweils anderen Hochzeitsgesellschaft begonnen. Unzählige Blumenbuketts und rote Luftballons säumen die eingedeckten Tische. Vorn, auf der ebenfalls roten Bühne, spielt eine Powerpoint-Präsentation in Schleife Fotos des Brautpaares ab: von den Babyfotos bis zu ihren Hochzeitsbildern, abwechselnd unterlegt mit dem süßen Klang des Heiratspopsongs *Jīntiān nǐ yào jià gěi wǒ* – »Heirate mich heute!« – von David Tao und Jolin Tsai, ausgewählt von Mei-yin, und dem gechillten Reggae-Sound mit Rap-Einlagen von Jan Delays *Irgendwie, Irgendwo, Irgendwann,* ausgewählt von Tobias.

Als Sophie Jacke und Schal ablegt, schluckt Yi-fan kurz und legt ihr den rosa Schal wieder um. Ist das Dekolleté zu tief? Aber bei der Frau am Nachbartisch kann man fast bis zum Bauchnabel sehen.

»*Qíguài!* – Komisch!«, wundert sich Sophie leise.

Langsam wird es voll im Saal und der Magen knurrt. Bei dem straffen Programm und der ganzen Aufregung hat sie den ganzen Tag keinen Bissen hinunter bekommen.

»Gut so«, meint Yi-fan, der zu »Gib mir die Hand, ich bau dir ein Schloss aus Sand ...« im Rhythmus zuckt, »schließlich erwartet uns ein achtgängiges Menü mit allen Raffinessen der chinesischen Küche plus Nachtisch.«

Nach 20 Minuten betritt endlich Mei-yin – jetzt im perlweißen Kleid mit Schleppe – geführt von ihren Eltern den Saal, um dann von ihnen nochmals an Tobias übergeben zu werden. Die über 300 Gäste applaudieren laut, als sie feierlich zwischen den überfüllten und lärmenden Tischen entlang zur Bühne schreiten. Dann hält man Rede um Rede: Mei-yins Eltern, Mei-yins Hochschulprofessorin, der Schulfreund von Mei-yins Vater, jetzt Mitglied im Stadtparlament, Mei-yins Großcousine, eine bekannte Anwältin in Taipeh, und alles, was sonst noch im Familien- und Bekanntenkreis Rang und Namen hat, darf auf der Bühne ein paar Worte zur Feier des

Tages verlieren und dem Brautpaar damit Glück wünschen. Und dann ist es endlich Zeit zu essen und für Mei-yin ins nächste Outfit zu schlüpfen.

Die Gerichte werden an die Tische getragen und Sophie freut sich, seit Langem mal wieder Rotwein trinken zu können. Wenn Yi-fan wegen des Mopeds schon zu Orangensaft greifen muss, dann kann sie ja wenigstens ein Gläschen Alkohol genießen. Die anderen Frauen am Tisch scheinen schwanger zu sein, denn auch sie greifen zu Orangensaft.

Während Sophie und Yi-fan mit den Gästen im Saal auf »Blühenden Blumen unter dem Vollmond« kauen – was klebrige Reismehlklößchen in Erdnusspuder mit Rosinen sind, damit die Ehe auch süß und rund läuft –, die umstrittene und superteure Haifischflossensuppe schlürfen und an Krabbenbeinen nagen, geht Mei-yin im Kleid Nummer zwei des Abends – schlicht und weinrot – mit Tobias und ihren Eltern von Tisch zu Tisch, um mit den Gästen anzustoßen – ohne Gläserklirren. Sie halten das Glas mit den Fingern der rechten Hand in die Richtung des Gegenübers, heben es und berühren mit den nach oben zeigenden Fingern der linken Hand den Glasboden. Dann trinken sie gemeinsam. Sophie atmet auf, denn fast hätte sie schon angestoßen, aber das scheint hier gar nicht üblich zu sein. Als sie und Yi-fan an der Reihe sind, hält auch sie ihr Glas mit der rechten Hand nach oben, tippt mit den Fingern der linken Hand an die Unterseite des Glases und trinkt.

»*Gōngxǐ!* – Herzlichen Glückwunsch!«

Plötzlich kommen auch die Tanten und Onkel und Großtanten und Großonkel und Cousins und Cousinen. Alle heben nacheinander das Glas in Sophies Richtung und wollen prosten.

Da ist das Glas schnell leer und es muss nachgeschenkt werden. Und wieder nachgeschenkt werden. Und noch einmal.

»*Qíguài!* – Komisch! Wie machen das nur Tobias, Mei-yin und deren Eltern, die von Tisch zu Tisch gehen und mit mehr als 300 Gästen anstoßen?«

Als nach zwei Stunden die Hochzeitsfeier vorbei ist, dreht sich alles vor Sophies Augen. Ihre Wangen glühen, der Schal ist heiß und kratzt an ihrem Hals. Langsam erheben sich die Gäste von den runden Tischen. Auch Mei-yin und Tobias sind verschwunden.

»Das Brautpaar steht am Ausgang und verabschiedet sich. Da ist die Schlange. Wir müssen uns anstellen«, sagt Yi-fan, der Sophies suchenden Blick bemerkt hat.

»Mir ist schlecht. Lass uns schnell nach Hause«, jammert Sophie. »Und lass mich endlich den blöden Schal abnehmen. Mir ist warm und so tief ist mein Dekolleté gar nicht. Können wir uns einfach davonschleichen? Ich sehe die beiden morgen doch schon wieder.«

Sophie richtet sich schwerfällig mit einem übervollen Bauch und schwindeligem Kopf auf.

Yi-fan schüttelt den Kopf.

Was ist diesmal schiefgelaufen?

Sophie trägt von Kopf bis Fuß schwarz. Das ist keine gute Farbe für eine Hochzeit, sicher aber die richtige Wahl für eine Beerdigung. Yi-fan gibt ihr mit dem rosa Schal einen Farbtupfer, sodass sie nicht aussieht, als traure sie um Mei-yins Heirat oder gar um ein Familienmitglied, denn Trauernde müssen Hochzeiten für 100 Tage nach dem Tod eines Angehörigen fernbleiben. Sie würden mit ihrem Erscheinen dem Brautpaar nur Unglück bringen.

Sophie nimmt an, dass sie mit Alkohol prosten muss. Dem ist nicht so: Tee oder Orangensaft hätten es auch getan. Das gemeinsame Prosten ist eine symbolische Geste. So sind die zwei Frauen an Sophies Tisch bestimmt auch nicht schwanger, denn Schwangere sind auf traditionellen Hochzeiten unerwünscht. Ihr Glück könnte mit dem der Braut kollidieren. Auch Tobias und Mei-yin sowie deren Eltern haben ganz sicher Alkoholfreies in ihren Gläsern. Wie könnten sie sonst nach 300 Prosits am Ende der Feier lächelnd und ohne zu torkeln an der Tür stehen.

Die Verabschiedung ist übrigens ein fester Bestandteil des Hochzeitbanketts, den man als Gast auf keinen Fall schwänzen darf. Hier bedankt sich das Paar bei allen der Reihe nach fürs Kommen mit Süßigkeiten und einem gemeinsamen Foto.

Was können Sie besser machen?

Farblich im grünen Bereich zu liegen, damit hat man es in Taiwan wirklich nicht leicht. Wo man sonst sagt: andere Länder, andere Sitten, muss man in Taiwan oft sagen: andere Regionen, andere Familien, andere Sitten. Generell sind aber Schwarz und Weiß schlechte Farben bei der Kleiderwahl als Hochzeitsgast, weil sie mit Beerdigungen in Verbindung gebracht werden. Bei Rot scheiden sich die Geister: mal wird die Farbe als gut befunden, weil man so dem Brautpaar Glück wünscht, mal als schlecht, weil man so das Glück und auch die Aufmerksamkeit vom Brautpaar weg auf sich selbst lenkt. Sollten Sie nur ein festliches schwarzes oder weißes Kleid haben, mischen Sie andere Farben mit Accessoires wie Schals oder Tücher, Schuhe, Ohrringe, Ketten bei. Wollen Sie ganz in Rot gehen, dann fragen Sie vorher lieber bei Mutter und Großmutter der Braut nach. Meistens kümmert sich besonders die ältere Generation um die Kleiderordnung.

Solange Sie aber keinen weißen Umschlag mit Glückwunschkarte überreichen, worin ein Geldbetrag mit einer Eins, Vier oder Acht steckt, sind Sie nicht ganz tief im Fettnäpfchen versunken. Vier steht wegen seiner Homophonie für den Tod, die Eins ist reserviert für Geldbeträge bei Beerdigungen und die Acht wünscht wegen seiner Teilbarkeit eine baldige Trennung herbei. Weiße Umschläge sind nur für Trauerkarten. Auch weiße Chrysanthemen und Gänseblümchen werden nur zu Traueranlässen geschenkt.

Während man in China und Japan gern tief ins Glas sieht und im Trinken seine Kräfte misst, sind in Taiwan Alkoholexzesse sehr selten. Auch wenn Alkoholgenuss kein gesellschaftliches Tabu als solches ist, so wird es doch als ein Zeichen für Mangel an Selbstvertrauen und Unreife gesehen, womit man sicherlich keine Achtung unter taiwanesischen Freunden gewinnen kann.

Dazu kommt, dass rund die Hälfte der Taiwaner Träger des ALDH2-Gens sind, wodurch sie Alkohol im Stoffwechsel schlechter umsetzen können. Die Folge kann ein gerötetes Gesicht bis hin zu Atembeschwerden sein.

Ganz im Gegensatz dazu scheint der Toast *gānbēi* zu stehen, der bedeutet: Trockne das Glas! Es wird so tatsächlich gewünscht, das Glas in einem Zug zu leeren. Alkohol trinken ist wahrlich eine Gratwanderung in Taiwan.

說到 … apropos … Ureinwohner

Taiwan befindet sich am nördlichsten Punkt der austronesischen Völker im Pazifik. Es gibt auf Taiwan 14 anerkannte indigene Volksgruppen. Die Ureinwohner machen weniger als zwei Prozent der Bevölkerung aus, also etwa eine halbe Million Menschen.

Die Kopfjagd ist lange vorbei, traditionelle Tätowierungen verblasst und der Schamanismus hat weitgehend dem Christentum Platz gemacht. Nach einer langen Geschichte mit Sinisierung und Assimilierung misstrauten viele Vorfahren der heutigen Ureinwohner den Taiwanern mit han-chinesischer Abstammung, die zwischen dem 17. und dem 19. Jahrhundert vom Festland auf der Insel eintrafen, und damit auch deren Glauben und Göttern. So haben sie größtenteils durch westliche Missionare den christlichen Glauben angenommen und diesen mit einigen ihrer alten Rituale und Mythen vermischt.

Junge Menschen haben ihre abgelegenen Stammesgründe verlassen, um in den Städten nach Arbeit zu suchen. Die indigenen Sprachen werden noch gesprochen, doch die Muttersprachler werden immer weniger. Seit Kurzem aber entwickelt sich unter den Nachfahren ein neues Bewusstsein für ihre Kultur und ein Bestreben, die eigene Identität zu bewahren.

Falls Sie Interesse an den indigenen Völkern Taiwans und ihrer Geschichte haben, sollten Sie den zweiteiligen, insgesamt viereinhalb Stunden langen Film *Warriors of the Rainbow: Seediq Bale* aus dem Jahr 2011 sehen, der von einem Ureinwohneraufstand gegen die japanische Kolonialmacht erzählt.

說到 ... apropos ... rote Umschläge

Hóngbāo sind rote Umschläge, in denen Geldgeschenke gemacht werden. Man findet sie das ganze Jahr hindurch: zum chinesischen Neujahrsfest bekommen so die Kinder Geld geschenkt, zur Hochzeit wünscht man damit dem Brautpaar Glück und hilft ihm, die Bankettkosten zu decken, und einen Monat nach der Geburt gibt man dem Neugeborenen so Geld mit auf den Lebensweg. Zur Beerdigung allerdings gibt man das Geld in weißen Umschlägen. Rote Umschläge sind auch oft ein Mittel, um das *guānxì* zu pflegen (siehe Seite 231). Was in westlichen Ländern schon längst als Bestechung zählen würde, geht in Taiwan locker als ganz normale Art der Beziehungspflege durch.

37 新年快樂! – *Xīnnián kuàilè!* – Frohes neues Jahr!

Schulter an Schulter, aber bitte nicht Hand in Hand

Es ist Silvester. Von heute auf morgen ist es kühl und grau geworden. Im englischen Wetterbericht spricht man bei acht Grad plus sogar von *extremly cold.* Auf dem Yu Shan, mit 3952 Metern Taiwans höchstem Berg, sollen fünf Zentimeter Schnee liegen, und Sophie würde es nicht wundern, auch bald ein paar Flocken in Taipeh zu sehen, denn acht Grad plus sind hier gefühlte acht Grad minus. Da hilft nur eins: in Bewegung bleiben. Und weil Yi-fan am letzten Tag des Jahres frei hat, damit er am Neujahrstag gleich wieder im Geschäft die Kunden bedienen kann, hat Sophie einen straffen Freizeitplan ausgearbeitet, wie der freie Tag zu nutzen ist. Am Vormittag soll es mit Yi-fan in den Zoo gehen und am Nachmittag in der Maokong Gondola auf den Maokong Gebirgszug im Süden Taipehs, um von dort aus am Abend das Feuerwerk zu bewundern.

Yi-fan ist schwer aus dem Bett zu bekommen. An die Verabredung vom Vortag kann er sich angeblich nur vage erinnern: Zoo ja, aber morgens um zehn Uhr? Ja, klar, morgens um zehn Uhr, denn an Feiertagen haben bestimmt viele die Idee, in den Zoo zu gehen, besonders nachdem sie *Schiffbruch mit Tiger* von Ang Lee, dem bekannten taiwanischen Regisseur, gestern im Fernsehen gesehen haben. Und der wurde auch zum Teil in eben diesem Zoo gedreht.

»Ach, das verläuft sich«, murmelt Yi-fan am Telefon verschlafen.

Sophie schmollt. Perfekt von den taiwanischen Frauen wie Queenie abgeschaut, verzieht sie den Mund, stampft mit dem Fuß auf und sagt in weinerlicher, hoher Stimme: »Du liebst mich gar nicht wirklich!«

Völlig theatralisch und überzogen, aber es funktioniert.

»Okay, *bǎobèi!* Ist ja gut!« Und eine Stunde später als geplant, aber wenigstens noch am Vormittag, kommen Sophie und Yi-fan im Zoo am Rand von Taipeh-Stadt an. Es riecht nach frischem Gras und morastigem Boden. Sie laufen die breiten Wege in der Natur entlang, Regenwald rundherum, viele Meter über ihnen schaukeln still die Kabinen der Maokong Gondola. Sophie ist glücklich, mal aus der Stadt heraus zu sein und Yi-fan überredet zu haben, an seinem freien Tag das Bett zu verlassen und mitzukommen.

Vor dem Pandagehege machen sie halt. Von Pandas keine Spur, dafür aber viele Zweibeiner, die alle vor dem Glas stehen und ihre Nasen daran plattdrücken. Einige klopfen und hämmern gegen die Scheiben – obwohl es ein Schild gibt, auf dem das ausdrücklich verboten wird.

»So viel zu ›der Zoo ist groß, das verläuft sich‹«, murmelt Sophie.

»Da ist einer! Suuuper niiiedlich, eh!«, ruft Yi-fan plötzlich völlig hysterisch. Sophie macht ein Gesicht wie: »Der junge Mann gehört nicht zu mir«, dann tritt sie drei Schritte zurück. Doch niemand beachtet sie und ihre Lücke wird sofort von zwei anderen Besuchern eingenommen, die sich nun neben Yi-fan ebenfalls ans Glas drängen.

Sophie erkämpft sich ihren alten Platz zurück, wird keines Blickes, aber vieler Ellbogen gewürdigt.

»Das ist total peinlich«, zischt sie ihm von der Seite zu, »und unmännlich noch dazu«.

»Wieso? Die sind doch super niedlich, putzig, knuffig, süß!«

»Naja, geht so. Pandabären eben. Nicht mal Babypandas.«

Verständnislose Blicke. Sophie kommt sich vor wie eine Ungläubige in einer katholischen Messe, die gerade lauthals mitten in der Predigt verkündet hat, es gäbe Gott, Maria und all das Ganze gar nicht.

»Okay, aber lass uns mal weitergehen. Da gibt es auch noch andere Tiere, die gesehen werden wollen, die sind sonst eifersüchtig«, versucht sie das Kind Yi-fan wegzulocken. Aber wen kümmern schon die Elefanten, Affen und Kamele, wenn da ein Panda auf dem Rücken liegt, einem den Po zudreht, sodass man nicht mal seinen Kopf sehen kann? Aber Moment, jetzt doch, da ist der Kopf.

»Ohhhhhh«, stimmen alle im Chor an.

»Guck mal, Yi-fan, die haben solche Augenringe wie du, wenn du die ganze Nacht am Computer gespielt hast.«

Keine Reaktion. Sophie gibt es auf.

Nach einer halben Stunde Ahs und Ohs kann Sophie endlich Yi-fan überzeugen, dass es Zeit ist, auf den Berg zu fahren. Die anderen Tiere müssen wohl bis zum nächsten Mal auf ihren Besuch warten.

An der Maokong Gondola hat sich schon eine lange Schlange gebildet. Nach einer weiteren halben Stunde haben Sophie und Yi-fan besonderes Glück: sie und noch eine Mutter mit Kind erwischen die Gondelkabine mit Glasboden und schweben bald 25 Minuten über einem grünen Meer aus Baumkronen. Dreißig, vierzig Meter unter ihren Füßen liegen erst der Zoo, dann der Urwald und Teeplantagen. Am Horizont kann man ganz klein die Hochhäuser der Innenstadt erkennen, aus denen Taipei 101 wie eine Nadel heraussticht. Der Motor der Anlage summt gleichmäßig. Immer wenn sie einen Mast passieren, ruckelt es und Sophies Herz bleibt kurz stehen – aus Angst, in schwindelerregender Höhe hängenzubleiben oder gar hinabzustürzen. Yi-fan ergreift dann immer heimlich ihre Hand.

Auf dem Berg angekommen, beginnt es zu nieseln. Der Wind weht Sophie ein flaues Gefühl in den Magen, sodass der Hunger bei diesem Wetter scheinbar Löcher in die Magenwände frisst. Wie gut, dass Sophie schon gestern reserviert hat – in einem Teehaus, wo es zum Tee auch die üblichen, traditionellen Snacks gibt. Dort hat sie vor, mit Yi-fan in Ruhe zu sitzen, bis kurz vor Mitternacht zu speisen und dann vor die Tür zu treten und das Feuerwerk im Tal zu sehen.

»Mit Reservierung müssen sie etwa dreißig Minuten warten. Ohne Reservierung brauchen sie sich gar nicht erst anzustellen. *Méi bànfǎ!* – Da kann man nichts machen! Feiertagsbetrieb eben«, zuckt der Angestellte mit den Schultern.

Sophie und Yi-fan reihen sich hinten in der Schlange ein. Sophie zieht missmutig die Nase hoch, sie will nicht abwarten, sondern Tee trinken. Ihr ist kalt. Die kalte Nässe ist überall und kriecht ihre Ärmel und Hosenbeine hinauf.

Als sie endlich an der Reihe sind, instruiert sie der junge, verschwitzte Kellner, während er sie zum Tisch führt: »Hier ist ihr Bestellzettel mit dem Menü. Ihre Reservierung gilt für 45 Minuten. Dann müssen Sie bitte zahlen und gehen.«

Sophie sieht ihn überrascht an und er fügt hinzu: »*Bùhǎoyìsī!* – Entschuldigung! Weil dann schon die nächsten kommen. Feiertagsbetrieb eben!«

In einer kleinen Sitzecke nehmen sie Platz. Yi-fan schreibt bei dämmrigen Licht eifrig auf den gelben Bestellzettel und wenige Minuten später kommen der Tee und in Dampfkörben aus Bambus gemachte *xiǎolóngbāo* – kleine gefüllte Teigtaschen, alle gleich groß, alle haargenau gleich gefaltet. Der Teig ist dünn und leicht transparent, sodass das Fleisch und Gemüse von innen hindurchschimmern. Und es gibt noch jede Menge anderer kleiner Speisen: sauer eingelegte Bohnen und gedünsteter Tofu. Auch gebackene Süßkartoffeln, Zwiebeleierkuchen, Rettichkuchen, marinierte Hühnerbeine, Taroknödel und brauner Zuckerkuchen. Sophie und Yi-fan zücken die Essstäbchen und legen los. Schließlich haben sie nur 45 Minuten. Sobald Sophie einen *xiǎolóngbāo* auf dem großen chinesischen Löffel zum Mund balanciert und hineinbeißt, dampft die warme Fleischbrühe darin und ein duftendes Wölkchen steigt zur tiefhängenden Lampe über ihnen auf, wo sie sich mit anderen Schwaden vermischt.

Schneller als gedacht stehen sie mit vollen Bäuchen wieder draußen. Unten im Tal sind die Lichter angegangen und verschwimmen im Regendunst zu einem Teppich aus schimmernden Perlen. Doch so schön die Aussicht auch ist, nach zehn Minuten beginnen die Perlen vor Sophies Auge auf- und abzuspringen. Sie merkt, dass sie am ganzen Körper vor Kälte zittert. Bis Mitternacht und bis zum großen Feuerwerk am Taipei 101 sind es noch zwei Stunden.

»Planänderung. Hier oben können wir nicht bis 24 Uhr draußen warten«, verkündet Yi-fan. »Wir fahren mit der MRT zurück in die Stadt und sehen uns das Feuerwerk von deiner Terrasse aus an.«

Die Seilbahn vom Berg hinunter ist menschenleer, doch als sie in die MRT umsteigen wollen, finden sie da weitaus längere Warteschlangen als am Teehaus vor. Sophie und Yi-fan wägen ab – fahren sie lieber mit dem U-Bike durch den Nieselregen und die Kälte oder mit viel Geduld in der warmen MRT? Die unverdauten *xiǎolóngbāo* fühlen sich wie Wackersteine im Wolfsbauch an, und so entscheiden sie sich für die bequemere Variante: Sie reihen sich in die lange Schlange an der MRT ein, begeben sich in unbeschreibliches Gedrängel, in einen reißenden Fluss von Menschen. Zwischen Schultern, Ellbogen und Taschen bewegen sich die zwei in kleinen Schüben alle drei Minuten, quellen Schluck für Schluck näher an den Bahnsteig und werden schließlich hineingesogen in einen Wagen. Die Türen zischen und ein großer Schwapp Leute schwemmt noch nach ihnen hinein. In jede Ecke spült es sie, spült Sophie fast weg von Yi-fan, der schnell ihre Hand ergreift, bevor es sie zusammen fortträgt, tiefer in den Wagen hinein. Es ist ein beruhigendes Gefühl, Yi-fans Hand zu halten. Die MRT ruckt mehrfach und fährt an. Die Schienen schlagen wie ein Metronom und Sophie entspannt sich. Wenigstens ist es warm hier. Dann der nächste Halt: mehr Menschen, mehr Pressen, mehr Quetschen.

Sophie zieht ihre Hand zwischen Ärmeln und Aktentaschen hervor. Die Uhr zeigt nun acht vor zwölf – noch drei Haltestellen. Beim nächsten Halt zieht Yi-fan Sophie durch die Leute zur Tür hinaus.

»Schnell nach draußen, dann sehen wir wenigstens das Feuerwerk von Weitem«, keucht er. Aber bei Millionen von Menschen in Taiwan hat man leider nie als einziger allein eine Idee. Nach hundert Schritten stecken sie auf der zur Sicherheit abgeschalteten Rolltreppe fest.

Da summt Sophies Smartphone. Eine E-Mail. Von Jan! So lange hat sie darauf gewartet und jetzt, in diesem Moment, scheint es ihr so egal.

»Frohes neues Jahr aus Deutschland! Wann kommst du wieder?«

Von Jan, wiederholt Sophie in Gedanken, als würde sie mit den Worten über eine wunde Stelle auf der Seele streichen, um zu sehen, ob es da noch weh tut. Aber nichts brennt, nichts ziept, nichts schmerzt.

Sophie antwortet kurz und aus dem Bauch heraus: »Dir auch! Ich bleibe.«

Dann hört sie Ahs und Ohs, ganz so wie am Pandagehege heute Morgen im Zoo. Als sie an den Köpfen vorbei den Aufgang hinaufschaut, kann sie in den Fensterscheiben auf der Straße ein paar Schimmer und Reflektionen des riesigen Feuerwerks entdecken.

»*Xīnnián kuàilè!* – Frohes neues Jahr!«, jubelt Sophie und fällt Yi-fan um den Hals. Dafür muss sie nicht weit fallen, sondern einfach nur die Arme heben, denn er steht bereits dicht gedrängt neben ihr. Sie gibt ihm einen dicken Kuss auf den Mund.

»Frohes neues Jahr! Frohes neues Jahr! Frohes neues Jahr!«, ruft sie immer wieder und küsst ihn noch einmal und noch einmal und noch einmal. Doch Yi-fan steht da, wie zu Stein erstarrt, presst die Arme an seinen Körper und die Lippen fest aufeinander.

Was ist diesmal schiefgelaufen?

Sophie und Yi-fan haben sich schon oft geküsst, aber im Moment befinden sie sich umringt von hunderten von Menschen an einem öffentlichen Ort. Yi-fan, der Sophies Hand oft nur versteckt in der Öffentlichkeit hält, ist das etwas peinlich. »Guckt ja niemand«, könnte Sophie ihn beschwichtigen. Doch die Taiwaner, die so scheinen, als würden sie das alles gar nicht beachten, weil sie sich um ihre Angelegenheiten kümmern, sind eigentlich etwas peinlich berührte, wenn nicht gar etwas empörte Taiwaner, die angestrengt zur Seite sehen.

Was können Sie besser machen?

So modern und aufgeschlossen die taiwanische Gesellschaft auch ist, Zuneigung in der Öffentlichkeit zu zeigen, ist hier recht ungewöhnlich. Pärchen, die Hand in Hand durch die Straßen gehen, sind zwar mittlerweile ein alltäglicher Anblick geworden, aber alles, was darüber hinausgeht, wie sich an der Taille halten oder sich auf den Mund küssen, ist dort, wo man auf engstem Raum zusammensteht, wie in öffentlichen Transportmitteln und deren Haltstellen, Einkaufszentren und Restaurants, unangemessen.

說到 ... apropos ... Pandabären

Die Taiwaner und auch die Chinesen lieben Pandas. Und dass diese zwei Pandas hier in Taiwan im Zoo sind, hat einen besonderen Grund: die Panda-Diplomatie. Sie sind ein Geschenk von China an Taiwan. Die zwei heißen Tuántuán und Yuányuán, was zusammengesetzt *tuányuán* – »Wiedervereinigung« – bedeutet. Eigentlich sollten sie schon 2006 nach Taiwan kommen, aber damals war die DPP mit Präsident Chen Shui-bian an der Macht, die für die Unabhängigkeit Taiwans eintritt, und Taiwan weigerte sich, das Geschenk anzunehmen. 2008 kam es dann unter Präsident Ma Ying-jeou und der KMT doch zur Pandaeinreise und seitdem sind sie im Zoo zu bestaunen. Anfangs musste man noch extra Tickets kaufen, um die beiden zu sehen. Sie sind wahrscheinlich das einzige »Made-in-China-Produkt«, für das die Taiwaner gern stundenlang in der Schlange stehen. Und Politik hin oder her, süß ist nun mal süß, da sind sie ungeteilter Meinung und lassen sich auch mal mit dem verfänglichen Namen ein Kuckucksei unterschieben.

說到 ... apropos ... welches Jahr haben wir eigentlich?

In Taiwan gibt es eine etwas andere Zeitrechnung: die Jahres-
zahl nach unserer Zeitrechnung minus 1911 ergibt das Minguo-
Jahr – das Jahr seit der Gründung der Republik China und der
Wahl Sun Yat-Sens zu deren Übergangspräsidenten. Sun Yat-
Sen, den Landesvater Herrn Sun Zhongshan, wie er offiziell
genannt wird, kann man in fast allen öffentlichen Räumen als
Bild entdecken und in der Sun-Yat-Sen-Gedächtnishalle in Taipeh thront er als 5,8 Meter hohe und 17 Tonnen schwere Kup-
ferstatue, vor der jede Stunde ein Wachwechsel durchgeführt
wird. Mit dem Minguo-Kalender folgt Taiwan der alten kaiserlichen Tradition und verwendet den Namen des Herrschers und
die Dauer der Herrschaft bzw. heute der Republik. So ist zum
Beispiel unser Jahr 2016 in Taiwan das Jahr 105.

萬事如意 – *Wànshì rúyì!* – Mögen alle deine Wünsche in Erfüllung gehen!

»Du bleibst? So viel zu sehen? Habe für ganz Südamerika ein halbes Jahr gebraucht. Du brauchst für eine so kleine Insel länger als ein Jahr???«, schreibt Jan in der nächsten E-Mail an Sophie. Drei Fragezeichen. Die sollen wohl seinen Vorwurf, sein Belächeln und vor allem sein Unverständnis ausdrücken. Sophie schüttelt den Kopf. Sie weiß es besser.

Jan ist immer auf der Durchreise. Als Backpacker saust er nur so im Eiltempo über das Land, seine Leute und Fettnäpfchen hinweg. Kaum ist er angekommen und hat die Sehenswürdigkeiten abgeklappert, ruft schon das nächste Ziel auf dem sogenannten Backpackertrail. Tritt er in ein Fettnäpfchen, so bemerkt er es wahrscheinlich in den meisten Fällen nicht einmal.

Rucksackreisen sind sicher das Richtige für alle, die es unkompliziert und unabhängig mögen. Nur will es Sophie eben nicht unkompliziert. Sie will in verzwickte Situationen geraten, denn nur so kann sie die Leute und das Leben richtig kennenlernen. Sie will auch nicht unabhängig sein, denn es gefällt ihr, Mei-yin und Queenie zu bitten, ihr wieder einmal aus der Patsche zu helfen. Dafür gibt sie ihnen als Gegenleistung ihren Beistand. Bekanntschaften und Freundschaften zu schließen, Hintergründe zu verstehen, den eigenen Alltag mit dem des fremden Landes zu verweben, das alles macht für Sophie das wahre Reisen aus.

»*Jiù zhèyàngzi.* – Einfach so«, murmelt Sophie und klickt auf das Symbol mit dem Mülleimer in ihrem Postfach. Einfach so löscht sie Jans E-Mail.

Wenige Sekunden später ploppen zwei neue E-Mails auf – eine von Mei-yin, die Sophie bittet, noch diese Woche mit ihr zum Wahrsager zu gehen. Sie möchte ihn fragen, ob die Frischvermählten lieber in Taiwan oder in Deutschland wohnen sollten. Und die andere von Teresa, die gern noch mehr Deutschunterricht bei Sophie nehmen möchte.

Kaum hat Sophie die E-Mails überflogen, klingelt ihr Handy. Es ist eine SMS von Queenie, die für morgen einen Babysitter sucht und an Sophie gedacht hat. Sie muss nämlich ihren Mann vom Flughafen abholen, der aus Singapur zurückkommt und nun mit ihr in Taipeh bleiben wird.

Sophie atmet auf. Dann war wohl der teure Wahrsager auf dem Berg doch nicht sein Geld wert, denn James' Rückkehr hat er nicht vorausgesehen. Und wenn er die nicht vorausgesehen hat, wer weiß, dann wird sich womöglich die Vorhersage von Sophie und Yi-fans Trennung auch als falsch erweisen.

Als erstes schreibt Sophie an Mei-yin zurück: »Am Donnerstag passt es mir gut, aber wir müssen zu einem anderen Wahrsager gehen.«

In diesem Moment klingelt es an der Tür. Einfach so, als hätte der alte Yuè Lǎo gezwinkert, weil er Recht behalten hat, erscheint hinter einem riesigen Blumenstrauß Yi-fans Gesicht.

»*Bǎobèi,* hättest du Lust, mit mir *zhūxiěgāo* zu essen? Das ist Reis in Schweineblut am Stiel. Und danach könnten wir uns den Auftritt vom Cloud Gate Dance Theatre in der National Concert Hall ansehen. Ich habe hier zwei Karten.«

Sophie ist begeistert: ein richtiges taiwanisches Kontrastprogramm! Ein Snack auf Plastikhockern auf dem Nachtmarkt um die Ecke und dann ein hoher kultureller Genuss auf Samtsitzen in der Konzerthalle – und das alles mit ihrem Yi-fan. Einfach so. *Danke, alter Yuè Lǎo,* schmunzelt Sophie.

Anhang

1 **Den Wolkenkratzer Taipei 101** kann man von überall in der Stadt aus sehen, aber von keinem Ort so gut, wie vom Elefantenberg aus. Wandern Sie am besten zum späten Nachmittag auf den Berg und blicken sie von dort aus auf Taipei 101, der wie eine glühende Nadel im Sonnenuntergang aus dem Dunst der Stadt hervorsticht und bei Nacht in einem Meer der Lichter schwimmt. Auf einem Wanderweg mit Stufen dauert die Besteigung nur 15–20 Minuten. Wechseln Sie dann die Perspektive und fahren Sie an einem klaren Tag mit dem schnellsten Aufzug der Welt auf Taipei 101 hinauf und blicken Sie von dort auf einen Teppich von Häuserblöcken herab, umgeben von grünen Bergen und durchzogen von Straßen und Flüssen.

2 **Jiufen, die alte Goldgräberstadt** nahe der Nordostküste Taiwans ist nur etwa 40 Kilometer von Taipeh entfernt. Das am grünen Berghang gelegene Örtchen wird umarmt vom kühlen Wind, der vom Meer auf die Insel weht. Die alte Straße windet sich in den Ort hinein und den Berg hinauf, steile Treppen führen in immer engere Gassen. Die Dächer geben einen hellblauen Himmelsstreifen frei, umrahmt von roten Laternen. Kein Wunder, dass Jiufen schon als Filmkulisse und Modell für Anime-Filme diente. Schlendern Sie, steigen Sie Treppen hinauf, probieren Sie traditionelle Snacks und kehren Sie in eins der Teehäuser am Berghang mit weitem Blick auf das Meer und die Bucht von Keelong ein.

3 **Legen Sie einen Markttag ein.** Den belebten Blumen-, Jade-
und Handarbeitsmarkt unter der Jianguo Bridge gibt es nur
an den Wochenenden. Da sind alle anderen Orte der Stadt sowieso überladen mit Menschen. Stürzen Sie sich also mit den Einheimischen ins Gedränge, handeln Sie hartnäckig und bestücken Sie
Ihren Balkon mit Orchideen und Ihren Hals mit Geschmeide aus
Jade. Selbst ohne Kaufvorhaben ist der Besuch seine Zeit wert.
Nach dem Bummel hungrig? Dann drehen Sie noch eine Runde
auf einem der Nachtmärkte und essen Sie sich an den exotischs-
ten taiwanischen Snacks satt! Dort, wo die meisten Leute Schlange
stehen, ist es bekanntlich am leckersten. Und Sie werden trotzdem
nicht lange warten müssen.

4 **Das Nationale Palastmuseum in Taipeh** hat etwas, was
dem Palast der Verbotenen Stadt in Peking fehlt – nämlich
die besten Stücke seiner kaiserlichen Kunstsammlung. Mit dem
Einfall der japanischen Armee in Nordostchina 1931 wurde damals aus Sicherheitsgründen alles in Kisten verpackt und ging
jahrelang auf die Reisen. Die Kisten mit dem wertvollsten Inhalt
landeten schließlich 1948 auf Chiang Kai-sheks Befehl hin in
Taiwan. Fast 700.000 Kulturschätze der Song-, Yuan-, Ming- und
Qing-Dynastie – darunter Kalligrafien, Gemälde, Bronzeobjekte,
Porzellan, Jadestücke, Antiquitäten, Stickereien, Schnitzereien
und seltene Bücher – können Sie im Nationalen Palastmuseum
bewundern.

5 **Radeln Sie in der Natur kreuz und quer durch die Stadt.**
Die Flüsse Taipehs spinnen grüne Fäden in die Stadtland-
schaft – Flussufer, die man wegen Überflutungen bei Taifunen
nicht bebauen kann und deshalb in Riverside-Parks verwandelt hat.
Mieten Sie ein Rad in Danshui, wo im Dickicht der Mangroven
Krebse durch das Watt flüchten, aufgescheucht von den wippenden
Holzbrettern der Radwege. Im Geäst hängen Spinnen in den grells-

ten Farben. Reiher picken im Fluss, der sich blaugrünlich schimmernd in die entgegengesetzte Richtung an Ihnen vorüberschiebt, nach Fischen. Am Rand wechseln sich kleine Cafés in Bauwagen, Reisfelder zwischen Hochspannungsmasten und bunte Tempel ab. Andere Radfahrer zischen vorbei, manche mit Radios am Lenker, die alte taiwanische Schlager dudeln. Unter den Brücken im kühlen Schatten spielt ein alter Herr im Anzug auf einer Violine, daneben üben Jugendliche Choreografien zu den neuesten Pop-Songs ein. Bis in die Innenstadt hinein und von da wieder hinaus in die Außenbezirke rollen Sie mühelos auf der etwa 36 Kilometer langen, ebenen Strecke dem Sonnenuntergang und der Fahrradrückgabestation entgegen.

6 **Sehen Sie nach vorn, ganz weit nach vorn, in die Zukunft** und lassen Sie sich dabei von den verschiedensten Arten des Wahrsagens in Taiwan unter die Arme greifen. Sei es ein Vögelchen an einem Marktstand, das zwischen Hühnerbeinen und Bittermelonen für Sie eine Schicksalskarte aus dem Stapel pickt, ein Gesichtsleser, der Ihnen an der Nase ansieht, wie es in Ihrem Leben weitergeht, sei es ein Tempelorakel, bei dem Sie zwei halbmondförmige Hölzchen für ein einfaches Ja oder Nein werfen oder einen Becher mit nummerierten Stäbchen so lange schütteln, bis eins herausfällt, das zu einem prophezeienden Gedicht aus alten chinesischen Metaphern führt. Wollen Sie eine ganz ausführliche Prophezeiung, dann besuchen Sie einen Wahrsager, der *bā zì* beherrscht und Ihnen anhand Ihrer Geburtsdaten das Schicksal errechnet. Schwarzsehen werden Sie auf keinen Fall, denn alle Hellseher verraten nur das Gute und weisen Ihr Augenmerk höchstens auf mögliche Gefahren in der Zukunft.

7 **Machen Sie *bàibài* im Longshan-Tempel,** beten Sie dicht an dicht mit den Taiwanern zu einer Mischung aus buddhistischen und taoistischen Gottheiten in einem der belebtesten, größ-

ten und ältesten Tempel Taiwans und nehmen Sie den Segen der Götter mit – im kleinen Tempellädchen am Ausgang finden Sie Talismane in allen Formen und Größen. Wenn's in der Liebe noch nicht so richtig geklappt hat, schauen Sie auf jeden Fall beim Liebesgott Yuè Lǎo vorbei und holen Sie sich Ihr rotes Bändchen ab, mit dem er Sie dann mit Ihrem Traumpartner verknüpfen wird. Haben Sie dann noch nicht genug von solch großen Tempeln, können Sie immer noch in den Süden der Insel nach Tainan fahren: Die Stadt ist berühmt für ihre Vielfalt und Dichte an Tempeln und Schreinen.

8 **Nehmen Sie früh morgens im Park an einem Freizeitprogramm teil,** das in Preis und Vielfalt jede Volkshochschule locker schlagen kann. Im Schatten der Bäume walzen Paare zur Musik aus dem Kassettenrekorder, alte Herren fiedeln auf der Erhu – einem traditionellen Musikinstrument – ganze Gruppen üben moderne Reihentänze, Tai-Chi-Freunde schwingen in scheinbarer Zeitlupe die Arme, Frauen wiegen sich im japanischen Fächertanz. Gegen eine geringe Geldspende und unter ein paar neugierigen Blicken können Sie sich problemlos in die hintere Reihe stellen und nachmachen, was der Trainer und seine Schüler vor Ihnen praktizieren.

9 **Strecken Sie Ihre Zunge raus und halten Sie das Handgelenk hin** – bei einem traditionellen chinesischen Arzt versteht sich, denn das ist alles, was er für eine Untersuchung braucht. Auch ohne die staatliche Krankenversicherung Taiwans bezahlen Sie für einen Check-up nicht mehr als 20 Euro, meistens inklusive Heilbehandlung und Medizin. Für letztere müssen Sie übrigens nicht zur Apotheke gehen. Sie wird ganz speziell für Sie in der Praxis angerührt. Hier verhält es sich ähnlich wie auf dem Nachtmarkt: je voller das Wartezimmer, desto besser der Arzt. Und haben Sie keine Angst, Sie werden nahezu nie auf Quacksalber treffen.

10 **Verpassen Sie auf keinen Fall die Ostküste Taiwans.** Ob mit dem Zug, einem Überlandbus oder einem gemieteten Moped bzw. Auto, fahren Sie die weniger besiedelte Küste von Taipeh über Yilan bis nach Taitung hinunter. Wie an einer Perlenkette reihen sich hier atemberaubend schöne Landschaften aneinander: die Taroko-Schlucht mit ihren Marmorsteinen und den Cingshui-Klippen der Steilküste, felsige bis sandige Strände und dahinter hohe grüne Berge – alles oft in geheimnisvollen Nebel gehüllt. Der raue Pazifik umspült kleine, vulkanische Inseln, die man im Dunst oft nur erahnen kann. Hier ticken die Uhren langsamer als in der Hauptstadt Taipeh. Übernachten Sie in einer *mínsù* – so nennt man die kleinen, einheimischen Pensionen, die neben Gemüsegärten, Garküche und Handarbeitszirkel oft auch Surfläden betreiben und Surfkurse anbieten.

11 **Mischen Sie sich beim Essen unter die Einheimischen.** Am besten kann man das beim *rècháo*. »Heiß Gebratenes« ist eine beliebte Form der traditionellen taiwanesischen Küche und dazu eine der geselligsten. Studenten, Arbeiter, Büroangestellte und Geschäftsleute versammeln sich hier in entspannter Atmosphäre, um gemeinsam tief gebeugt um niedrige Tische zu sitzen und schwitzend eine Vielzahl von gebratenen Gerichten bei einem lockeren Gespräch zu verzehren. Die Gerichte werden geteilt, das Bier in kleine Gläser gegossen. Sagt jemand *gānbēi,* wird sprichwörtlich »das Glas getrocknet«, das heißt der Inhalt auf einmal ausgetrunken. So geprostet werden am Ende des Abends aus zwei, drei Tischgesellschaften schnell eine große. Und Sie sind hoffentlich mittendrin! Die Restaurants erkennen Sie übrigens an den großen Aquarien vor der Tür, aus denen Sie auswählen können, was Sie frisch vom heutigen Fischmarkt später auf dem Teller haben möchten.

12 **Streifen Sie Ihre Kleidung und den Stress ab und steigen Sie in eine heiße Quelle** auf der vulkanischen Insel

Taiwan, zum Beispiel unweit von Taipeh in Beitou und in Wulai. Und am besten tun Sie das wie die Taiwaner im Winter, denn wer sitzt schon gern im heißen Sommer auch noch im heißen Wasser. Ob im Außenbecken oder in einem Hotelzimmer, in Gesellschaft oder allein, in der freien Natur unter Sternenhimmel mit Blick hinab auf die Lichter der Stadt, die zwischen den Bäumen hervorscheinen, oder in einer Beckenanlage mit Massagestrahlern und Rosenblätterzusatz – Entspannung ist garantiert.

13 **Lernen Sie Chinesisch** in einer der vielen Sprachschulen oder Universitätssprachabteilungen. Sicher ist Chinesischlernen eine Lebensaufgabe, aber mit ein paar Brocken der wunderschön klingenden Sprache erobern Sie schnell das Herz der außerordentlich gastfreundlichen, aber manchmal etwas scheuen Taiwaner. Lassen Sie sich von den Tonhöhen nicht abschrecken. Ein falscher Ton ist besser als gar kein Ton! Und man wird Sie bestimmt trotzdem verstehen.

14 **Besuchen Sie die vorgelagerten Inseln:** das Penghu-Archipel, Green Island, Orchid Island, Kinmen, Matzu und Turtle Island. Jede von ihnen hat eine einzigartige Landschaft und Kultur. Turtle Island lockt mit einem reichen und relativ unberührten Ökosystem, Penghu besonders mit im Meer erodierten Formationen und langen Stränden, Green Island mit vulkanischem Gestein, aus dem Winde und Wasser interessante Gebilde geschnitzt haben, Orchid Island mit den Ureinwohnern der Yami und ihren wunderschön dekorierten Booten, Kinmen, die Schlachtfeldinsel, mit ihren zahlreichen Spuren der Geschichte und Matzu mit seinen traditionellen Dörfern der östlichen Fujian-Provinz.

15 **Haben Sie Zeit? Dann fahren Sie mit dem Zug um die Insel.** Nicht mit dem Hochgeschwindigkeitszug, da kann man eh nicht viel sehen, sondern mit dem normalen Zug. Der ist billig und geht rund um die Insel. Was mit einem gemieteten Auto im chaotischen Verkehr anstrengend und mühsam zu sehen wäre, zieht so langsam und entspannt vor Ihren Augen am Fenster vorbei. Gefällt Ihnen ein Ort, dann steigen Sie einfach aus. Die verfallene restliche Strecke des Tickets können Sie bei diesen Fahrpreisen sicherlich verkraften.

10 Handlungen, ...

... mit denen man sich in jedem Fall blamiert

1 **Halten Sie Taiwan nicht für China** und vermeiden Sie jede Art politischer Anspielungen. Auch wenn bis vor kurzem die KMT regiert hat, also die Partei, die als fernes Ziel die Wiedervereinigung mit China anstrebt, so ist in letzter Zeit doch der Nationalstolz immer mehr gewachsen und gleichzeitig auch das Bewusstsein, taiwanisch zu sein.

2 **Drängeln Sie sich nie vor!** Aus Versehen zählt nicht als Entschuldigung! Hier versteht der sonst so freundliche Taiwaner keinen Spaß. Am besten sehen Sie zuerst nach unten, ob Linien für Warteschlangen auf dem Boden aufgezeichnet sind. Auf Ämtern, in Krankenhäusern, Banken, großen Reisebüros etc. halten Sie nach einem Automaten für Wartenummern Ausschau. Beobachten Sie dann Ihre Mitmenschen. Sollten Sie immer noch keine Warteschlange erkennen, können Sie sich vorwagen.

3 **Äußern Sie nie laut Ihren Unmut!** Kritisieren Sie einen Taiwaner nie direkt! Sei es ein schlechtes Essen im Restaurant, eine unbefriedigende Arbeit Ihres Kollegen im Büro oder ein Anrempeln auf der Straße. Sie würden damit einen Rundumschlag im Gesichtsverlust verteilen: Der Kritisierte verliert sein Gesicht durch das Aufzeigen seines fehlerhaften Verhaltens, Sie verlieren Ihr Gesicht durch Ihr unsensibles und unpassendes Verhalten und alle Umstehenden fühlen sich durch ihre Anwesenheit peinlich berührt.

4 **Interpretieren Sie ein Lächeln oder Kichern aus Peinlichkeit nicht falsch!** Asien ist der Kontinent des Lächelns und so werden Sie auch in Taiwan oft angestrahlt werden. Lächeln ist aber nicht gleich Lächeln. Neben dem uns bekannten Lächeln aus Freundlichkeit und Zufriedenheit, gibt es in Taiwan noch das Lächeln zur Vermeidung des Gesichtsverlusts. Stößt der Taiwaner auf eine unangenehme oder ihm unverständliche Situation, wird er mit einem Lächeln oder leisem Kichern versuchen, den Konflikt zu entschärfen. Missverstehen Sie das nicht als Spott oder Schadenfreude! Es dient lediglich zur Wiederherstellung der Harmonie.

5 **Werfen Sie Ihren Abfall nicht in die roten Blechtonnen auf dem Fußweg,** denn das sind die Opferbehälter zum Verbrennen von Papiergeld für die Ahnen. Sie würden so quasi Ihr klebriges Bonbonpapier einem Verstorbenen im Jenseits schicken. Öffentliche Abfalleimer sind selten. Sie sehen ähnlich aus wie in Europa, sind mit einem klaren Symbol gekennzeichnet und oft in der Nähe von Bushaltestellen und in den Metrostationen zu finden.

6 **Überreichen Sie nie eine Glückwunschkarte in einem weißen Umschlag!** Für Hochzeiten, Geburtstage und das Neujahrsfest eignen sich rote Umschläge – am besten mit etwas Geld. Weiß ist die Farbe der Trauer. Sie wird mit dem Tod assoziiert und vorwiegend für Beerdigungen verwendet. In vergangenen Zeiten trug man weiße Kleider, wenn man die Toten betrauerte. Auch heute werden weiße Umschläge nur für Trauerkarten benutzt.

7 **Essen, trinken, rauchen, Kaugummi und Betelnuss kauen sind in der MRT untersagt.** Selbst ein Schluck aus der Wasserflasche ist streng verboten. Lautsprecherdurchsagen und Schilder, ja selbst die Taiwaner werden Sie darauf hinweisen, sollten Sie dem zuwiderhandeln.

8 Ärgern Sie sich nicht über Sätze wie »Du hast zugenommen« oder »Deine Haut ist schlechter geworden«. So zeigen Taiwaner die Aufmerksamkeit und die Anteilnahme an Ihrem Leben. Solche Sätze bedeuten eigentlich: »Du bist mir wichtig und ich sorge mich um dich.«

9 Pfeifen Sie nicht – besonders nach Sonnenuntergang in den Monaten Juli und August. In diese Zeit fällt nach dem Mondkalender der Geistermonat, in dem die Tore zur Unterwelt weit aufstehen. Mit Pfeifen locken Sie Geister an, die Ihnen dann auf Schritt und Triff folgen und Unglück bringen.

10 Stecken Sie nie die Stäbchen ins Essen! Es erinnert an Räucherstäbchen, die zu Opferzwecken angezündet werden, und lädt die Verstorbenen mit an den Tisch ein. Legen Sie stattdessen die Stäbchen bei einer Essenspause und nach dem Essen auf der Schale oder neben der Schale ab.

10 Homophone, ...

... die Sie in Taiwan kennen sollten

Ein Homophon ist ein Wort, das die gleiche Aussprache wie ein anderes Wort mit unterschiedlicher Bedeutung und unterschiedlichem Schriftzeichen hat. Manchmal geht sogar als Homophon durch, was nur eine ähnliche Aussprache hat. Da das Chinesische nur etwa vierhundert Silben hat, gibt es in dieser Sprache hierfür unzählige Beispiele. Homophone findet man in Wortspielen, im Aberglauben und selbst in der Jugendsprache wieder.

1 Essen Sie zum Festmahl am letzten Abend des Mondkalenderjahres den Fisch nicht auf, sondern erst am Neujahrstag. Damit wünschen Sie zum chinesischen Neujahrsfest, dass es auch im kommenden Jahr Überschuss gibt, denn Überschuss und Fisch klingen gleich: *yú*.

2 Teilen Sie mit ihrem Liebsten keine Birne und keinen Schirm. Dem Aberglauben nach führt das unweigerlich zur Trennung, denn die Aussprache der chinesischen Wörter *fēn* (»teilen«) und *lí* (»Birne«) ist dieselbe wie *fēnlí* (»sich trennen«). Genauso verhält es sich mit dem Schirm, *sǎn:* den Schirm teilen klingt wie »auseinandergehen« – *fēnsàn*.

3 Nichts sollte an den Tagen vor dem chinesischen Neujahrsfest zerbrochen werden. Das Zerbrechen von Dingen führt laut Aberglauben zum Zerbrechen der Familie und zum Zerfall des Reichtums. Sollte aber wirklich etwas zu Bruch gehen, kann man das Unglück noch abwenden, indem man schnell *suìsuì píng'ān*

sagt. Das ist eine Redewendung und bedeutet »Mögen alle Jahre friedlich sein!« Dabei klingen die ersten beiden Zeichen *suì suì* mit der Bedeutung »alle Jahre« genauso wie das Wort »in Stücke brechen« auf Chinesisch. Man sagt also »Mögen die Scherben Frieden bringen« und gleichzeitig wünscht man »Mögen alle Jahre friedlich sein!«. Damit hat man den Fluch des zerbrochenen Gegenstandes zum Guten gewendet.

5 Ja, Sie haben ganz richtig gelesen: Hier fehlt viertens. Das hat einen ganz einfachen Grund: Meiden Sie den Tod! Das ist leichter gesagt als getan, denn der Tod lauert in Homophonen – in Wörtern, die im Chinesischen ähnlich klingen wie *sĭ,* »Tod« oder »sterben«. So zum Beispiel in der Zahl vier sì. Vermeiden Sie es im Flugzeug in der vierten Reihe zu sitzen, in den vierten Stock zu ziehen und zu Feiern vierundvierzig Leute einzuladen. Und verschenken Sie den Tod auch nicht mit Geschenken wie vier Äpfeln, vierzehn oder vierzig Rosen und vierhundert oder viertausend Taiwan-Dollar im roten Umschlag.

6 Von einer Uhr als Geschenk sollten Sie absehen, denn auch die klingt nach »Tod«: »eine Uhr schenken« – *sòng zhōng* – klingt haargenau so wie »die letzte Ehre erweisen«. Das hätte die britische Verkehrsministerin Susan Kramer wissen sollen, bevor sie bei einem Besuch in Taipeh im Januar 2015 dem Bürgermeister Ko Wenje eine wertvolle Uhr als Geschenk überreichte. Der Bürgermeister ließ es sie undiplomatisch spüren, indem er meinte, er könne das Ding ja weiterverkaufen oder einem Schrotthändler geben.

7 Erschrecken Sie nicht, wenn Sie das chinesische Zeichen für Glück *(fú)* auf rotem Papier verkehrt herum hängen sehen. Das Glück kann nicht herausfallen wie bei einem verkehrt herum hängenden Hufeisen. Im Gegenteil: mit dieser Wortspielerei kommt das Glück erst, denn die Wörter »kommen« und »verkehrt herum«

werden beide *dào* ausgesprochen. *Fú dào* – das Glück verkehrt herum geklebt –, bedeutet also auch *fú dào* – das Glück kommt.

8 Seien Sie nicht überrascht, wenn Sie viele Nummernschilder und Handynummern mit 666 sehen. Da fährt nicht der Teufel persönlich und es sind auch keine Satanisten an der Strippe. Die Zahl sechs, *liù,* kommt dem Klang nach ziemlich nah an *liú,* »fließen, zirkulieren, verbreiten«, heran. So ein glückliches Nummernschild schmiert nicht nur den Motor, sondern auch den persönlichen Erfolg wie Öl.

9 Chatten Sie wie ein Hipster und schreiben Sie Chat-Nachrichten oder beenden Sie E-Mails mit 3Q und 881. 881 – *bā-bā-yī* – klingt wie das englische *Bye bye*. Und 3Q – *sān Q* – wie *Thank you.* Oder Sie schicken Ihrem Schatz eine 520. Diese Zahlen werden auf Chinesisch *wǔ èr líng* ausgesprochen, und das klingt für das chinesische Ohr so ähnlich wie *wǒ ài nǐ* – »Ich liebe dich«!

10 Essen Sie zum Laternenfest und zur Wintersonnenwende Kügelchen aus klebrigem Reismehl mit süßer Füllung namens *tāngyuán!* Die klingen so ähnlich wie *tuányuán* – ein Wiedersehen, ein Wiedertreffen, ein Zusammenkommen –, und werden Sie mit Ihren Lieben wieder vereinen. So heißen übrigens auch die zwei Pandas im Taipeher Zoo: Tuántuán und Yuányuán – ein Geschenk von China, in der Hoffnung auf Wiedervereinigung.

11 Sollten Sie einen chinesischen Namen für sich auswählen, dann seien Sie vorsichtig! Aus nahezu unzählbaren möglichen Nachnamen und einer schier unendlichen Zahl an möglichen Vornamen wollen Sie keinen Namen zusammensetzen, der geschrieben zwar harmlos scheint, laut ausgesprochen aber ein breites Grinsen oder einen entsetzten Blick wegen seiner doppelten Bedeutung auf das Gesicht der Taiwaner zaubert.

謝謝! – *Xièxiè!* – Danke!

Michael Friedrich, Yi Yee Goh, Inkle He, Herma Lautenschläger, Tiffany Lin, Eva Reinitz, Miquel Rey Estevez, Michael Varnhorn, Matthias Walter, Irene Wang, Tina Wang und Yuè Lǎo.

Wenn Einheimische selbst die Entwicklungshelfer sind, dann ist es Stay. Entwicklung, die bleibt.

»Vor 11 Jahren

habe ich mit den Menschen aus meinem Dorf eine Schule aufgebaut, in der heute über 300 Kinder lesen, schreiben und rechnen lernen.

Als einheimischer Entwicklungshelfer kenne ich die Bedürfnisse der Menschen hier, denn ich bin einer von ihnen.«

Muddu Kayinga
Gründer und Geschäftsführer
der Organisation COTFONE
in Kiwangala, Uganda

Ausgangsbasis und tragende Säulen unserer Projekte sind die einzigen Menschen, die dauerhaft vor Ort bleiben: Die Einheimischen. Denn vorhandene, eigene Initiativen von einheimischen Entwicklungshelfern sind auch nach dem Ende einer Förderung überlebensfähig. Deshalb fördern wir Muddu Kayinga und seine Organisation Cotfone.

Wir gehen einen neuen Weg.
Unterstützen Sie unsere Arbeit jetzt mit Ihrer Spende!
Vielen Dank.

Stay • Im Hetzen 9 • 70734 Fellbach • Deutschland
+49 711 6581684 • welcome@stay-stiftung.org • stay-stiftung.org

stay
ENTWICKLUNG,
DIE BLEIBT.

Die wohl amüsanteste deutsch-japanische Liebesgeschichte

Andreas Neuenkirchen mit Junko Katayama
Matjes mit Wasabi
Eine deutsch-japanische Culture-Clash-Liebe

📖 ISBN 978-3-95889-116-6
📱 ISBN 978-3-95889-129-6

🌐 www.matjes-mit-wasabi.de

»Ich bin in Tokio mittlerweile so sehr vereinsamt, dass die Waschmaschine meine einzige verlässliche Konversationspartnerin ist. Immerhin treffe ich morgen diese Dolmetscherin. Nicht, dass das ein Date wäre ...«

Drei Jahre später sind Andreas und Junko verheiratet, vier Jahre später ist Nachwuchs im Anmarsch und fünf Jahre später schreiben sie auf, wie das alles passieren konnte. Eine Liebesgeschichte zwischen Tokio, München und Bremen-Vegesack, im Spannungsfeld von Dirndl und Kimono, von Schweinshaxn und Reisbällchen, deutscher Korrektheit und japanischer Überkorrektheit, runtergespült mit der nötigen Menge Weißbier und Sake.

Müssen Japaner unbedingt Milchtüten bügeln und Deutsche täglich Fenster putzen? Ist man eine schlechte japanische Ehefrau, wenn das Abendessen aus weniger als fünf Gerichten besteht? Wird ein deutscher Ehemann es überhaupt bemerken? Und was kommt dabei heraus, wenn Matjes-Tempura im Backofen brutzeln?

»Please create a new culture!«, wiederholt der Vater der Braut mantramäßig seinen einzigen englischen Satz. Und nichts Geringeres haben Tochter und Schwiegersohn sich vorgenommen.

»Amüsante Lektüre.«
(Lonely Planet Traveller)

CONBOOK
www.conbook-verlag.de

Die Fettnäpfchenführer: Unsere Buchreihe, die sich auf vergnügliche Art dem Minenfeld der kulturellen Eigenheiten widmet.

»Äußerst amüsant zu lesen und zudem sehr informativ.« (FAZ.net zum Fettnäpfchenführer China)

Anja Obst
Fettnäpfchenführer China
ISBN 978-3-943176-26-1

Die Stadt-Editionen: Unterhaltsame Episoden und jede Menge Do-it-yourself-Tipps für ein besonderes Stadterlebnis

»Überrascht selbst Berliner noch mit neuen Entdeckungen.« (DIE ZEIT zum Fettnäpfchenführer Berlin)

Ein Fahrrad, 26 Länder und jede Menge Kaffee

Ein wahnwitziges Reiseabenteuer zwischen Aufbruchlaune, Selbstfindung und ungewöhnlichen Begegnungen auf 14.037 Radkilometern.

Eines Tages wirft der Unternehmensberater Markus Weber seine heile Welt über den Haufen und stürzt sich Hals über Kopf in ein Abenteuer.

Er setzt sich auf sein Fahrrad und fährt los – durch 26 Länder, bis nach Togo. Seine Reise führt ihn durch verlassene osteuropäische Dörfer und über zermürbende Sandpisten in Westafrika. Er fährt per Anhalter durch die Sahara, radelt durch den unerschlossenen guineischen Regenwald und schmuggelt sich in Liberia über geschlossene Grenzübergänge.

Alles, um zwei Fragen zu beantworten: Wer bin ich? Und: Gibt es eigentlich *Coffee to go* in Togo?

Markus Maria Weber
Ein Coffee to go in Togo
Ein Fahrrad, 26 Länder und jede Menge Kaffee

ISBN 978-3-95889-138-8
ISBN 978-3-95889-143-2

CONBOOK
www.conbook-verlag.de

»Wer mir einen nachvollziehbaren Grund nennen kann, erwachsen zu werden, bekommt sämtliches Gold der Welt, einen Oscar in allen Kategorien und sei gleichzeitig in die Hölle verbannt.«

»Ein Buch mit großer Erzählkraft, Tiefsinn und einer Prise Humor.« (Aachener Nachrichten)

»Ein Buch zum Runterlesen. Die Geschichten sind witzig und man erwischt sich sehr schnell dabei, seine Sachen packen und die Welt erleben zu wollen.« (Radio Köln)

»Unglaublich witzig und unterhaltsam und gleichzeitig mit Tiefgang. Vorsicht: Suchtgefahr.« (active woman)

....

Andi ist ein pflichtbewusster VWL-Student, dem eine lukrative Zukunft winkt. Doch dann entscheidet er spontan, sein Konto zu plündern und nach Asien aufzubrechen. Auf Bali wird er mit dem Surfvirus infiziert, und von nun an ist das Wellenreiten seine lebensbestimmende Leidenschaft, die ihn vor eine große Entscheidung stellt: Gibt er dem inneren Feuer Zündstoff oder ebnet er den Weg für die geplante Managerkarriere?

Boarderlines ist ein autobiografischer Reise-Roman über die schönsten Wellen dieses Planeten, die Sinnsuche und die Sehnsucht nach Abenteuer. Über ein Leben zwischen Pistolen, Edelsteinen, Malaria, einer entlegenen Insel, gemeinen Ganoven, allwissenden Professoren, und deutschen Bierdosen. Über Freundschaft und natürlich über die Liebe – zum Surfen, zu Menschen, zum Leben.

Andreas Brendt
Boarderlines

ISBN 978-3-943176-99-5
ISBN 978-3-95889-086-2

CONBOOK
www.conbook-verlag.de

Moderne Rebellen in einer alten Welt

Jörg Endriss und Sonja Maaß
CHINAKINDER
Moderne Rebellen in einer alten Welt

ISBN 978-3-95889-137-1
ISBN 978-3-95889-127-2

»Jedes einzelne Kurzporträt ist lesenswert – dieses Buch verdient jede Empfehlung.« (Literaturwelt)

»Was die Lektüre so spannend macht, ist das Spannungsfeld, in dem die junge Generation in China versucht, die eigenen Träume zu verwirklichen.« (Sinograph.ch)

Viele junge Chinesen wollen nicht mehr nur Karriere und Reichtum als Lebensziel sehen und mit Scheuklappen durch Schule und Universität getrieben werden. Eingezwängt zwischen den Erwartungen von Staat, Familie und Gesellschaft haben sie Träume, die für uns selbstverständlich sind: Sie wollen ihren Lebensweg selbst bestimmen, etwas Sinnvolles erreichen und eine Arbeit finden, die ihnen Erfüllung bringt. Dafür müssen junge Menschen in China allerdings große Widerstände überwinden und sich gegen konservative Eltern und traditionelle Konventionen durchsetzen. Als stille Rebellen versuchen viele, dem allgegenwärtigen Druck der Gesellschaft zu entfliehen.

Lesen Sie von dem jungen Finalisten einer Schriftzeichen-Quizshow, von Studenten, die schon zu Beginn des Studiums komplett ausgebrannt sind, und von Punks, die ihren ganz eigenen chinesischen Rock-'n'-Roll-Lifestyle leben – aber auch von einem Mädchen in ihren Zwanzigern, das offiziell gar nicht existiert, von Wanderarbeitern, die in Kellern ohne Tageslicht wohnen, und Homosexuellen, die sich nicht mehr hinter der Fassade einer Ehe verstecken wollen.

CONBOOK
www.conbook-verlag.de